等待花开

——陪孩子度过青春叛逆期

刘清法 著

河南大学出版社
·郑州·

图书在版编目(CIP)数据

等待花开:陪孩子度过青春叛逆期/刘清法著. —郑州:河南大学出版社,2019.12

ISBN 978-7-5649-3956-4

Ⅰ.①等… Ⅱ.①刘… Ⅲ.①青春期—家庭教育 Ⅳ.①G782

中国版本图书馆 CIP 数据核字(2019)第 220540 号

责任编辑　张玉梅　赵海霞
责任校对　卢志宇
封面设计　翟淼淼

出　　版	河南大学出版社
	地址:郑州市郑东新区商务外环中华大厦 2401 号　邮编:450046
	电话:0371—22864494　网址:hupress.henu.edu.cn
排　　版	郑州市今日文教印制有限公司
印　　刷	河南文华印务有限公司
版　　次	2020 年 6 月第 1 版　印次　2020 年 6 月第 1 次印刷
开　　本	787 mm×1092 mm　1/16　印张　15
字　　数	208 千字　定价　46.80 元

(本书如有印装质量问题,请与河南大学出版社营销部联系调换。)

序　言

　　每个孩子都是一粒种子,只不过每个孩子的花期不同。有的花,一开始就灿烂绽放;有的花,需要漫长的等待。是花都有自己的花期。细心地呵护,耐心地陪伴,让他(她)沐浴阳光风雨,慢慢地看着他(她)长大。信任孩子,春暖花自开!

　　故曰:等待花开。这便构成了书名之由来。

　　但对于青春期的孩子,家长往往"等不得花开",甚至家有"逆子",剑拔弩张,以致出现家长与孩子斗气、较劲,孩子轻则逃学、厌学、早恋、上网交友、游戏成瘾,重者离家出走,甚或自寻短见,进而出现家庭悲剧。

　　于是,家长感叹:养个孩子,怎么这么难?

　　然而,大量的案例反复印证了这样一个现象:每个"逆子"的背后,至少有一位特别需要成长的家长。那些"00后"孩子——异常聪明,但心理脆弱;追求个性自由,但缺乏他人意识。因此,家长如果仍用传统固化的老方法教育孩子,显然是不合时宜的。

　　教育是一种对话。这种"对话",不仅要理解为新型师生关系下的师生对话——学校教育,在某种程度上,更要理解为朋友关系下的父母与子女对话——家庭教育。而对话教育的前提是尊重与信任孩子。中国是礼仪之邦,向来师道尊严,父母为大。多年来孩子只有服从的义务却没有"对话"的权利,以至于家长压制孩子的个性,泯灭孩子的天性,出现了"带着个性"走进学堂,"带着共性"走向社会的教育现象。

我国阳光教育的发起者和领军人物、华中师范大学博士生导师周洪宇教授提倡"以阳光之心育阳光之人"。这种育人理念便包含了悦纳的内涵:从学校教育的角度讲,教师悦纳学生,学生悦纳学生,学生悦纳自己;从家庭教育的角度讲,家长悦纳孩子,孩子悦纳自己。笔者认为,孩子成长中的困惑或错误便是老师存在的价值,同理,孩子"忤逆"便是家长存在的价值。所以,面对青春期的孩子,家长应首先接纳孩子;接纳孩子,首先要接纳孩子的缺点。黑格尔曾说过,一切存在的,都是合理的。

20世纪享誉全球的意大利幼儿教育家蒙特梭利告诫我们:无知地对待儿童比无知地对待成人更可怕。在成长的过程中,儿童如果没有得到适当的照顾,他们长大成人后会报复社会。无知地对待儿童,比无知地对待成人后果要可怕得多。这会在儿童的心中产生巨大的障碍,进而形成一种阻碍世界发展的个性。

黎巴嫩著名作家纪·哈·纪伯伦(1883～1931)在诗歌《你的孩子,其实不是你的孩子》中写道:他们是生命对于自身的渴望而诞生。他们通过你来到这世界,却非因你而来。他们在你身边,却并不属于你。你可以给予他们的是你的爱,却不是你的想法,因为他们有自己的思想。你可以庇护的是他们的身体,却不是他们的灵魂,因为他们的灵魂属于明天,属于你做梦也无法表达的明天。你可以拼尽全力,变得像他们一样,却不要让他们变得和你一样,因为生命不会后退,也不在过去停留。

从教育心理学角度讲,亲子关系是以血缘关系为纽带的人际关系,特殊性在于指向分离。但是这种亲子关系往往使家长难以适应,加之年龄的差异和代沟的存在,家长往往觉得和孩子和谐相处非常难,觉得孩子故意在跟自己作对。其实,亲子关系看似单纯,里面却有许多规律性的知识需要学习,因此,家长要学会与孩子沟通的技巧。

本书的作者是中国高级家庭教育指导师,心理咨询师,河南省首批教师教育专家,河南省名校长,河南省首批名班主任工作室主持人,河南省优秀管理人才,河南省教育名师,河南省学术技术带头人,先后从事中小学教学和管理工作,既熟稔学校教育,又通晓家庭教育。

本书依据积极心理学的理论和科学方法,采取日记体的写法,真实地

再现作者儿子的成长历程,意在给家长呈上一种崭新的科学教子理念,并从教育学的角度展现一些育子技巧,让家长从中得到启发。

阅读,是一个人最美的姿态。阅读此书,定能给困惑中的家长"一点微光",希冀照亮智慧家长前行的"育子之路"。

张春莉

北京师范大学

教育学部课程与教学研究院副院长、教授、博士生导师

2017.1.1

当儿子的巴掌落在侄子的脸上时,宣告我身为教育教学名师的育子之路的阶段性失败!

曾几何时,儿子的善思让我感动;曾几何时,儿子的素质让我骄傲;然而在铁的事实面前,我突然觉得儿子的道德之塔已危在旦夕。生活中说不出对儿子是宽容还是纵容,是娇惯还是习惯,是保护还是袒护,我在暴怒之后在痛苦中反思。

我总觉得,打人耳光在别人屈从的情况下是令人发指的。罚跪与威胁伴着训斥在当时看来是最合理的,也是最解气的处理办法。直到现在,我也不知道是对还是错。但愿不给儿子留下伤害而能留下忏悔,然而忏悔在当晚并没有发生。

儿子情绪的多变是令我最担心的,虽然我经常试着用科学的家庭教育方法去改变他,但似乎收效甚微。易怒是他的特点,再加上长大后喜食肉类等食物,他的性格变得越来越不可捉摸。

毫不怀疑,儿子是很有个性的人,也许这为他后天成为独立的人打下了坚实的人格基础,但是"快乐比成功更重要",一家人的快乐比一个人的快乐更重要。天生有个性的孩子再加上青春期叛逆就会造成情感堵塞,于是他要释放:家庭篮球就成了家常便饭。然而此举总为妻子不容,于是上周出现了子哭妻也哭的场面。

儿子在学校的几个好友均为善玩耍者且不乏好斗者,交友也许已对他形成了影响。他的傲慢决定他的圈子很小,于是团员选举只得到了七票,但是他给我说是二十票。

嫉妒心理源于心胸狭窄。儿子在幼儿园讲故事得了二等奖,女儿在学校演讲得了一等奖,儿子竟然当着我们的面撕毁了女儿的奖状,那时他不足四岁。我一直为此而担心,但是担心并未改变什么。

上了初二,课外阅读离他越来越远,多次提醒总无济于事,有时我很无奈。

书法优势,渐渐逝去。小学时候,教学名师、优秀班主任程老师曾经对儿子的书写发出惊叹:"这简直是刀刻的,太棒了!"我清楚,只有儿子内心的躁动停下后,漂亮的书写方可再现。

儿子作文曾得满分,初一时语文成绩曾是第一,然而初二后也许第一时间没有适应老师的教法,总之,语文成绩起伏不定。

有时候,该管还是该放很难决断,圈养与放养很难说谁对谁错。想想老母亲的巴掌和棍棒,我们姐弟很幸运。现在很难想象如果没有母亲的棍棒教育,哪来我今天的幸福生活。面对自己的儿子,有时我真的很无奈;然而作为优秀的教师,我却把别人家的孩子培养成功了一个又一个。

等待花开,何时开?!

2017.1.2

秋季开学后,妻子面对侄子的成绩果断做出决定:让侄子晚上到家来住,为的是让儿子辅导侄子功课。我为妻子的大度而自豪。侄子来后,两个小家伙友好相处,有说有笑,儿子的帮助让侄子很快找到了自信,接下来的考试成绩有了大幅度提升,儿子也获得了奖励。然而我们很快发现生活中侄子的问题:儿子的钱连续两次不翼而飞,奇怪地找不着了。检查我从昌乐二中给他带来的计划本时说丢了,撒谎严重暴露。也许还是侄子的撒谎:数学卷又"丢了"。儿子是在我和妻子散步时,打了侄子……
…………

今天是妻子的生日,昨晚我非常生气,起床后仍怒气未消。到办公室后还是给妻子发了短信,仅仅四个字:生日快乐!想来想去,因为儿子影响妻子的生日气氛很不合适。十一点左右我提前下班回家做饭,一口气做了八个菜,但餐桌上的气氛仍然凝固着。儿子的敏感使得他殷勤地给我们不断夹菜,虽然鸡翅我只买了两个且原本就是给他买的,但他还是夹给了我和妻子。我把鸡翅又放回了他的碗里,郑重地说:"不但爱自己的父母,还要爱他人。"午饭后,在妻子的提示下儿子刷了碗,做了一些家务。

晚上,我早早地张罗了火锅,因为这是昨天还没发生冲突之前定下的。开饭前,我让侄子和儿子分别给妻子碰杯祝生,而后,又让他哥俩碰

杯言和,我告诉他们记住一句话:兄弟同心,其利断金。你们是世界上唯一的亲兄弟。又指出了各自的错误。饭后,俩人又玩起了篮球,和好如初。我不知道此次冲突会给他们俩留下什么伤害和收获。也许教育的效果都在未来。

2017.1.3

我刚调入到新学校,虽然今天是周末,但是仍坚持到岗。坐在办公桌前,满脑子都是儿子的事情,思来想去还是要用管理的手段想办法解决问题,于是拟定《"哥俩好"量化考核细则》,但愿能够收到效果。

附:

"哥俩好"量化考核细则

考核理念:

家庭即学校　孩子即学生

考核宗旨:

习惯决定命运　优秀是一种品质

考核对象:

刘××(侄子)　刘柏麟(儿子)

考核评委:

刘清法　韩女士(主任评委)

考核办法:

(1) 早晨6:10起床完毕,向主任报告,问好(10分)。

(2) 自觉饮水,自觉倒水(10分)。

(3) 洗脸、梳头、整理床铺(10分)。

(4) 运动、晨读(10分)。

(5) 早餐不挑食、不剩饭,餐具入池(10分)。

(6) 晚餐自觉盛饭、端饭;洗刷干净,灶台、餐桌整洁(10分)。

(7) 饭后 15 分钟开始运动且守时、准时,运动时间 10 分钟(10 分)。

(8) 晚上学习自觉性高、计划性强,原则上 21 点前结束学习任务(10 分)。

(9) 睡前自觉洗脚、洗脸、刷牙,且行动迅速(10 分)。

(10) 周日汇报全面、真实,优点准确,缺点明确,跟进具体(10 分)。

(11) 开展一周一书活动,且有读书心得(笔记)(10 分)。

(12) 作业采取一周一查办法,保质保量,不弄虚作假(10 分)。

(13) 考试进步一个名次(班次)加 1 分,最高加 10 分。

鼓励加分:

① 凡自愿提出一项自主学习活动或家务活动且落实到位者,每项加 10 分,但需提前向评委写出书面申请,经评委研究后实施。

② 凡获校内比赛奖励一次加 5 分,参加一次学校组织的大型活动加 5 分。

考核评价:

从列兵到将军

晋级	列兵	上等兵	下士	中士	上士	少尉	中尉	上尉	少校
对应分数	100	210	330	460	600	750	910	1080	1260
晋级	中校	上校	大校	少将	中将	上将			
对应分数	1450	1650	1860	2080	2310	2760			

不想当元帅的士兵不是好士兵　　不争上将的学生不是好学生

本细则自 2017 年 1 月 3 日晚开始执行。

2017.1.4

周末,按照约定,早晨七点,儿子叫醒了我。我俩骑车去了绿色庄园。路上,儿子没戴手套、耳暖,一路上冻坏了,可见出发前多次的提醒都失效了。真正的体验是从自主决定后开始的。

临近考试,儿子在家复习了一上午的功课,我和妻子都很高兴。午饭时,约定学习任务完成后下午四点钟去广场打球。下午四点,我和儿子到了广场,尽兴地玩了一个小时。走出家门,才发现儿子的小肚腩那么明显。于是,我又警觉到了亲子教育的另一课。

晚上我因工作一事和新区几位朋友吃饭,本来计划开家庭会议下发《考核细则》,结果未能实现。

2017.1.9

按照规定六点十分起床完毕,但儿子在六点十五分才在我的召唤下起床且说自己肚子受凉了,我马上加热了暖水袋,他又不用,吃了一盘熬烧饼就去上学了。

午饭时吃了两口米,又说吃昨晚从饭店捎来的包子,因包子是凉的,就说不吃了,接着经过提醒后回屋睡了,直到下午一点三十六分在我的招呼下才去上学。

下午我去教育局师训科帮忙到七点多才回家,儿子和侄子都在写作业,按照规定今晚检查当日的作业。回家后,听妻子说她自己有点胸闷,儿子已从网上查了原因可能是胃部不适引起的。儿子的孝心已经多次证明,但我们期待他"不但爱父母更要爱他人"。博爱,将是我们育子的新重点。

晚上九点十六分,两人的作业写完了,我逐一进行了检查,整体情况不错,只是字体有些草。接下来召开民主会议,由侄子读《"哥俩好"考核细则》,而后开始讨论细则,儿子提出修改的地方是:刘柏麟早晨起床时间需二十分钟;读书不做笔记仍以口头汇报为主,时间不少于三分钟(儿子的个性我是知道的,先退一步再说吧)。

2017.1.10

今天是对侄子和儿子考核的第一天,他俩起床速度很快,并及时向家长报告,晨读效果不错,只是儿子未整理床铺,看来是要扣分了。

早餐两人均未挑食且饭后都把餐具放入水池。晚餐一人盛饭一人刷碗,餐后休息十五分钟后,运动了十分钟,守时准确。为了获得额外加分,儿子主动给我和妻子讲题,获得鼓励加十分。作业写完后,逐一进行了检查,除了字体不够工整外整体质量较好。

睡前两人迫不及待地请求算分,结果刘柏麟荣升为列兵,侄子未能晋升为列兵,原因是九点前未写完作业扣分了。

2017.1.11

今天"哥俩好"考核继续进行。做晚餐时两人主动帮助拉烩面,我们给哥俩每人加十分。但是由于侄子写作业再次拖拉且不诚实,又激怒了儿子,儿子生了很大的气,很长时间都没有调整过来。我们理解儿子的良苦用心,但可能还有一点原因是儿子的笔在家又离奇地丢了,也许儿子另有所想。

儿子每次生气都让家里的气氛发生变化,殊不知生气不仅伤自己还会伤别人,难怪妻子常常伤心地说"我管不了啦,你管吧"!处在更年期的妻子知道儿子是青春期,总是忍忍就过了。我非常期待儿子花期早些到来,我们焦急地等待花开。

2017.1.12

今天运行很好,哥俩都按照考核要求完成了相关任务。晚上,哥俩主动提出核算当天的分数,经过核算,儿子晋升为上等兵,侄子晋升为列兵。哥俩很主动地有计划地去锻炼身体、刷牙、洗脚,以备为明天加分。考核运行起步较为流畅,初见成效。看来,任何管理都要有合理的运行机制。

2017.1.13

我离开家两天了,在京学国学,高阳老师的报告诱发了我的思考:如何把孝道渗透到日常家庭生活中。我试着有了新的构思:和孩子一起跪

着擦地板或计时拖地,以便让孩子体验做家务,进而认识劳动的价值;另外早晨播放国学配乐朗诵,以熏陶孩子的性情。

2017.1.14

女儿从大学放假回来了。晚上,儿子写完作业已是九点半了,但他还是告诉我们:要和姐姐聊聊天,唠唠嗑。儿子是很重感情的。一次,他的政治老师病了,他在周记中写道:徐姐嗓子发不出声来,我心里很难受。第二天,儿子就让我爱人买了药,给徐老师送了过去。教育的本质是什么呢? 教,上所施,下所效也;育,养子使作善也。行善养智,就构成了我们培养孩子的终极目标。想想儿子的善良,我的心里充满了暖意。

2017.1.15

今天是女儿返家后的第一天,因爱人准备不足,我有点小生气。儿子兴奋地回来后,看到我板着脸,就问:"你们俩吵架了吗?"妻子说:"没有啊!?"其实妻子也不知道我生气。儿子:"如果你们生气,就到门外去,生完后再来,姐姐回来了应该高兴才是。"我便很快调整自己的情绪:望了望窗外,长吁了一口气,便释然了。可见,孩子对家长的情绪是很敏感的。也许家长的每一次不经意的行为往往成为孩子无意间的模仿。

2017.1.16

儿子这几天似乎有长大的感觉,但还未等我与妻子分享,晚上就又发生了不快。

晚饭后,我和妻子出去散步,儿子说要用手机查单词,需把妻子的手机留在家。半小时后,我们从超市买了点东西就回来了。到家后儿子主动送来了手机,妻子一摸手机有些热,就问:"听歌了吧?"儿子很不高兴,嘴里嘟囔着:"咋说话啦!"说完,回到自己房间里关上了门。我感觉气氛不对,停了会儿,就轻轻走进儿子屋里,发现儿子躺在床上已睡着了。告诉妻子后,妻子又发怒了。我知道因为儿子的不听话妻子经常地生气,很多时候母子对决。

其实很多时候,家长改变一下说话方式,教育孩子的效果就大大不同。比如上述之事,如果妻子一摸手机发热,就说:"儿子,不好啦!手机发烧了,抓紧喊医生。"或许一切都会转机。

2017.1.17

早晨六点钟,我起床做饭。六点二十分,儿子还没起床。我就悄悄地走进儿子的房间,发现妻子已在儿子房间,我知道儿子肯定又不高兴了。结果,儿子起床后,在餐桌前坐着发呆了几分钟,只喝了点稀饭就走了。然而临走时依然对妻子说:"老妈,我走啦。"又问:"姐姐昨晚回来了没?"妻子一一作答。儿子心里是难受的,但他竟像往常一样和妻子再见,这就是一种气量。儿子的胸怀越来越宽了。

上班后,我一直在思考一个问题:家长的说话方式与老师的说话方式对孩子和学生是有很大影响的,从积极心理学角度讲,积极语言影响儿童的学习动机和学习兴趣。对于这个课题,我要花费时间去研究。

2017.1.18

今天,我家四口和大姐还有四妹到电厂家属区吃饭。这是母亲去世三个月后应三姐之邀第一次去电厂吃饭,因为这曾是母亲离开家乡辞世的家,更是母亲痴呆后一直躺着的地方,直至最后在这间狭小的房子里与我们道别;我虽牵挂三姐一家,但实在不愿意走进母亲长逝的地方。

饭后,我们姐弟商量三姐买房的事,儿子就在屋里玩手机,时而拿了手枪下楼玩耍。玩枪虽被老师短信批评,但玩手机似乎近日有点热乎。我在想:儿子在渐渐地长大,家人团聚时应学会倾听才是,因为这是交流的开始。然而女儿也在玩手机,看来,育小应先理大。

2017.1.19

近两天,儿子被班主任短信批评了两次,一是自习课说话,二是和小伙伴在学校玩手枪。对此,我用平淡的话语给他提出了警示,并告诉他下不为例,再次提醒初二很关键,他似乎有所接受。

2017.1.20

今天,入冬以来的第一场雪终于驱走了重度雾霾。儿子学完吉他,我把他接到家后,就开始了很久没有的练习,且是边唱边弹,十分专注。妻子和女儿回来后,儿子进行了表演。

学习吉他是儿子自己提出来的,而且当时要求很强烈,这段时间又爱上了歌曲。妻子悄悄告诉我,昨天儿子把自己演唱的歌曲发到了网上,当时就有十人点击。喜欢音乐本无可厚非,我年轻的时候也喜欢,只是为人之父后总担心因此影响儿子学习。我也曾给儿子举了我初中时的同学的例子。希望担心是多余的。

2017.1.21

白天平静地过去了。晚饭时,儿子打开了手机播放歌曲,虽然女儿嫌嘈杂不让播放。吃过饭,儿子准备关掉手机,我担心他再玩手机(听歌曲),就说了一句"别玩手机啦"。没想到,一句话激怒了儿子,他大声嘟囔着,猛地关上了房门,回卧室去了。好容易平静了一天的空气又陡然凝固了。其实,我之所以提示一句,主要是近段儿子过于迷恋手机音乐。

2017.1.22

今天的晚饭吃得最顺畅,一家四口有说有笑,温馨从窗口缓缓飘出。

饭后,儿子照例拿起来"娱乐西瓜球"(玩具球当足球),首先邀请我和

他一起打球,因为刚吃过饭,我拒绝了。又邀请女儿,女儿说等她刷完锅再陪儿子玩。儿子就自己玩着等着女儿。女儿刷完锅后,儿子兴奋地说:"开始吧!"女儿说:"就打一个球啊。"儿子听到后愣住了,瞬时眼泪落了下来,静立了好长一段时间,就狠狠地把球一扔,猛地关上房门回卧室了。接着,听到"咚咚咚咚"的声音,这是儿子在用手砸桌子。

我一直在客厅看书,刚才发生的一切,我都清清楚楚。停了一会儿,我走进儿子的房间,抚摸着他的头说:"这个事儿,不怨你,你为什么拿着别人的错误惩罚自己呢!"儿子很快平静了下来。我又说:"其实,这事用不着生气。你姐姐说'只打一个(球)',你说'不行,我等你好长时间了'。沟通就会有转机。"我又走到女儿房间说:"这个事怨你,你要给你弟弟道歉。他现在正是青春期。"女儿停了一会儿,估计儿子的作业已写完了,就走进了弟弟的房间。大约五分钟后,两人便在客厅里疯玩了起来。

2017.1.23

今晚吃过饭,儿子主动担负起了洗刷的任务,为的是尽快让姐姐陪他玩球,的确儿子刷碗的速度是很快的。三下五除二刷完后,儿子就要求我和妻子出去散步,一是让我们锻炼锻炼,更重要的是他独处时可以获得自由,也许青春期的孩子需要独享的时空。

我们离开家时,姐弟俩射门和扑球正酣;我们回来时已悄然无声,姐弟俩各自在房间安静地学习着。束得紧了,孩子就会反抗;时放时紧,才是张弛之理。关键是家长信任和尊重孩子。

2017.1.24

中午十二点三十分,儿子准时到家。一进门第一句话总是问:"老妈,啥饭啊?"以至于每次午饭时我们都会戏逗儿子"下次回到家,要换个问法,要不,我们都背下来了",接着是一片笑声。

午饭后,儿子就找来西瓜球要女儿陪他玩,我阻止住了,因为邻居要午休,不可扰民。再说每天晚上玩球,就非常影响楼上楼下的邻居了,不可得寸进尺,况且中午从没在家活动过,年末马上要考试了。儿子一看没戏,在家坚持到一点三十分就上学去了,往常是一点四十分才走的,心里肯定不高兴。

面对规矩,有时不能纵容。

2017.1.25

下午四点三十分,我正在和韩工程师商量绿城小学大门设计方案,妻子突然打来电话,说她脚踝受伤了。我处理完手头的工作,就赶紧开车赶到了妻子的办公室。几经周折也未找到熟悉的医生,因为妻子觉得是神经性疼痛不想去骨科医院。回到家里,已是六点多了。女儿在儿子的帮助下做好了晚饭。吃完饭,儿子就想打球(在家里),妻子极力反对,一是白天妻子刚刚把儿子踢球损坏的字幅修好,二是脚有伤心烦,三是入腊月后妻子忌讳毁坏东西,也许最后一点才是重要的。

儿子几次与妻子交涉失败后,躺在沙发上生闷气。我虽试探性开导,终无济于事。时间稍长儿子有点受凉,鼻孔堵塞。我马上倒了一碗热糖水给儿子端了过去,儿子喝完后明显好多了。晚上九点半左右儿子才写完了作业,脚没洗,牙没刷,怒气冲冲地关上房门睡去了。

我站在儿子的房门前,以最大的耐心等待儿子开花。

2017.1.26

今天是周末,因儿子学校调休,照常上课。我的手机设置的是周六周日未定闹钟。

早上六点十分,儿子满腹怨气地叫醒了我,我马上起床做饭。儿子不耐烦地说:"别做了,我出去吃!"我站在儿子的床边,看着儿子气急中穿上了衣服,并给他送上了二十元钱,试着问道:"你在哪吃啊?"儿子悻悻地说:"校门口有手抓饼!"我说:"光吃饼,不喝饭,行吗?"儿子说:"咋不行

啊!?别管啦!"儿子诸多的不耐烦使我一时无语,只能静等花开!

2017.1.27

妻子的脚做家务时不小心滑了一下,可能是腰肌局部损伤,上午一直躺在床上。儿子回来后,先给妻子端去了饭菜。午饭后,儿子躺在妻子的床边聊天,两人又谈起了终考成绩,一个坚持加上体育分数,一个坚持不加体育分数。后来,我和女儿也凑了过去,一家人便开始有说有笑。这是女儿回来一周后,家庭气氛最为融洽的时候,我便趁机说:"今天老爸老妈很高兴,因为看到了儿子脸上的笑容。每次你闹情绪的时候,其实最痛苦的是我们。"儿子一听就明白什么意思,笑着说:"我在叛逆期,是正常情况。"妻子说:"你的叛逆期什么时候才能度过啊?"儿子说:"需要好几年。"我们一家人都笑了。我趁机说:"所以,我们一直在等待花开!"

晚饭后,儿子多次的申请终于让妻子同意了。于是,他在客厅静静地等着女儿刷完锅后好和他踢球。但没想到女儿刷完锅后,还忙着加工薯糕,就拒绝了儿子,儿子再次失望地呆立在客厅里,虽和女儿沟通,儿子还是郁闷地躺在沙发上睡着了。我在书房练毛笔字,过了好一会儿,我从书房走了出来,看到儿子躺在沙发上,好像刚刚流过泪,催促他赶快洗脚睡觉。儿子嘟囔着说:"我还以为你把水给我接好了呢!"我赶快打开热水器,督促儿子端盆子接水。我对儿子说:"不要老把我们当敌人。"儿子听到后,端着热水气呼呼地回到了卧室。停了一会儿,我担心儿子受凉,因为他一直准备打球,穿得很薄。谁知走进房间发现儿子正在哭泣。我回到卧室悄悄对妻子说:"去吧,安抚一下。儿子在那儿哭咧,不知咋回事?"妻子缓缓地从床上爬起来,走进了儿子的房间。一会儿我问妻子:"咋回事啊?"她告诉我:"儿子说他想他爷爷(父亲是2012年中秋节因肺癌去世的,享年仅70岁)啦。"我的心情很复杂,一种莫名的伤感袭上心头。

孩子晚上情绪不好,容易做噩梦,影响发育。为了不让儿子带着伤心入眠,临睡前,我又走进儿子的身边问:"明早荷包蛋、葱花面,可以吗?"儿子说:"可以。"看到儿子的情绪稍有平复,我的心才放缓了一些。

2017.1.28

早晨起来,我给儿子做了两个荷包蛋,一碗葱花面。儿子起床后,喝了半杯凉开水(起床后喝水是我们一家人的习惯),穿好了衣服,准备吃饭。他说:"你睡去吧。"我说:"我不睡啦,我要锻炼身体。"为了给孩子示范,晨起在客厅举哑铃、踢毽子,已成为我的习惯。为了不让儿子孤单,我便坐在餐桌旁,陪着儿子。显然儿子今早的心情不错。"这个荷包蛋你吃吧,我吃一个就够啦。"儿子真诚地说。我说:"你正长个儿,多吃点吧。"儿子吃了一个荷包蛋,喝了一碗饭就走了。我把儿子送到门口,说:"看来,今天你的心情不错。我们把今天定为'阳光日',希望你今天心情灿烂。"儿子说:"好。Bye!"

我对今天充满了期待!

午饭,我和儿子、女儿去四妹家吃了饺子。四妹给儿子炸了鸡腿。儿子天生爱吃肉,三下五除二就下了一半,又要吃芥末拌豆腐丝。我告诉他:"吃鸡肉,不能吃芥末,二者相克。"儿子几次把筷子插进了豆腐丝盘子里,又无奈地缩了回来,真有些垂涎三尺的味道。我告诉他:"自古鱼和熊掌不可兼得。舍得舍得,只有舍才有得。"

晚饭后,儿子就玩起了魔方。近段儿子痴迷魔方,且在玩法上有了很大突破。动动手,磨炼一下耐心是很好的事情。我们没有鼓励也没有制止。放手就是最好的教育。我眼睁睁看着儿子,几次次失败,又几次次欲怒。我小声说:"这就是高原现象。当你的功力达到一定境界时,想要提升,一定会经过这个阶段。现在是意志力和耐力的考验。"儿子一声不吭,专心如初。终于一声叫喊,儿子成功了。

2017.1.29

吃过晚饭,儿子就早早地离开了餐桌。我在收拾餐桌,喊道:"儿子,过来,给你个机会,希望你能抓住。"儿子问:"啥机会呀?"我说:"刷碗。"儿子接着问:"有奖励吗?"我说:"有。"他问:"什么奖励啊?"我说:"世界

上最高贵的礼物——微笑。"他说:"不要。你刷吧。"我说:"我们天天刷锅做饭也没有奖励啊。"他说:"这次有。"我饶有兴趣地问:"什么呀?"儿子兴奋地说:"微笑!"一家人笑得前俯后仰。儿子的语言,天生的犀利。

2017.1.30

今天忙了一整天,晚上又在外面宴请客人,整整一天没见到儿子了。我在外用餐时,儿子打来电话,激动地说:"老爸,我的魔方已完成六面啦!(魔方颜色各异的六面,但拼成每一个面内颜色都一致。)"话语中流露出成功的喜悦。我说:"好!祝贺你!这是你努力的结果。"儿子又说:"你喝了多少酒了?你要少喝酒。"我说:"好。谢谢儿子!"儿子总是在我饮酒的时候送来温暖的提醒。

记得有一次,妻子出差了,我和儿子在家。办了点私人事情,饮酒过量了,酩酊大醉。回到家后,儿子见状,就在地上铺了垫子陪我。还有一次,我出差去南阳西峡一高学习课改,妻子的腰不慎扭了一下,儿子就拉了个垫子陪着妻子。儿子很有孝心,情商很高。这令我们很欣慰。

2017.1.31

昨晚,喝了些酒,没能按时起床。儿子早早就喊我,又拿着变好的魔方让我看。

吃过饭后,儿子说起明天的考试,又和妻子开始了讨价还价。因这次学校考试分值发生变化。儿子央求道(儿子一直想买手机):"包括体育在内510分行不行?"妻子坚定地说:"已经说好的事,不能再变化。"儿子小声说:"学校算体育,你们为啥不算体育啊?"说完,收拾完东西,关上门就走了。每次儿子上学走时,总要说:"走啦。老妈,再见。"今天只听到了关门声,似乎缺了些什么。

2017.2.1

下午,上班时突然觉得下颚针刺一样又疼又麻,索性提前回家做起了艾灸。快六点了妻子还没回来,我便灸着下颚,做起晚饭——海带、木耳、咸疙瘩汤,又烙了个葱花饼,口感挺好的。

正吃着饭,朋友给妻子打电话说我家要的柜板送来了。妻子腰不舒服,我心里有点乱,就让女儿下楼,女儿不尽情愿。我说:"儿子,我帮你放下筷子,和你姐姐一块儿去吧。"儿子在我们还没吃饭时已开始吃了,此时,吃得正酣。女儿就边开玩笑边抱起了胖胖的弟弟,儿子说:"我踢球太累啦,没有一点劲儿,我不去。"且问我:"你咋不去啊?"妻子解释说:"你老爸不舒服咧。"妻子就和女儿要下楼。我气哼哼地说:"还是我下吧!"最后还是妻子和女儿一块儿下楼搬木板了。儿子仍在餐桌上吃个不停,等我们忙完,他已吃过饭离开了饭桌。妻子问:"他又生气了?"我没好气地说:"不知道。"儿子的惰性是我们最不满意的。我曾给妻子说:"每一个懒惰的儿子后面都有一个过于勤劳的母亲。学会放手吧!"

心里郁闷,我就一人到迎宾馆去散步。回来后,儿子正在复习功课。我便炒了大盐暖起了下颚。晚九点二十分,儿子复习完了功课,跑到我身边问:"老爸,好些了吗?"我说:"好点儿。"儿子就马上跑到卧室门口看穴位图,并指给我治疗下颚病症对应的手指按摩穴位。我的心里暖暖的。饭前饭后的变化,就足以证明他是一个孩子——一个情商很高的孩子。有时想想,孩子的选择不管对错,都是合理的。读懂孩子,从接纳开始。家长积极的接纳心理会让我们感觉到发生在孩子身上的一切都是合理的。

2017.2.2

早晨,儿子跑到我的床前说:"爸爸,我有些紧张。"我说:"考试前,适度的紧张不仅是正常的,而且有助于超常发挥。不过你可以做做深呼吸,做做下蹲起。"说完,儿子答应着就走了。停一会儿,妻子走到床前小声说："人家考试咧,你不慰问一下?"我说:"慰问过了,刚才。"儿子走时给妻子说上午做点好吃的。我躺在床上,听得清清楚楚。

上午,我提前离开了办公室,驱车到行政南小区菜市场给儿子买了两个驴肉火烧,到家又炒了几个菜,一直到中午十二点二十分儿子才回来。儿子回来后到厨房给我说有人请他吃过饭了,说着就要喝水,一看杯子里没水(儿子很少自己倒水)就在过滤机里接水喝,妻子刚说了两句,儿子就关门进卧室了。饭后妻子告诉我:"儿子说上午历史没考好,下午不想考了。"我闷声闷气地说:"不管他的事!"

儿子这学期的成绩变化很大,时好时坏,总的是在下降。虽然我一直告诫自己和妻子不要过于关注儿子的成绩,但是若下降幅度太大就很难再攀升。作为教育教学名师,面对自己的儿子,总感觉束手无策。

儿子初一的时候成绩优秀,又是班长,家长和学生都很羡慕,我和妻子也很自豪,妻子总是说:"我儿子学习不用管。"然而到了初二,他首先提出不想当班长了,而后在班里因不服别人管理经常抗拒式地说话捣乱,以至于团员选举只得七票,年终评优没评上。班主任又不好意思管理儿子,再加上他和其他两个男生经常行动蛮横,人缘较初一陡然下降。也许是不当班长的失落,也许是交往狭窄,也许是儿子天生的不成熟,太多的也许让我在担心中看着儿子一天天地长大。

下午五点钟,我还没下班,儿子就从家里打来了电话:"老爸,下午我的地理全对啦!""祝贺你,儿子! 我一会儿就回家啦。""我这回把上午的历史分拉了回来。"儿子接着兴奋地说。

回到家里,儿子手舞足蹈。晚饭时,儿子边唱边吃。妻子说:"你的情绪前后判若两人。"我顺便说:"你看,你的情绪决定着家里的环境。你高兴,家里人都高兴;你发急,家里人都难受。所以,遇事要考虑全局。"儿子看都没看一眼,笑着说:"你不是吗?"我又陷入了反思之中。孩子的情绪无形中是家长情绪宣泄方式的模仿与再现。记得儿子曾给我说过妻子情绪的起伏变化。把昨天和现在联系起来,因果自明。儿子小的时候,我工作繁忙,总是妻子一人带孩子,加上儿子从小爱闹,难免让妻子产生情绪,儿子在妻子的情绪传染中渐渐长大。想想近段,我也总是恨铁不成钢地发脾气。

家庭环境是孩子发展的第一土壤。

2017.2.3

晚上吃过饭后,我带儿子去洗澡。儿子执意要开车。在车上我和儿子聊起了电脑,儿子突然说:"我忽然觉得玩电脑和玩游戏一点意思也没有,太幼稚。"听到这句话,我的心里猛地一亮:花终于开啦!顺势说:"这说明你的思想已经成熟了。小的时候没有是非判断。现在随着知识的增长知道什么该做,什么不该做,什么有意义,什么没意义。你已到了转型的阶段,应该由浅层的喜欢图画向深层的热爱读书发展,读书越多走得越远。高考新的改革就是谁读的书越多,语文素养越高,谁就考得越好,以后就是'得语文者得天下'。"儿子似有所悟。

很多家长面对电脑,把它看成洪水猛兽,不让孩子越雷池一步。恰恰是这样,孩子才更加好奇。从心理学上讲,掩盖反而起到强化作用。孩子在某个阶段喜欢什么受某阶段心理特征影响。随着儿童心理的变化,孩子的兴趣点慢慢就会转移。

等待花期,更待耐心!

2017.2.4

儿子这几天爱上了玩魔方。不仅玩,还研究。一遍遍背诵变色口诀,又一遍遍向同学中的高手请教。他说高水平同学变好六面只需45秒。这不,已是晚上十点钟了,他还坐在床边练习玩魔方,直到自己研究出结果,给我们表演成功才去睡觉。

我告诉儿子,你能不能通过研究,自己发现规律,破解魔方密码。玩魔方不仅能锻炼孩子的耐心,还能锻炼孩子的抗挫折能力。面对青春期的孩子,投其所好,顺势诱导,往往事半功倍,效果非凡。

2017.2.5

儿子前面走,我在后面跟,不觉到了家门口。我习惯性地往腰里摸去,一摸没摸到钥匙,心里咯噔一下,迅速再摸,我突然紧张了起来:"坏啦,钥匙丢啦!"我的表情一下子凝重了许多。敲开家门,我让妻子在家找,我带着儿子开车直奔濮阳迎宾馆游泳池——很可能刚才丢在换衣间了。

驱车来到游泳池,儿子先下车直奔吧台,服务人员说没人往吧台交钥匙,我心猛然一凉。因为若有人捡到一定会送到吧台的!儿子一听没有就迅速跑到换鞋处去找。我疾步走进换衣间,37号柜子旁有位老人正在换衣服,我急忙再次拉开柜子看了又看,什么也没有。我又弯腰看看地下,一一找寻,除了拖鞋什么也没有。我仍未放弃,又拉开周边几个未上锁的柜子,还是什么也没有。我的心渐渐凉了,不忍离开换衣间。但我还是没放弃。走到门口,我看到堆满浴巾的墙角,便一条一条翻检起来,这时儿子也来帮我清查浴巾,浴巾又脏又湿,一条又一条。然而我们还是很失望。无奈只好给吧台留下电话,期待能有信息。

留下电话后,我好像失去了些什么,因为妻子的一句话提醒了我:找不到别吭声回来就行啦。

我们在原来走过的地方又找了一遍,无奈只好驱车返回。刚要离开,后面跟来了一辆车,我怕有人捡到钥匙后再跟着我,于是,我又停了下来。那辆车迅速地从我们旁边开走了,我喘了一口气。

开车从迎宾馆出来,没来得及系上安全带,就加大油门向家冲去,不时向后望望,看有没有人跟上来。

在向紫东花园大门拐弯时,我故意向后看了看,确定没有可疑目标才驱车进了家属区。

看来,只有再换锁了,虽然家门上的锁是一个月前刚换的。我想,到家第一件事就是让妻子给亲戚(安装门锁的)联系,明天一早就要换上新锁,否则,马上过年了是很不安全的。办公室的钥匙只能找同事再配一把。

我闷闷地回到家,一言不发,儿子也沉默不语径直去了卧室。我走进卧室,准备脱衣躺在床上。谁知"哗啦"一声,钥匙从外裤与绒裤的夹缝里滑落了出来。

钥匙找到啦!

2017.2.6

午饭后,我们一家再次聊起叛逆话题。儿子兴致马上高涨,急忙说:"停!停!我给你们讲个笑话。"说着自己哈哈先笑了起来。他说:"如果有一天我有了儿子,为了让他叛逆期不叛逆,一直好好学习,在他小时候,我天天都逼着他看电视、打游戏、吃零食,等到叛逆期他看到电视就叛逆,看到打游戏就反感,看到吃零食就讨厌,只知道读书、学习,这样就会顺利度过叛逆期。"没等儿子讲完,一家人笑得前俯后仰。仔细想想,何曾不是这个理儿?

2017.2.7

在几次估分之后,儿子买手机的希望越来越大,终于在今天上班时,一个电话打了过来,儿子激动地说:"老爸!我考了班级第10名,总分504.5,数学第二名118分,历史第三名39分……啥时候给我买手机啊?"按照家庭考试协议,500分(满分580)以上给儿子买手机。

作为父母不能食言,我说:"我下班后就联系买手机的事。"

手机犹如双刃剑。面对儿子的强烈要求我们犹豫再三,但既然答应儿子就应该遵守诺言,况且儿子确实考得不错,进步很大,只是原来的强项科目——语文没考好,但原因很明确——缺少阅读。于是我就煞费苦心拟定了一个《手机公约》,内容如下:

手机公约

亲爱的柏麟王子(儿子自己起的网名):

春节快乐！

你马上是个骄傲的手机主人了。很高兴吧！13岁的你是个负责的好孩子，这是你应得的。但是伴随这份礼物而来的还有规则和限制，详情请阅读以下的合约。我希望你明白我的责任就是将你抚养成为一个与时俱进阳光健康的年轻人，可以好好地与科技共存，而非被科技控制。违反下列条款将会导致你的手机所有权被收回。

我们很爱你，也很期待在未来的日子与你分享数不完的手机信息。

1. 这个手机是我的。这是我买的，我付的钱。我现在是把它借给你，够伟大了吧？

2. 我相信你会在正确的时间、正确的地点正确地使用手机。

3. 如果它响了，接电话时要说"你好"，因为这是礼貌。不可以拒接任何一个来电显示为"老妈"或"老爸"的电话。在结束通话时要说"再见"。

4. 白天把手机交给父母，若是学习需要，请及时报告。晚上必须关机，睡前交父母保存，直到早上七点半再打开。临时若有需要请向父母申请。

5. 上学不能带手机。你要好好地与人面对面地说话，这是一种交往能力。

6. 如果它不小心被你摔坏了，你有责任负担维修或是更换的费用，只能用你的压岁钱。这很有可能发生哦，请做好准备。

7. 在公共场所(如开会)要静音，家庭聚餐时要和小伙伴交流亲情，不可只跟手机亲密接触(如玩游戏)。否则，冻结一天。

8. 偶尔玩一些文字游戏和益智游戏。

9. 不要经常拍照片，没必要记录每一件事。好好地过你的人生，那些经验会永远存在于你的脑海之中。

10. 睁大你的眼睛，看看这个世界、你的周遭所发生的事。看看窗外，听听鸟鸣，走一段路，跟陌生人讲讲话。发挥想象力，别靠百度。

11. 我们会从头开始，你跟我，我们永远都在学习中。

我们希望你能同意这些条件。它们大部分不仅适用于手机，还适用于你的人生。我们爱你,希望你会喜欢那部超棒的手机。

春节快乐!

签字: 　　　　见证人:

爸爸妈妈爱麟团

2017年2月7日

2017.2.8

晚上吃过饭,儿子再次追问手机的事儿,我们答应明天下午买手机。但关于手机的使用原则需要制订,儿子一听要约法三章,立刻火冒三丈:"一说买个东西,你们总是提出这样或那样的要求,算了,不买了!"我们顺势打趣道:"不买就不买,这是你说的啊!非常感谢你对家里困难的理解。"妻子笑着说:"你这翻脸比翻书都快。翻,翻,接着翻。"儿子一听又偷着笑了(他不愿失去这样一次宝贵的机会)。我说:"家庭公约采取讨论的办法,你有哪一条不同意,你可以提出修改意见,我们举手表决,最后裁定。我们也没有逼着让你执行,民主讨论这是解决问题的最好办法。"

就这样,第一次讨论夭折了。我悻悻地走出家门散步去了。

散步回到家,已是九点了。儿子正在看电视。我径直走进了卧室。正准备洗脚,儿子抓了一把爆米花塞到了我的手里,我知道这是儿子送来的橄榄枝,顺便问道:"手机明天还买不买了?"儿子毫不犹豫地说:"买!"我说:"要买手机,必须先讨论家庭公约。这是我们对你的成长负责。有些事情年轻时不懂得,懂得时已不再年轻。"儿子缓和地说:"我有一条不同意。"我说:"不同意,你可以说啊!现在是个讨论稿,也不是定稿。你以后要当CEO(这是儿子的梦想),要采取民主讨论的办法产生制度。你若同意讨论,你就召集人员开会。"儿子说:"你召集吧。"(一种哀求的声音。)我说:"必须你召集人员,因为刚才的会场是你冲散的,你要承担责任,敢于担当。"儿子只好再次招来了妻子和女儿。儿子不好意思地听着见证人(女儿)的宣读,听到手机的使用与成绩联系时很反感,坚决要求删掉。其实与成绩挂钩也是我制订时犹豫的一条,仔细想想,应该淡化成绩才是。"重成绩,不唯成绩"才是一条基本原则。学习为上,不等于成绩为上。经过反复讨论和儿子的一再坚持,这一条终于删掉了。

讨论完毕,儿子还是在不尽情愿的情况下签上了自己的名字,女儿作为见证人也签上了字。我宣布《手机公约》自有手机之日起开始执行。

面对制度与束缚,未成年人的反对与反抗是正常的,这也正是有个性的表现。但是作为家长和老师,可以在个别条款的要求上有所退让,却不可退让制度产生的程序和过程。

儿童的成长是从接受规矩开始的。

2017.2.9

今天下午,按照约定时间,我们来到了广场联通大厅,但红米 note 只有增强版,且屏幕较大。我们又到了金融街,儿子一看这个地方送的礼品多,就决定买了。950元,送贴膜,送外壳,十元优惠价又送了个耳机。儿子兴奋地离开了手机市场。

当晚,按规定儿子自觉把手机交给了我们保存。

2017.2.10

朋友儿子要举办结婚典礼仪式,要求我们全家都要赴宴。儿子向来不喜欢和家长一同参加婚宴,在做了他的思想工作之后,我们一同参加了婚宴。

回来的路上儿子说:"我再也不参加婚宴了。我夹菜时有两个小孩总是转桌子。"我说:"你要宽容,你小的时候不也是这样吗?"儿子说:"不一样。我小的时候,你们教育我别人夹菜时不能转桌子。"我说:"你太幸运了。有这么懂得教育的爸爸妈妈。"

回到家后,妻子和孩子又说起今天的喜宴。儿子不高兴地说:"以后再出去吃饭时,你不要当着众人的面,不让我吃这不让我吃那,你吃你的,

我吃我的就行啦。"显然,儿子觉得自己已经长大,而妻子还觉得孩子还没长大。家长的教育方式没有跟上孩子的成长速度。

该放手时且放手。

2017.2.11

早饭时,我们一家商量去理发的事。儿子近来对电动车很感兴趣,执意要骑电动车带着女儿一起去。我们觉得路上车辆太多,儿子臂力较弱,天气较冷,寒风易伤膝盖。当我们给儿子讲道理时,儿子就觉得我们是阻止他。他便很不耐烦地说:"我不去了。你们爱咋去咋去吧。"我说:"你有想法可以说出来,不一定就否定事情本身。"儿子没吭声就回到卧室关上了房门。

我对妻子说:"要不你们三个开着车去吧,我骑车上班去。"妻子坚定地说:"我们先走。他们想咋去咋去。"我觉得妻子说的有道理。

面对孩子,当讲理受阻时,冷却处理往往是好办法。

果然,我们刚到理发店,儿子就骑着电动车带着女儿高高兴兴地来到了理发店并逐一和我跟爱人聊了起来。

孩子的情绪如六月的雨,来得急,去得快。面对孩子,家长要随之顺变,切不可揪住不放。

学会放下。

2017.2.12

儿子要去焦作看小外甥女(学生的女儿),便早早地与利敏(我的学生)多次联系,在多次动员女儿同去失败后(女儿要参加托福考试,正在复习功课),便只好自己独自前往,按儿子的原话就是"我要单刀赴会啦"。

早晨七点,在家吃过饭后,我和妻子便驱车把儿子送到了飞龙车站。妻子给车上的售票员交代了一番,我又把随车电话和车牌号记了下来。七点三十分离发车时间还有十分钟,我们便与儿子道了别。

到了办公室后,我给儿子发了条短信,此次焦作之行也不乏向利敏炫耀之意。因为儿子刚买了手机,很有主人的感觉。"一次探亲,一次经历,一次锻炼,一次回忆。不仅要读万卷书,还要行万里路。经验来自于体验。祝柏麟王子一路顺风!"

其实这次焦作之行,我本想让儿子做一次独立的锻炼,自己坐公交去车站,自己买票,自己上车……但是儿子还是不敢一人完成,按他自己的话说:我能独自去焦作就已经不错了。儿子总是容易满足,也许家长永远也不会和孩子处在同一个思维层面上。

2017.2.13

儿子去了焦作,家里似乎缺少了活力。晚上躺下,再次想到儿子的语文成绩,迷迷糊糊就睡着了。一觉醒来,总觉得梦中找到了一个提升儿子文学素养的好办法。仔细想想,渐渐清晰起来。"每天2个次常用字,1首小诗,1个成语,1项文化常识,1句国学名言",总称为"21111"工程,打印并张贴墙上,实现"家庭即学校"的教育理念。

文学素养的形成,需日积月累。

2017.2.14

凡事只要方向正确,想到就要做到,做到就要坚持。今天第一件事就是落实"21111"工程:

字:

骰(tóu)子　　　　　烘焙(bèi)

词:

莫衷一是　自以为是　共商国是

常识:

古人把生男孩子叫"弄璋之喜",生女孩子叫"弄瓦之喜"。

诗:

題李凝幽居
唐　贾岛
闲居少邻并，草径入荒园。
鸟宿池边树，僧敲月下门。
过桥分野色，移石动云根。
暂去还来此，幽期不负言。

我突发奇想：每一个有少儿的家庭在假期里不都需要这样的家庭文化工程吗？如果把它印成活页，一日一张，张贴于墙，一定会受到家长的青睐。编辑成册，印刷出版，假期专供，效果斐然。

2017.2.15

我们驱车往返千余里从焦作接回了儿子，小外甥女很留恋地和舅舅（儿子）挥手再见。

回到家儿子约同学去游泳，我觉得有些晚了，已经是晚上八点了，建议明天去。儿子听了很不乐意，在门口换鞋处待了半天，最后还是给妻子说了声再见。

我有些担心，就尾随儿子后面。当我走出楼门时，儿子已消失得无影无踪。走到迎宾馆我看到了儿子的自行车，确信儿子已安全过了马路到了游泳池。

我围绕着迎宾馆散步走了三圈，已是九点二十分，慢慢地我有些焦急了：怎么还没出来呀？我想在暗中护送儿子安全通过马路。我在树林里踱着步，一回头，发现儿子已骑车到了马路中央，一只脚撑着地，等没车了，便加速穿过马路，然后消失在我的视线里。我跑步追赶，累得气喘吁吁。我到家后儿子早已到家，他问我干啥去啦，我说散步。

反思自己，作为家长，有时很难发现孩子已经长大。

2017.2.16

快过春节了,友人送来了一个猪后腿,我一时束手无策,想剔下骨头,分离瘦肉,因不明肌理结构,不知刀子走势。这时,儿子走了过来:"我帮你,老爸!"

我拿大刀,儿子拿小刀。我砍坚韧处,儿子剔松软处。约30分钟,我俩终于把一个大大的不规则的后腿骨剔了出来。没有儿子的帮助,我很难想象如何剔出这个硬骨头。

经历一次父子合作,我蓦地发现儿子长大了。

2017.2.17

春节到了,儿子的注意力转移到了手机上,一直忙着抢手机上的"红包",似有痴迷状。

我有些担心,手机、电视、电脑——往往在一个假期就改变了孩子多年养成的好习惯。学坏易学好难。

作为家长,需高度警惕"假期杀手"。

2017.2.18

今天是大年三十。二弟一家四口在我家吃年夜饭,最活跃的当然是最小的侄女——洋洋。吃过饭后,洋洋把儿子拥按在沙发上,儿子心平气和地接受着小洋洋的撒娇。

小洋洋走后,我正在打扫卫生。这时儿子已把春晚的美食摆放好了。圆筒的原味薯片,鼓鼓的虾条,满满的星球杯,袋装的排成了一排,桶装的立成了高楼,盘装的堆成了小山,琳琅满目,诱人胃口。

春晚马上就要开始了。儿子给我们规定好了座位,要求看春晚时不能做其他事情,要专心致志,边吃边看。我们一家四口守候在电视机前,儿子迫不及待地打开薯片,送到我们跟前——必须多吃些。犟不过去,我们就尝了尝,虽然吃不惯,但儿子心意真诚,感觉味道丰富。

儿子和女儿一边看春晚,一边不停地摇手机——抢红包。一会儿各自为战,一会儿联合出抢,声音此起彼伏,和着春晚的笑声,温馨愉悦。

2017.2.19

今天是大年初一,我们回到了老家,给刚刚离世的母亲和刚过三周年的父亲拜了年,中午陪着病重的四叔和独身的六叔在家吃了午饭。

下午驱车去马寨村拜年,由于车上坐不下,儿子就和女儿在三姐家与外甥玩。一小时过后,我们返回来了。儿子笑着说:"你们怎么才来呀,我们都等急了!"如果是在平常,恐怕儿子早就恼羞成怒了。

晚上,四妹一家人来吃晚饭。饭后,两家人围坐在电视旁,笑声不绝于耳,儿子表现异常兴奋。

当孩子有了一种"节日心理"时,家长与孩子的冲突自然就回到了零状态。也许是学习压力让亲子关系不时紧张吧!然而没有冲突与压力便失去了生活的真实。

2017.2.20

今天是大年初二,我们一家去六表叔家拜年。因为六表叔先要去看病,我和妻子就在家等电话。儿子和女儿就见缝插针去水秀看电影了。已近十二点了,儿子和女儿还没回来,六表叔还在家等着我们去做客。儿子的手机没带,女儿的手机关机。没办法,我只好开车从紫东南门走,妻子从紫东东门步行。正要出发,电话来了。"我弟弟的自行车钥匙忘带啦。"是女儿借别人的电话打过来的。我急急忙忙又跑回家拿了钥匙,赶到水秀。

钥匙忘带不是偶然而是必然。有怎样的生活习惯就有怎样的生活故事。儿子生活缺乏条理性,学习就缺乏严谨性,否则,这次期末考试数学满分应在情理之中。

生活即学习,家庭即学校。当下趁假期,应改变儿子的生活习惯,但面对儿子的叛逆,还需教育艺术和平和心态。

2017.2.21

今天是正月初三,在堂姐的倡导和坚持下,今年由堂姐做东让我们一大家30多口人相聚在忆江南饭店。饭后在二弟家聊了会儿就各自回到了自己的小家。第一年没有了双亲,大姐一直泪流满面,我的心悲戚至极,但众人团聚,不敢外露。

回到家后,我就睡了。约五点钟左右,我走进厨房熬了玉米粥,又做了三个菜,这时心情才有所好转。因为提前安排好了晚上要去濮北新区看夜景,此时夜幕已经降临,我就迫不及待地叫醒了熟睡的妻子,又喊醒了女儿,最后走进儿子的房间,对儿子说:"6点15啦,快起来吃饭,不是去看新区夜景吗?"儿子听了一会儿,就起来到卫生间后又关上了屋门。妻子盛上饭,我们准备吃饭。我让妻子去叫儿子一起吃饭。妻子说:"蛋儿,快吃饭啦。"而后儿子还是没有动静。我又走进儿子房间,说:"快起来喝粥吧。一会儿去新区啦。"儿子突然爆发说:"你刚才喊那么大声音干啥啦?"我一听,忍不住说:"你终于爆发了。三天你没发急啦。你别忘了这是过春节啊!"我强忍着怒气吃完了晚饭。

由于连续熬夜,儿子的脸上开始有了粉刺痘痘,本想让他喝些稀粥调理一下,去去内火,排排毒素,没想到又激起了儿子的情绪。

我不知道儿子何时才能成为情绪的主人!试想有一天走向社会,走进单位,面对领导和同事,哪来的柔声细语?不知道儿子何时能够学会承受,学会包容,学会理解。

我很伤心,我更担心。不知路之尽头!

2017.2.22

晚上吃过饭,儿子在等着看十点开演的《我是歌手》节目。忽然儿子说:"咱玩'心有灵犀'吧。"我说:"好!"于是我写内容,儿子和女儿一人表演一人猜。我写了:心宽体胖,瓮中捉鳖,鲤鱼跳龙门,二月春风似剪刀……后来儿子写了:奔跑吧兄弟,跑车,辗转反侧,蜘蛛侠,春晚等。开始是女儿表演,儿子猜。五个词语之后更换为儿子表演,女儿猜。起初是话语提醒,后来是肢体语言。儿子和女儿非常投入,笑声不断。最后我又给儿子写了"弄璋之喜,弄瓦之喜,令郎"等并及时解释,这样借助猜想的形式,给儿子补上了文化常识一课,真是寓教于乐。

形式有时大于内容,会让孩子在喜闻乐见的情境中接受知识、感受体验,往往能够一石三鸟。

2017.2.23

两次夜游新区音乐桥,面对游人如织,儿子突发奇想:如果在这儿卖孔明灯,一定能赚钱。我很长时间都有让儿子、女儿体验生活的想法,加上我有自小随父做小生意的经历,这种愿望更强烈啦。终于机会来了。

同学聚会结束后,我驱车到了老城,批发了60只孔明灯,1.3元一只,共78元;又批发了50个打火机,3角一个,共15元。成本一共93元。

儿子去三角公园玩到了5点才回家。到家第一件事就问批发孔明灯了吗,妻子说批了。于是儿子和女儿就开始商量价格和营销计划,儿子在大红纸上用毛笔写道:套餐一:孔明灯一个6元,送心愿卡一张;套餐二:孔明灯两个10元,送打火机一个;套餐三:孔明灯三个15元,送心愿卡3张,打火机一个。儿子很兴奋,以至于晚饭都没吃。

我和女儿草草吃完饭,就和儿子开车向音乐桥奔去。路上儿子说:"我很担心没人要!"我说:"做生意有赚就有赔。只要你营销策略正确就能赚钱。"我把儿子和女儿送到了桥上,他们找到了一个较明亮的地方,摆开了商品。考虑到人手不够,在争得了儿子的同意之后我驱车接来了外甥和外甥女。

我的车刚在桥边停下,儿子就迅速跑到车边,兴奋而又故意压低声音说:"老爸,我已经卖了一个啦!"我说:"好! 万事开头难,继续努力。"没等我说完,儿子就消失在人流中。

根据女儿的分工,女儿守摊点,儿子、外甥、外甥女走动叫卖。儿子看到了一对母子,忙向前问道:"阿姨,要孔明灯吗?"那位妈妈说不要,儿子又追上去问那个小男孩:"小弟弟,你想要吗?"小男孩说:"我想要。"儿子马上对男孩的妈妈说:"阿姨,小弟弟想要,您就买一个吧;再说,也不贵。"男孩的妈妈犹豫了一下,说:"行,那就买一个吧,支持一下你的工作。"看来,儿子很懂顾客心理。

大约8点钟,游人渐趋高峰。按照儿子的预测生意果然在此时迎来了高峰,儿子的钱包很快鼓了起来,他兴奋地在桥上舞蹈起来,并不时向我传达消息。这时,风越来越大,有的孔明灯放飞时受到了天气的影响未获成功。我在车外站了一会儿就冻坏了,马上上车开开了暖风。但儿子一会儿东一会西,一会儿指导顾客放灯,一会儿主动促销,忙得不亦乐乎。

已是9点了,风越来越大,我唯恐孩子们受凉感冒,就叫停回家了。回到家,儿子就跑到妻子身边,迫不及待地查起了钱。生意的本钱当晚就赚回来了,还多赚了35元,再加上还有剩余的货物,估计赚200元不成问题。儿子一时眉飞色舞,手舞足蹈。儿子的情绪总是显性的,也许这就是儿子的个性。

晚上,我躺在床上,想到有些事情说做就要做,做是成功之始,面对孩子,干是人父之范。

孩子成功的机会就掌握在智慧的父母手中;只是有的父母并没有发现孩子的成长营养需求。

唤醒了家长,就会唤醒孩子。

2017.2.24

按照生意计划,晚上6点50分我们四人在儿子的催促下早早地来到了新区音乐桥昨晚摆摊的地方,一下车我们发现风很大,因为风大不利于放孔明灯,然而既来之则安之。儿子和女儿很快摆好了孔明灯,又用其他

东西压住。

按照分工,女儿守摊,外甥、外甥女、儿子走动叫卖。正在准备时,又有一个学生模样的姑娘在距离儿子摊位5米处也摆上了孔明灯。真是冤家路窄啊!怎么办?我马上开导儿子:"不要紧。我们昨天已收回了本钱,不用担心。"儿子悄悄地给我说:"老爸,你去打探一下商业秘密,去问问她卖多少钱?"

我伪装了一下,慢慢走到那个姑娘跟前,问道:"孔明灯咋卖啊?"

那个小姑娘热情地说:"五块钱。买一个吧。"似乎有点祈求的语气。我支吾了一声,内心有一丝内疚,便离开了。我悄悄告诉儿子:"和我们一样价,五块。"儿子点了点头。

时间已过去40分钟了。一个孔明灯也没卖出,显然儿子很沮丧。我慢慢走到儿子面前说:"学会坚持,不要着急。"儿子无奈地头都没抬。我暗自嘀咕:"今天这么多人,为啥都不买呀?"就在这时,那个卖孔明灯的小姑娘忍受不住生意的萧条加上风大,拎包上车随爸妈走啦。我忙上前告诉儿子:"我们的对手已经退却了。今天游客很多,再坚持一下,卖一个赚一个。"儿子显然很沮丧。的确,今天的生意跟昨天差别太大了,我们始料不及啊。我默默祈祷着能有好心人购买儿子的孔明灯。

又过了20分钟,儿子、女儿、外甥、外甥女都坚持不住啦,从开始到现在1个小时过去了,竟然一个也没卖出。我知道此时是对儿子的最严重的考验。我走到摊位前,安慰道:"再坚持一下!只要卖出一个就是今晚的胜利。"

又过了10分钟,一个小女孩拉着妈妈的手,终于买走了一个孔明灯。终于开张了。儿子的眉头稍有舒展。接着,又有一位男士一下子买走了两个。儿子兴奋地跑到我的身边,笑着说:"老爸,卖了五个啦!"儿子又开始了昨晚的舞蹈。

大约10分钟过去了,一阵子卖掉了七八个。这时已近9点了,明天女儿还要去台湾,我就建议收摊。谁知女儿的一句话"弟弟,收摊吧"又激怒了儿子,儿子生气地说:"啥事都让我干,你们干啥啦?"

直到女儿和外甥收拾完摊子,儿子还坐在马路边生气呢。

回到家里,儿子清点了货物和收入,才算有了笑脸。两个晚上一共赚了75元,还剩18个孔明灯。儿子说不再卖了。

一次小生意的体验让儿子尝到了生活的真实,儿子的笑容与愁眉都是自然的真实。面对生活赐予的教育,作为家长应该感谢生活,更应该创造契机让孩子慢慢接受生活。

的确,深刻的教育来自于深刻的体验。

2017.2.25

今天是2017年2月25日星期三,正月初七。上班报到过后,我和妻子、儿子一同驱车去机场送女儿去台湾交流学习。

上车前,关于儿子去还是不去,我和妻子意见不够坚决,一下子又激怒了儿子,他趴在女儿的旅行箱上压着不起,眼看妻子因时间紧张快要发怒了,儿子才站起来,在妻子的唠叨下上了车。

在车上,开始时,儿子和女儿有说有笑,接着妻子建议女儿给姑姑、叔叔等家人一一打电话道别,后来女儿打着打着就哭了。儿子在一边沉默着,直到上了京港澳高速,两人才又说笑起来。

女儿早已长大了!

为了省钱,她没有买新郑直飞台北的机票,而是经福州中转,省了600元钱,然而这些都没有感动儿子,儿子一直要求我们一家四口在机场餐厅吃饭,妻子无奈问了一下价格,一位88元,我不忍去吃,女儿更是不舍得。年龄也许就是差距的根源,我多么希望儿子早一天像女儿一样"穷养自己,富养家"啊!

几经周折,我们回到了濮阳,等来了女儿到达福州的消息。好在福州到台北的飞机晚点,女儿才有了从容的时间候机,因为到福州后还需重新办理登机手续,时间相当紧张,直到女儿登上赴台北的飞机,我们才暂缓了一口气。

我静等着女儿平安到达的消息。儿子却让我陪着他打门球,几次拒绝无效后,只好陪着儿子打了20分钟,然而我的注意力一直在飞往台湾

的飞机上。

8点30分,是女儿到达台北的时间,我们在等待女儿报平安。

儿子毕竟是儿子,少年不知愁滋味啊!

8点59分,女儿通过微信告诉我她已经下了飞机。儿子想用电话给女儿联系,因为女儿的电话未开通国际漫游,儿子只好作罢。

真是一人出行全家忧啊!亲情抚慰少年走向成熟。

2017.2.26

今天是女儿离家求学的第一天。晚上,儿子在妻子的催促下洗完了澡。儿子从妻子那里要来了女儿录制的运动伴奏曲,开始了睡前锻炼,一招一式,非常用力。我去他房间看时,儿子问我做不做,我说你做吧,我不做。后来想想,我应该陪着儿子一同做。因为参与是最好的教育。

儿子做完健身操,把手机送给了妻子保存,就睡了。

不知什么时候,儿子的房间里传来了哽咽声。我走近房门,仔细一听,的确,是儿子的哭声,赶紧喊来妻子。妻子推开儿子的房门,轻轻地走到儿子床前,轻声问道:"儿子,咋了,乖?"儿子终于哭出声来。我走进儿子房间说:"想哭就哭出来吧,别憋着。"儿子哭得更厉害了。妻子又问:"是不是不舒服啊?"儿子说:"不是。"妻子接着问:"是做噩梦了吗?"儿子说:"不是。"我问道:"你有啥心事吗?给我们说说,也许爸爸妈妈能帮助你。"这时,儿子哭着说:"我想俺姐姐咧。"说着,哭得更厉害了。我说:"想姐姐,说明儿子重情感,珍惜亲情,这让爸妈很感动。但是求学在外,必然要暂时分离。有一天,你也要离家出外求学,这是成才的必经之路。不要哭了,我们理解你。"儿子又哽咽着说:"我不想上学。"我说:"放假一段时间,很多孩子都不想上学,这是正常情况。可是,你的理想不是想要考复旦大学,想要当CEO吗,不上学是不行的。先睡吧,有啥事,明天再说。"

记得去年,秋季开学时,女儿刚到西南财经大学,就给家里报平安,儿子听到电话,就接。两人刚离开一天,电话的两端,就哭声连连,惹得我和妻子心里很难受。其实,儿行千里母担忧,最牵挂的还是父母。想想两人在离别的前一天,还打闹嬉戏,儿子的无理差一点诱发一场战争,但每次姐弟俩闹矛盾,女儿在气急之后总是选择退让,女儿的宽容也许更助长了儿子下次的无理。

亲情有时会破坏交往规则。

2017.2.27

为了多陪儿子,下午我把单位的事情提前安排了一下。14点15分,我俩骑车准备去新区龙湖逛逛。

走进地下室,推出自行车,我检查了一下车胎,发现儿子的自行车该打气了。其实,儿子的自行车年前就该打气了,只是儿子没有检查意识,只管骑车,或者说只会骑车不会检查。于是,我就让儿子拿打气筒打气,我负责安装。谁知儿子的新车轮胎气嘴是新式的,我几经试验还是失败了。我多想让儿子见证我是如何克服困难取得成功啊。但没办法,我只好领着儿子求救于修车的长者。说明来意后,修车老人就帮我们安装好了打气筒,并告诉了我们要领,我又亲自操作了一遍,总算打上了气。真是"隔行如隔山"啊!我对儿子说:"下次你会了吗?"儿子说:"我还是没记住。"弄得我哭笑不得。是啊,儿子没有体验怎么能够记住啊!体验是生存之本。

生活中遇到具体的事情,听得最多的就是儿子说的"我不会",我总是及时拦截儿子说"不会就学""遇到事情,不要说不知道"。

我们骑车向东湖出发了。儿子没有方向感,我就让他看太阳。在确定了朝北之后,我故意走在儿子的后面,这种示弱行为对孩子的成长是很有利的,但家长面对叛逆期的孩子,尽量不要用言语指使孩子做什么,最好用肢体行为引领行动,这样不显山不漏水,在静态教育中完成施教过程。

儿子一路狂奔,几次督促我快赶上他。无奈儿子骑车速度很快,到了湖岸才追上了儿子。

看到湖岸巨石叠放,湖水荡漾,儿子兴奋异常。他像一只小鹿一样在

石缝间跳来跳去。我悄悄地打开摄像机,录下儿子的一举一动。但很快就被儿子发现了,儿子笑着说:"我说过了,不想让你录像。"想到在家里有几次想要录下儿子的活动瞬间都被儿子拒绝了,我知道儿子已经告别了喜欢照相的年龄。尊重便是和谐。我就放下了摄像机和儿子一起玩了起来。

儿子在岸边发现了一只童鞋,马上告诉我:"老爸!看!有一桩命案,这是物证。"我马上附和道:"请刘柏麟警官立即展开调查,为无辜者申冤。"儿子观察了一会儿觉得不再好玩,在我的阻止下还是把鞋子扔进了湖里。我教育儿子说:"这是环卫工人费了好大工夫捞上来的,为的是不污染湖水。"因为我们刚来,儿子兴致正高。我就待在湖边,等那只鞋子漂浮到水边,就顺势把它捞了上来。

身教重于言教。

儿子沿着湖岸前行,不时搜索湖边的漂浮物。这时,一只死山鸡进入了儿子的视线。儿子用棍子捅了捅,软软的,吓得儿子慌忙跑了。儿子天生胆子较小,我总想设法使其改变。

又往前走了几步,我发现水面上漂浮着一条大鱼,惊喜之后,把它捞了上来。初步断定,这是上午有人放生时放的鱼,因为中午我在开州桥上看到了放生的人群,其中有一筐大鱼。这条鱼足有三斤多重,我问儿子怎么办,儿子说带回家让妻子看一下。

也许人有了开心事第一个想要与之分享的就是自己的母亲,然而孩子在叛逆期往往最反感自己的母亲,因为母亲总是爱唠叨,但孩子却不知母亲每一次的唠叨都是对自己的一次温馨的提醒。

按照我们的计划,还要去爬龙山。只好把鱼放在了一个土坑中,上面用砖头盖住,又做好了标记,这才离开。龙山其实是一座土山,是开挖龙湖时堆放的泥土。走进龙山,有几辆私家车正在练习爬坡。车辆驶过,尘土飞扬。儿子趁没车时就把一个树枝放在了山坡路上,说是要测测驾驶员的智商,我警告他这样是害人不利己,中学生应该阳光坦荡,但儿子置之不理。也许这样的行为就是少年的童趣吧。

爬完龙山,儿子有些累了。我们找到鱼就回家了。儿子一进家门就大声喊:"老妈!快看,我们捞了一条大鱼。"然而妻子正躺在床上灸眼睛,淡淡地看了一眼又开始了灸疗。儿子的兴致一下子减弱了。学会聆听,是从眼睛开始的。我多么希望妻子看到儿子的战利品时能够两眼放光,分享儿子的劳动之乐啊。快乐诞生快乐,欣赏诞生欣赏。

剖开鱼肚,发现已经腐烂,便只好把鱼扔掉。儿子嘱咐我要把鱼送给流浪猫,我答应了。怜悯之心乃人之天性,呵护童真与善良是家长的责任。

晚上,儿子开始写日记,并且告诉我们不要打扰他,他要写诗。果然,酝酿许久之后,一首《醉东湖》跃然纸上:望东湖,波涛滚滚,披卷带雪,闭花,羞月。近东湖,沉鱼,落雁。醉东湖,欲归,谁忍?

2017.2.28

今天是星期六,照常上班。我早早地起床做饭,熬好玉米粥后,又给妻子煮了个鸡蛋,就忙打开冰箱,拿出了培根肉和手抓饼。按照昨晚儿子的要求,为儿子煎蛋、烤培根、煎饼。忙完一阵子后,一看表已是7点35分。儿子还没起床,因为他昨晚看《我是歌手》节目,睡得较晚。我怕饭菜凉,就走到儿子屋里,轻轻地问:"儿子,千层饼裹培根时放甜面酱吗?"儿子很轻微地点点头,可是由于房间里光线昏暗,我就又问了一遍,这下很显然又激怒了儿子,他不停地用力猛摇头。我很生气,说:"你干啥啦?给你做好饭了,你爱吃就吃,不吃拉倒。"没说完,我就关上了房门,走了出来。

后来,我冷静地想想,儿子没睡醒,一定不舒服,孩子发急时,家长是不能发急的。因为孩子易怒的根源,在于家长易怒。这不得不让我又想到昨天早晨的一件事:

儿子起床后精神抖擞,因为今天他要按照自己制订的课程表上课。妻子起床做饭时,我还没起床,因为今天是妻子过节后第一次上班,她要赶时间。因为早晨做饭影响妻子洗漱不知妻子生过多少回气,她总是爱早晨洗头、洗澡。今天又是如此。生活习惯的差别往往是家庭矛盾的根源。

我起床后,妻子正在洗头。盛上饭后,儿子忙喊妻子,喊过几遍后三人才坐在了饭桌前。儿子刚要吃饭,妻子就吼道:"坐好,你看你那坐姿。要坐有坐相,站有站相。"儿子笑了笑,做了个鬼脸。儿子正吃得香时,不小心踢到了妻子的脚,妻子满脸愠色,说:"你没觉得下面有一只脚吗?"这下儿子彻底生气了,眼泪在眼眶里直打转转,喝了一小碗饭就离开了餐桌。我也窝了一肚子气,但是当着儿子的面我又不能说。因为父母双方有一方批评孩子时另一方是不能发表意见的,即便有时一方会出现失误,也应该背着孩子提醒对方。

一个灿烂的春晨突然变得阴云密布。我走在上班的路上,想了很多,面对叛逆期的儿子,做父母的只能不断改变自己,不断改变自己的教育方式、方法,尤其是自己的情绪与性格。不抱怨孩子,反省自己,这才是育子之上策。

2017.3.1

晚上我有应酬,在外面吃饭,儿子先后打了两次电话提醒我不要喝酒。第一次严肃忠告:"老爸!记住不要喝酒!"第二次温馨提醒:"老爸!少喝点。"每一次电话我都对儿子说:"谢谢牵挂,谢谢儿子!"喝了几杯酒,回到家,一进门儿子就问:"老爸!喝了几两酒啊?"我说:"二两。没事儿。"儿子一听我说话,看我有了醉意,就大声地说:"不诚实。你至少喝了有三两。你已经醉了,快去睡觉吧!我陪你睡。"说着儿子就钻进了我的被窝。我的心里暖暖的。

每一个孩子不管多么叛逆,他的本性都是善良的。作为家长不要因为不接受孩子的叛逆行为而拒绝接受孩子善良的心。

追本溯源,我国传统文化的主流是循着儒家思想的集大成者一代亚圣——孟子的思想主线走过来的。孟子认为"人之初,性本善"。孟子的"性善论"观点可诠释为"四心说",即"恻隐之心,羞恶之心,辞让之心,是非之心"。孟子认为人者,必须具备这四种心;否则,不可称之为人。

所谓恻隐之心，就是对弱势群体的怜悯与抚慰，就是对困难者在危机环境中的帮助与救济。

所谓羞恶之心，就是人的廉耻感。人与动物的区别之一是人有羞涩之心。人之尊严便来源于人类灵魂的羞涩，人之高贵便来源于内在心灵的羞涩。试看当今社会个别贪官，是因为为官者因重权在握人性失衡，一朝为官便把自己固化为"非常人"，弱化"常人"要求，渐渐游离人群，脱离人之底线，最终不做人事，吃拿卡要，行贿贪色，百毒俱全，廉耻之心荡然无存。一旦东窗事发，锒铛入狱，便会泪流满面；重拾羞涩，再寻本心，为时已晚。

所谓辞让之心，就是一种明明自己想要，却把机会让给别人的大度心理。自己吃亏，成全他人。这是一种胸怀，更是一种素养。2015年感动中国十大人物之一的赵久富，面对南水北调工程，举村搬迁。作为基层党员干部，作为村主任，他有权利拒迁千里，他有理由孝侍八十双亲，他有强烈的欲望留守故土，他有一百个理由选择不走。然而他的气度让他"辞"去了年迈的父母，"让"乡邻留在了家乡。他的辞让之心，可谓明净见底；他的胸怀之宽，可谓堪比大海。

所谓是非之心，就是每个人对是非曲直应有的起码的判断能力。人间大事，是非二字。正确的价值观是一个人明辨是非的前提。事实上，每个人的天性都存在差异，但是在大是大非面前，是不允许有差异的，因为是就是是，非就是非。培养孩子坚持正义的人格，是一个孩子愈行愈远的基石。

2017.3.2

快开学了，儿子正忙着赶写作业。根据我们的要求，儿子制订了作业时间表：上午8点10分上课，40分钟一节课，课间休息10分钟；下午2点10分上课，共上3节。我和妻子上班，家里往往只剩儿子一人。儿子就按时上课按时下课，作业赶写得很快。

但我很担心，这么繁多的作业，孩子写完后能有什么收获？假期区别

于平时的是应给每一个孩子释放心灵的时间和空间、体验与探索自然与生活的机会。

中国航天之父——钱学森之所以能够成就伟业,得益于父亲钱均夫的智慧教育与培养。每当钱学森的寒假和暑假来临之际,钱父就会提前对钱学森的假期做出规划,制订出切实可行的活动方案。但假期计划的宗旨是让钱学森全方位体验生活,全面接触各种事物,培养其广泛的爱好,使钱学森全面发展,以提升其整体综合素质。

钱学森的成功是素质教育成功的范例。

放暑假了,钱均夫就会让钱学森拜访矿藏专业人才,让人领着钱学森到大自然中去,走进矿山,让钱学森学习识别矿藏物类,扩展地质学知识;让钱学森走进自然,去野外捕捉蝴蝶,制作蝴蝶标本,翻阅相关资料,了解蝴蝶习性,掌握蝴蝶生理特点。钱学森作为物理学家,他的国画画技高人一筹,这是小时候在父亲的指点下打下的坚实基础。中学毕业时,钱学森的口琴演奏和摄影技术已达到相当高的水平,然而这些技能在当时对于其他同学来说是遥不可及的。

正是钱学森自幼对自然科学产生了浓厚的兴趣,对艺术产生了兴趣,以至于钱学森的形象思维超乎常人。

走进今天的教育,功利化甚或是急功近利的教育严重桎梏着儿童的天性。和钱学森父亲的家庭教育的理念大有不同,今天的家长武断地让孩子上培训班、上专长班,动辄让孩子考级考证,却忽略了孩子的个性差异和个性需求,早早地切断了孩子创新思维的路径。

2017.3.7

昨天下午快下班时,儿子打来了电话,特意提醒我明天是妇女节,要求我下班时买五六枝玫瑰花,先放到地下室,不要往家里带。

昨天着实让我感动了一阵子。一是儿子在我忘记与妻子有关的节日时他总能清楚地记起,二是儿子提前要求买花并要给妻子惊喜。

记得儿子小的时候,我工作忙碌,妻子的生日,我多年都没记住。曾记得每当妻子生日时,妻子总像是若有所失。后来,我发现妻子不仅对我的生日格外重视,而且对她自己的生日也很重视。自从生日事件频出之后,我读懂了妻子的女人心思。

昨天下班后,找了好长时间,均未找到卖玫瑰花的,直到妻子打电话,我才回家。

今天吃过早饭,我告诉了儿子一声,就骑车去了花卉市场,三十元钱买了一束刚摘下来的"勿忘我",顺便放在了地下室。

妻子从外面办完事回来后,刚一开门,儿子就跑上去,双手递上了香艳欲滴的"勿忘我",并大声说:"老妈!节日快乐!"妻子惊喜异常,激动地说:"谢谢,儿子!妈妈太高兴啦!"

儿子的孝顺是让我和妻子最欣慰的。前段时间,妻子腰肌劳损不时腰疼,儿子每晚睡前,都要给妻子捶背揉腰,往往汗浸额头。

自儿子独立休息开始,每晚睡前,儿子都要给妻子道一声"晚安"。一次,临睡前,妻子因刷牙批评了儿子,儿子肚子里一直憋着气,即便这样,儿子还是走到我们卧室用平和的语气给妻子道了"晚安"。如今,"晚安"成了我们家里一天生活结束时的最美的一道风景。

有智慧的家长教育孩子总是从孝道开始,中国传统教育往往把"孝"作为教育子女的第一堂课。老祖宗在造字时就突出了血缘关系的延续性。"孝"字是一个会意字:上面意出"老",下面意出"小"(子),表示长幼相续、血缘相连即为"孝"。而"教"字就是由"孝"和"文"组成,表示教育子女就要从孝道开始,教化孩子注重血缘,教育孩子敬仰列祖列宗,唤醒孩子继承传统美德。孝道是中华民族的传统美德之根。试想在人类生命延续的接力中,今为儿孙者必成明日之父辈。今日孝父母长辈者,明日必被子孙后代孝敬。血脉相传,孝亦相传。

黄香温席的故事,之所以流传千古,是因为故事所倡导的价值观被不同时代却拥有相同信仰的人所接受。

黄香,字文强,东汉人,9岁丧母,父子俩相濡以沫,艰难度日。夏天来了,天气炎热,黄香担心父亲晚上睡不好觉,就拿蒲扇先把父亲的席子扇凉,然后再让父亲安睡。冬天来了,大雪纷飞,天气阴冷,黄香担心父亲因被褥太凉不能安睡,自己就先钻进父亲的被窝给父亲暖被窝,这样让父亲得到一夜安眠。黄香所举,感人泪下。江夏太守刘护听闻此事,为之感动,特收黄香为门生,并纳入官府,接着送黄香抵京城洛阳学习深造,后黄香因名闻遐迩,踏上仕途,官至尚书令,功名俱收,家喻户晓,世传"天下无双,江夏黄香"。

百善孝为先,德为人之本。育人先育德,德高方成器。

2017.3.9

几经打听,儿子听说濮上园北门口有滑雪场。午饭后,短暂的休息之后,我和儿子来到了濮上园。儿子主动问了门口的保安,保安告诉了滑雪场的位置。

儿子没有方向感,看了看太阳的位置,思考了片刻,才确定哪里是东南方向。滑雪场就在小桥东南角。这一点诱发了我的思考,现在为什么很多儿童不辨东西南北。原因是儿童缺少步行的机会,平时要么骑车要么坐车,没有直接感受的体验,以至于只知左右不分南北。有时我在想,为什么现在的孩子近视眼这么多,主要原因是过度用眼看书、看电视、看电脑、看手机,没有机会登高望远,以至于眼睛的远视功能逐渐减弱,造成近视眼。

家长应抓住孩子步行或登山的机会,让孩子在体验中学会辨识方向,增强生存能力。

走近滑雪场。"每人60元。"我正犹豫,觉得有点儿贵。儿子强烈要求:"老爸,跟我一块儿滑,你说过要多陪孩子。"经过讨价还价,我俩付了100元,入了场。

面带微笑,心怀惊喜,带着新鲜劲儿,我们穿上了滑雪装备。从未接触过雪橇的我们,站上去束手无策,总想摔倒,虽有雪杖,挣扎数次,仍寸步难行。我耐着性子,艰难尝试着。儿子几经尝试,开始着急。我几次鼓励,仍无济于事。无奈100元聘请了现场教练,其实如果不是"教练"在一边的引诱与"恐吓",也许儿子就会坚持。学会尝试才是体验的开始。

"您负责教我儿子,我不用您管。"我对教练说。教练便把滑雪要领一点一点教给了儿子,儿子终于在雪地里站稳了,情绪渐渐缓和了下来。

原来,上行时两个雪橇要变成前开V字形,下行前两个雪橇要变成后开V字形,这样才可以保持稳定。上行时雪杖斜插脚跟后,下行时雪杖斜插橇尖外。

掌握了基本技巧,教练帮儿子走到了雪坡顶上。儿子在教练的保护下开始了第一次滑行。滑速很难控制,儿子一下子钻进了教练的怀中。

调整,再来。儿子这次滑行了有5米,刹车没有刹住,又被教练抱个正着。

这时,我因分神看儿子表演,一不小心,摔了个脸朝上,几经挣扎未能起身。教练忙把我抱了起来。

教练教了1小时后,就走了。儿子只好独立滑行;一次独立完成后,脸上露出了喜悦,渐渐胆子大了起来,滑得更自如了。正当我为儿子的进步兴奋时,儿子失控一屁股蹲在了雪坡上,冰凉的雪地冰得儿子眼泪流了出来。无奈,我只好走近儿子帮他卸下雪橇,儿子的自信心受到了严重打击。我没有过多地去理儿子,等他情绪稍有平复,我便乘势鼓励他:"刚才,我那一脚摔得太疼了。但是反思一下摔的原因,稍加调整,便会进步。"儿子听了我的话,似有所悟。为了让儿子学得熟练些,我便解下雪鞋,专门为儿子开场子,因为滑雪的人太多,挡住了儿子的雪道也是儿子摔倒的间接原因,但这一点不能让孩子强化,否则,他就会抱怨客观原因。

平缓了情绪,儿子便在实践中向我传授经验。儿子在不断尝试中终于找到了滑雪的乐趣。不觉两个多小时过去了,儿子有些累了,我们便离开了滑雪场。

儿子仍不住地回头望。有眼泪,有欢笑,有回忆,更有体验和收获。

2017.3.10

"老爸!谜语大会开始啦,抓紧回来。"儿子在电话里激动地吆喝着。

晚上8点10分,我赶到了家里,谜语大会已经开始。看到儿子的神情我断定儿子一定又连中数彩。"老爸!抓紧时间把手机拿过来,我教给你如何登录。"儿子迫不及待地说。

儿子熟练地在电视上扫上了二维码,迅速地用微信登录上了网址,并且指导我和妻子怎么做,特别强调"我让你们按'继续'你就抓紧按,否则,就耽误过去啦"。我们默默点头。

信息社会家长面对手机、电脑、数码电视有时会束手无策,孩子往往是最好的老师,我们应虚心向孩子学习。

我们三人坐在同一个沙发上,儿子坐中间,右边是妻子,左边是我。儿子把一条毛巾被搭在我们三人的腿上,看来儿子早有充分的准备了。

"武汉的学生。"——打一词牌名。这一下子难为住了儿子,他眉头紧锁,因为初二的学生了解词牌知识还很少。停留片刻,我看儿子答不出来,便回答道:"江城子。"儿子迅速输入,手机提示答案正确,儿子兴奋地亲了我一下。这样的动作好久都没有啦,弄得我真有点不好意思。"老爸,太棒啦!我的力量大大增强啦!"儿子一边唱着《小苹果》曲子,一边跳着舞步。

家长的参与往往是点燃孩子兴趣的火把。

"一口咬掉牛尾巴。"——打一字。儿子反应很快,不假思索,说:"告!'告诉'的'告'!""我猜对啦!"儿子有些疯狂。一首《最炫民族风》,儿子边唱边跳。

"旧房子。"——打一现代著名作家。儿子猜了几个课本上学过的作家名字,都没猜对。我看儿子确实猜不出来了,就说:"老舍。"儿子马上输入,答对啦! 儿子激动地伸出手和我击掌庆贺。我顺势说:"父子同心,……"还未等我说完,儿子就接上了"其利断金"。

面对孩子的疑惑,家长要坚守心理学上的"示弱原则",在孩子充分思考后,家长再进行点拨或者释疑。慢慢地孩子就会养成善于思考的习惯。

2017.3.11

在儿子的提前计划下,我们三人来到了金堤路南段的串串哥哥串烧店。在儿子的引导下我先取了菜筐,又在儿子的建议下自主选取了茼蒿、白菜、红薯、面条等,儿子选完后,一看我的筐里没有一份荤菜,就索性取了一份肥牛、一份肥羊,还有一份撒尿牛肉丸子。

递交给收银台,我们仨一共消费69元。

回到座位上,等了大约15分钟,三份串烧做好了。

我们刚开始吃,儿子就问:"老爸,好吃吗?"我说:"好吃,味道不错。但我吃着里面放了味精和鸡精,这两种调料经常吃对身体不好。"当我说到这儿的时候,儿子的脸色有些变了,说:"你不要老说饭店里的饭放这了放那了,你也没见,咋能胡乱说呢?"我欲言又止。

我一直提醒儿子,在外面少吃饭,因为当今餐饮行业确实存在很多不科学甚至不道德现象,地沟油足以让人谈"油"色变,假羊肉足以让人避而远之。带着孩子在饭店用餐,着实让家长为孩子的健康担忧。然而炫富心理、攀比心理又让多少孩子把出入饭店作为炫耀的资本。家长如果管不住孩子的嘴,就不会让孩子迈开腿。看看现在的胖孩子比比皆是,那是因为吃了太多的膨化食品,喝了太多的饮料。然而这些食物的味道确实比家常饭的味道美多了。"美味"是商家诱惑儿童胃口的第一撒手锏。这往往让家长防不胜防。

儿子对吃先天敏感,只要放学回家,开门第一句话总是问:老妈,啥饭啊?以至于时间长了,只要儿子放学回来,妻子一见儿子,还未等儿子出声,就说——老妈,啥饭啊。逗得一家人哈哈大笑。

在上小学之前,儿子是偏瘦的,我们很担心儿子长大后像我一样瘦弱。让儿子吃胖是我对儿子的第一期待。没想到,妻子在众人面前对儿子的表扬与鼓励——"我儿子吃饭不用喂,他自己一会儿就吃饱啦",给了儿子太多的心理暗示。多少次在外用餐,还未等我们吃完,儿子就很自豪地吃饱到一边去玩了,接着引来朋友的诸多称赞。时间一长,我发现了一个可怕的问题——儿子吃饭又快又多。我知道这是由妻子对儿子多次的表扬而引发的。母亲对儿童的表扬不可吝啬更不可泛滥。过与不及都是错误的。

现在,儿子已上初二了,13岁,体重106斤,身高160厘米。吃饭习

惯较差，无论热饭、凉饭，吃饭时间不超 10 分钟，若是蒸米饭，至少两大碗。饮料更无节制。数不清有几次因吃饭引起肠痉挛，急赶医院，大多是晚上。曾记得一次夜间肚疼，我和同事宋老师的爱人(宋老师酒后不能驾车，我们家还没买车)冒着大雾送儿子去医院，路上十分危险，虽然小心翼翼，还是撞上了电动车。

我曾试着把钟表放在餐桌旁，量时吃饭，规定每餐用时不低于 20 分钟，但收效甚微。想想在儿子上小学的五年里，我们在行政南小区租房而居，每餐必蹲在矮矮的餐桌旁吃饭。儿子上初中后，我下决心放弃让儿子上实力最强的学校，而搬回紫东花园家里住，其中改变儿子饮食习惯也是首要原因。

家长育儿，"健康"永远为第一要务。

强壮！独立！自由！快乐！是我的育儿理念。

2017.3.12

儿子今天早晨起得很早，我和妻子起得很晚。按照儿子昨晚的要求，我和妻子今天早晨谁都不能早起，今早儿子要做饭。我想儿子不让我们早起一是怕我们看他做什么饭，如何做饭；二是怕我们帮助他，因为在儿童不需要帮助的情况下帮助他，对儿童来说往往有不被信任的感觉。后来我发现我的想法是错误的。儿子不让我们早起是因为我们做父母的平时早起给孩子做饭很辛苦，今天儿子想让我们安安稳稳睡个懒觉，自己要感受晨起做饭的辛劳。

快七点了。我终于忍不住在床上静躺，就悄悄地穿衣起床。轻轻拉开卧室房门，站在门口，看到厨房门关得紧紧的，里面不时传来竹铲碰击电烤锅的声音，我猜测儿子正在煎烤东西，仔细一闻，门缝里钻出来了牛肉的香味，我默默点点头，初步断定儿子在烤培根。

看到外面天气晴朗，我悄悄走进卫生间，打开太阳能上水阀，大约五分钟后，我关上了阀门。走出卫生间，听到厨房不时传出"嘀嘀"的声音，接着是倒水的声音，这可能是儿子在榨橙汁儿。我心里暖暖的、亮亮的。

点点头暗示自己——早饭可能是一顿丰盛的西餐。随即我回到了卧室，轻轻地掩上了房门。

七点四十分。儿子兴奋地边喊边推开了房门："老爸，老妈！吃饭啦！"我和妻子迅速走出房门，看到餐桌上摆放的鲜亮的橙汁儿、圆圆的肉夹馍。橙汁儿一人一杯，装在了透明的玻璃杯中，十分亮丽；肉夹馍一人一个，装在了手抓饼袋子里，十分干净。我和妻子禁不住同时发出惊叹："啊！太诱人啦！""儿子辛苦啦！"

我们坐在餐桌旁，迫不及待地要品尝儿子的"杰作"。突然，我说："停！"儿子猛地一愣。还没等儿子转过神儿，我从书房拿来了照相机，妻子一看我拿了照相机，连忙打开手机。我和妻子把儿子的经典大作连续拍摄了下来，弄得儿子还真有点不好意思。

一口咬下去，香香的、甜甜的、咸咸的、脆脆的。香香的是烤培根，甜甜的是番茄酱，咸咸的是煎鸡蛋，焦脆的是烤面饼。儿子做饭太考究了：烤脆了面饼，煎嫩了鸡蛋，煎烤了培根，又用番茄酱秘调，配上鲜榨橙汁儿，洋味十足。

我对儿子说："一个假期，你不仅成长啦，长高啦，也成熟啦！爸爸妈妈太高兴啦！"

一次家务，我发现了儿童的伟大。

家务劳动对儿童的成长有哪些深远的影响呢？家长又该如何根据儿童年龄阶段提供哪些任务呢？

哈佛大学学者曾经做过一项调查研究，得出一个惊人的结论：爱干家务的孩子和不爱干家务的孩子，成年之后的就业率为15∶1，犯罪率是1∶10。爱干家务的孩子，离婚率很低，心理疾病患病率也低。另有专家指出，在孩子的成长过程中，家务劳动与孩子的动作技能、认知能力的发展以及责任感的培养有着密不可分的关系。

在美国，孩子不论年龄大小，都是重要的家庭成员，所以告诉孩子他们在家庭中应该负起的责任是很重要的，而承担家务则是最好的方式。不同年龄的孩子可以做哪些家务劳动呢？下面这张美国孩子的家务清单或许可以借鉴一下。

9～24个月：可以给孩子一些简单易行的指示,比如让宝宝自己把脏的尿布扔到垃圾箱里。

2～3岁：可以在家长的指示下把垃圾扔进垃圾箱,或当家长请求帮助时帮忙拿取东西;帮妈妈把衣服挂上衣架;使用马桶;刷牙;浇花(父母给孩子适量的水);晚上睡前整理自己的玩具。

3～4岁：更好地使用马桶;洗手;更仔细地刷牙;认真地浇花;收拾自己的玩具;喂宠物;到大门口取回地上的报纸;睡前帮妈妈铺床,如拿枕头、被子等;饭后自己把盘碗放到厨房水池里;帮助妈妈把叠好的干净衣服放回衣柜;把自己的脏衣服放到装脏衣服的篮子里。

4～5岁：要熟练掌握前几个阶段要做的家务,并能独立到信箱里取回信件;自己铺床;准备餐桌(从帮家长拿刀叉开始,慢慢地让孩子帮忙摆盘子);饭后把脏的餐具放回厨房;把洗好烘干的衣服叠好放回衣柜(教给孩子如何正确叠不同的衣服);自己准备第二天要穿的衣服。

5～6岁：要熟练掌握前几个阶段要做的家务,并能帮忙擦桌子;铺床,换床单(从帮妈妈把脏床单拿走,并拿来干净的床单开始);自己准备第二天去幼儿园要用的书包和要穿的鞋(以及各种第二天上学用的东西);收拾房间(会把乱放的东西捡起来并放回原处)。

6～7岁：要熟练掌握前几个阶段要做的家务,并能在父母的帮助下洗碗盘,能独立打扫自己的房间。

7～12岁：要熟练掌握前几个阶段要做的家务,并能做简单的饭;帮忙洗车;吸地擦地;清理洗手间、厕所;扫树叶,扫雪;会用洗衣机和烘干机;把垃圾箱搬到门口街上(有垃圾车来收)。

13岁以上：要熟练掌握前几个阶段要做的家务,并能换灯泡;换吸尘器里的垃圾袋;擦玻璃(里外两面);清理冰箱;清理炉台和烤箱;做饭;列出要买的东西的清单;洗衣服(全过程,包括洗衣、烘干衣物、叠衣以及放回衣柜);修理草坪。

凡是从小就好吃懒做、不爱劳动的人,长大了多不能吃苦,独立自主能力差,工作成就平平。因此,望子成龙的父母应从孩子孩提起就创造一种环境和条件,对孩子进行早期劳动训练,让孩子做力所能及的事情,让孩子生成一双勤劳的双手,使其终身受益。

孩子在体验中长大,体验越多,感受越深。凡是孩子能做到的事情,家长尽量不要替他去做。孩子进一步家长退一步,这就叫成长。

2017.3.13

老师布置课外阅读《骆驼祥子》《西游记》已经好长时间了,儿子迟迟没有读的意思。我想强制要求儿子阅读,但想到"强扭的瓜不甜",就放弃了。我试着用激励的办法,开始稍有效果,但时间一长,儿子就又搁置一旁。

回想儿子的阅读经历,现在遭遇到了前所未有的问题:批评无效,鼓励无用。真是刀枪不入啊。我一时束手无策。小学时候,每天中午吃过饭后,儿子就会挤时间阅读课外读物,还经常跟着妻子到图书馆借书阅读,甚至在打游戏时,还常常学些词语与我们分享。记得儿子两岁时,一次饭后散步,看到卫河路旁的油菜花,儿子随口吟道:油菜开花,金黄黄。乐得我和妻子合不拢嘴。从小学到初一,儿子的语文成绩一路领先,甚或还拿到第一。更为重要的是儿子的知识面很宽,作文语言一向文采飞扬。小学时儿子的铅笔字和毛笔字写得漂亮,语文老师曾引以为自豪。可是,从初一下学期开始,儿子的书法练习渐渐停了,阅读量逐渐减少,进而语文成绩的优势逐渐消失了。

我一天比一天着急。儿子一天比一天爱动。

一个人的学习是从记忆知识开始的。换句话说,记忆是一切学习方法的基础。没有记忆就没有理解,没有记忆就没有应用。古语有云:"读书破万卷,下笔如有神。"而一个人的最佳记忆时期就在十二三岁,正所谓黄金阶段采黄金。

试看,我国诸多国学大师之所以知识渊博,大多是因为在少年黄金时期靠记忆打下了坚如磐石的文化基础。出生于浙江海宁王氏书香世家的王国维,虽家境贫寒,但自幼苦读,博闻强记,涉猎广泛,少年时代即被誉为"海宁四才子"之一。后在清华大学任教,声名显赫,与梁启超、陈寅恪、

赵元任、李济(一说吴宓)并称为"五星聚奎"的清华五大导师,桃李门生遍布中国文史学界。世称国学大师,但他更是集史学家、文学家、美学家、考古学家、词学家、金石学家和翻译理论家于一身的学者,被誉为"中国近三百年来学术的结束人,最近八十年来学术的开创者"。梁启超赞其"不独为中国所有而为全世界之所有之学人"。郭沫若先生则评价他"留给我们的是他知识的产物,那好像一座崔嵬的楼阁,在几千年的旧学城垒上,灿然放出了一段异样的光辉"。盛名之下,其实相副;学界影响,绝无仅有。

阅读习惯的建立,会让一个人受益终身。青少年时期又是一个人整个人生的扎根期,此时不求孩子枝繁叶茂,只求孩子把根扎牢。

有一种竹子,起初5年的时候没什么变化,到第6年的时候以每天60厘米的速度疯长,一直长到30米。起初的5年它是在积蓄能量,根系一直往下长。毛竹的生长现象给我们很多启迪:它告诉我们做事过程当中打一个深厚扎实基础的重要性,也向人们昭示着平素的积淀对完成整个人生目标的重要性。合抱之木,生于毫末;九层之台,起于垒土;千里之行,始于足下。这句古训数百年来一直警示着我们要脚踏实地、稳扎稳打、循序渐进地做事情。

唐代大诗人白居易自幼勤于读书,学习刻苦,他学习不仅时间抓得紧,而且功夫下得深。据说,白居易念书念得多,连嘴唇的皮都磨破了,生了很多的口疮,但是他并不因此中断。他写字写得多,连手臂上也磨起了一层很厚的老茧。

十六岁时,白居易到京城参加科举考试。当时,顾况是长安的一位名士,许多人都到他那里求教。白居易虽然诗才过人,但由于没有诗作传播在外,父亲又只是一个州县小吏,所以在长安只能算一个无名小卒。白居易早已听说顾况的大名,于是便拿着自己的诗集,去拜谒顾况。顾况的门人把白居易领入府中,白居易呈上自己的诗作。顾况一见白居易是个乳臭未干的年轻人,心里就已经不以为然了,接过诗集一看署名"白居易",便取笑说:"长安的什么东西都贵,想居住在长安可是不容易哟!"白居易听出话中的讥笑之意,但一言不发。顾况掀开诗集,映入眼帘的首先是一首《赋得古原草送别》:"离离原上草,一岁一枯荣。野火烧不尽,春风吹又生……"刚读完前四句,顾况就不由得高声赞叹说:"好诗!"又想起刚才自己挖苦的话,于是赞许地对白居易说:"能写出这样的好诗,不要说是长安,就是整个天下,你也可以'居易'了!"从此,白居易名噪京师。尤其他那首被顾况赞叹的《赋得古原草送别》,更是千古传诵。全诗是这样的:

  离离原上草,一岁一枯荣。
  野火烧不尽,春风吹又生。
  远芳侵古道,晴翠接荒城。
  又送王孙去,萋萋满别情。

其中,"野火烧不尽,春风吹又生"是诗中的名句,诗句通俗浅显,但含蕴极为深刻,给全诗增添了活力,使之如古原春草一样,生命不衰,成为千古绝唱。

白居易作诗,力求通俗易懂,明白晓畅。据说他每写一诗,必对家中老妪读之,老太太能理解的就抄录,不明白的就改写。有一次,他写了一首《新制绫袄成感而有咏》,将其中几句念给老仆人听:百姓多寒无可救,一身独暖亦何情!心中为念农桑苦,耳里如闻饥冻声。安得大裘长万丈?与君都盖洛阳城!

老仆人听罢说,你说的我都明白,只是"安得大裘长万丈"中的"安"字,我寻思着还是改一改好。白居易问老仆人其中有何道理,老仆人又说,你过去写过这样的句子:道州民,老者幼者何欣欣!父子兄弟始相保,从此得作良人身。道州民,民到于今受其赐,欲说使君先下泪,仍恐儿孙忘使君。老仆人接下来说,道州刺史元结是位百姓忘不了的好官,给大伙盖房子,教育官吏们不要欺压百姓,道州不就有了万丈长裘了吗?

白居易认为老仆人言之有理,就把"安"字改为"争"字,意思是要做官的以"为百姓谋福利"的思想去"争得大裘长万丈"。

我们不必期待每个孩子都成为"白居易",都成为文学家。但我们期待孩子在青少年时期建立一套符合自我成长需要的科学的生活系统和学习系统。

少时不求成绩优秀,必求习惯良好。我欲"借他山之石",攻吾子之"玉"。

2017.3.14

儿子找了很长时间的《盗墓笔记》，妻子终于从图书馆带回了家。刚吃完午饭，儿子就匆匆打开了《盗墓笔记》，一直读到下午上学时，临走时对妻子说："这本书，太恐怖了！"

晚饭后，我和妻子去市心理协会参加家庭教育讲座，留下儿子一人在家。约 8 点 30 分，儿子打来电话，说自己在家害怕，让我们尽快回去。

回到家后，儿子说："今晚我必须跟你们一起睡，《盗墓笔记》太可怕啦！"我马上安抚儿子说："小说中有实有虚，虚化的东西都是作者艺术加工过的，不必在意。"儿子仍然缠着要和我睡在一起。最后我说："你把这看成一次特殊的挑战，独立睡一晚，奖金 5 元。再说，你已经长大，应该接受挑战。"儿子执意要和我睡在一起。后来，我有些不耐烦了。儿子看到我想要发怒了，就怒冲冲地和妻子睡在了一起。

晚上我躺在床上，反思自己，我的怒气诱发了儿子的怒气，因为情绪是可以传染的。快乐滋生快乐，悲伤滋生悲伤。

发怒也应该遵循"发怒原则"。发怒需要恰当的时间、地点、对象，即具备"发怒情境"，才能有效，有价值。

陈凯歌导演的《霸王别姬》中，两位名声在外的弟子去拜见他们的师父，师父见了两位弟子非常热情，招呼他们落座，十分客气。可是当两位弟子聆听师父教导的时候，师父脸上的笑容突然不见了，取而代之的是阴云密布，怒气冲天，依据"师徒戒规"，毫不留情地教训了两位徒弟一番。两位徒弟低头"认罪"，发怒的时机把握可谓是恰到好处。

张艺谋导演的《活着》影片中，一个败家子无所事事，以"赌"为快，最后竟然输光了全部家产。债主上门催债，这位败家子的老父亲对催债者异常平和地说："欠债还钱，本来就是应该的。"然后接过字据，看了看，不温不火，稳稳地在上面签了字，那偌大的家业悄无声息地成了别人的家产。这一切彰显了这位老爷子的气度与胸怀。可是等到事情处理完毕，老爷子迅速转身，顿时狂风暴雨，边骂边追打着自己的不肖之子。这位老人的发怒是很理性的。古人云：当面不教子，背后不论人。

我慢慢意识到发怒也有三境：一境，发怒适时适空适人；二境，发怒时发时停，适可而止；三境，发怒之未发，息怒。

育子无怒，快乐幸福。

2017.3.15

儿子是一个情绪化的孩子，但他内心十分善良。我一直教育他看人要重人品，看德行。自古至今，德为立身之本。

对于刚刚进入青春期的孩子来说，信守诺言就是尊重别人，保守秘密就是盟友信约。否则，暴露秘密就是背叛。

中午放学后，儿子面带愠色。问了几遍，儿子欲言又止，我知道儿子内心在矛盾斗争。吃午饭时，我有意识地与儿子聊一些有关学校的事情，渐渐的儿子不由自主地说了出来："没想到，他（她）是那样的一个人，竟然背叛我们，告老师……"儿子欲言又止。我则不慌不忙，问道："这个秘密对你们很重要吗？"儿子说："重要倒是不太重要。只是说好的不能跟其他人说，他（她）却告诉了老师，不守诺言。"我说："既然不是很重要，要'得饶人处且饶人'，要学会宽容。"儿子的情绪稍稍缓解了。接着，我又说："不信守承诺，是他（她）的不对，你不能拿着别人的错误惩罚自己。有了问题要学会交流，通过交流解决问题，告诉对方，朋友之交，要仁义，要真诚。"儿子默默地点点头。

十二三岁的孩子，正是价值观初步建立的时候，是非标准多感性。家长要不时地正确诱导、教诲。

这让我想起了南北朝刘宋宗室临川王刘义庆组织一批文人编写的《世说新语·德行》中《荀巨伯远看友人疾》的故事。故事说荀巨伯从远方来探望重病的朋友，正好赶上胡贼攻打城池。荀巨伯的朋友对荀巨伯说："我如今就要死去了，你赶紧离开！"荀巨伯说："我从远方来探望你，你却让我离开，为了苟且偷生而毁掉道义，这难道是我荀巨伯应该做的吗？"这时胡贼已经到了，问荀巨伯："大军到了，整个城都空了，你是什么人，竟敢独自留在城中？"荀巨伯说："我的朋友身患重病，我不忍心舍弃他，我宁愿用我的性命来换取朋友的性命。"胡贼听了说："我们这些不懂道义的人,却侵入了这么有仁义的国家!"于是调回外出打仗的军队,整座城因此获救。

荀巨伯冒着生命危险也要保护他的病友,是因为他们的友谊建立在道义基础上,这样的友谊,才是君子之交。义气,不会因富贵贫贱或生死祸福而改变立场与做法,义气是为了正当的事情而主动愿意替别人承担危险,甚至不惜舍弃自我,成全他人,这也是"真""诚"的一种体现。

故事揭示了一个道理:做人应该讲情意,舍生取义的义举不仅救了他人性命,更是拯救了一座城,乃至一个国家!坚守信义,大义凛然,对友忠诚,舍生取义,把情意看得比生命还重要。这样的人是值得人们尊敬的,也是青少年学习的榜样。

期盼儿子的友谊观从感性认知早日走向理性成熟。

2017.3.16

儿子一直想去市第五中学踢足球,原因是春节串亲戚时遇到了在五中工作的表哥,表哥的邀请加上日益增长的足球热情让儿子好忙了一阵子,但是小伙伴大都有事,最后只好叫上了堂哥一同去了五中。

五中正准备召开初中毕业生百天冲刺大会,在外甥的带领下我们从旁边绕过进入了操场。操场很大,是一个标准化操场。足球场像一块天幕,映衬在高楼阔地中间,多了几分亮丽,增了几分夺目。

儿子一走进操场,就兴奋了起来。当儿子一脚把足球踢飞后,正巧被一位3岁左右的小姑娘抱个正着。我看到后,没有去理睬,关注儿子如何去做。儿子就撵在小姑娘的身后,直到小姑娘抱着足球找到了自己的父亲,她的父亲再三劝说,小姑娘才好不情愿地把球还给了儿子。

按照儿子的安排,我们三人一人守门,一人进攻,一人防守,而后轮流进攻,根据个人守门得分情况,进攻得分情况,算出每个人的分数排名。

儿子进攻犀利,招数很多。一会儿左闪,一会儿右躲,一会儿虚晃一枪,一会儿声东击西,俨然一个小梅西。

儿子守门牢固,扑救精准。一个正面扑救,化险为夷;一个侧身扑救,球落门框外。

儿子射门刁钻,匪夷所思。一次正突斜射,让守门员判断失误;一次远射正门,让守门员防不胜防;但儿子更多的射门总是斜射边框里侧,让守门员束手无策。

儿子防守积极,抢断迅速。一脚铲球,成功阻断;一脚跟进,瓦解进攻。

玩了一个小时,我有些累了,就提醒儿子回家,然而儿子玩兴正浓,执意不走。我担心运动过度会伤害身体,物极必反。

我休息了一阵子。儿子就和堂哥演练起了二人合作进攻套路。先是堂哥突然加速前冲,儿子后面跟上射门,一蹴而就;后是一人边线突破,一人直插中线,接球抽射,一气呵成。

儿子的球技第一次展露在我的面前,我再次读懂了一句话:兴趣是最好的老师。但运动只能是普通人的一种爱好。爱好不是松散的喜悦,它也是一种责任和能力,需要学习。一个人要从爱好里得到最大的满足和快乐,必须要有自己去创造机会、解决问题最后达到目标的整个过程。

希望爱好助燃儿子的梦想——CEO。

2017.3.17

儿子吃过晚饭便打开了电脑,进入淘宝网为同学购买足球鞋。妻子很慎重地问:"你给同学买鞋,他家长知道不知道?"儿子说:"他说给他家长说过啦,家长同意。他是我的好朋友,是我班的第一守门员。他家的网线断了,不能网购。"妻子说:"你先给他选择一下,我们去散步啦。"

散步回来,儿子正在和淘宝店商讨价还价,看能不能送点东西。一切谈妥后,儿子便让妻子用支付宝支付了金额。儿子兴奋地说:"这下好啦。网购75元,我跟同学要80元,就可以赚5元钱。"妻子听到后,说:"你既然帮助别人购物,好事就办到底,落个人情,不能再赚别人的钱。"儿子听后,反驳道:"你确定你不想赚钱吗?况且我付出了劳动,赚钱是理所应当的。"我插话说:"自古以来,君子爱财,取之有道。帮助他人,他人会心存感激,若趁机取财,实在理亏。君子之交,淡如水。"儿子的脸上掠过一片红晕。惭愧说明教育已起了效果。

　　市场经济效应让孩子在懵懂中有了经济至上的思想意识,这在现实中既合情又合理,然而从孩子终身可持续发展来看是弊大于利的。

　　家长教育孩子要"重情淡财,以诚待人",这样孩子才能行稳致远,路越走越宽。因为孩子不可能一生相伴父母身边,终有一天要独闯天涯。

　　想必"情同朱张"的故事众人皆知。话说在我国东汉时代,有两个河南人,一位名字叫朱晖,一位名字叫张堪,他们两个是当时太学的同学。在太学毕业时,张堪意味深长地对朱晖说:"咱俩就要毕业啦。因为我身体欠佳,所以我有要事相求。"朱晖愣了愣神儿,一头雾水地问道:"咱们是同学,你能求我什么啊?"张堪郑重地说道:"如果有一天我离开了这个世界,请求你照顾我的妻儿老小。"朱晖不以为然,觉得张堪是在开玩笑。

　　过了一段时间,张堪去世了。朱晖听到这个消息后,就从物质上不断资助张堪的妻子儿女,从精神上不断安慰他们。时间长了,朱晖的儿子看不下去了,就问父亲:"您以前和张堪交情并非深厚,来往并不密切,您怎么对他的妻儿这么关心?"朱晖很平静地说:"虽然我俩交情不深,但是,张堪在世时就曾经有所请求,相托于我。既然他相信我,我也就默认了。信守诺言,是人相交之基啊!"朱晖的儿子听后,为父亲的义举大为感动。

　　名利退尽是真情!

2017.3.18

　　四叔在我们的预料之中走了。

　　今天,四叔要"出门儿"。我本想带着儿子一同奔丧,就试着征求儿子的意见,儿子说:"每次回老家都是参加葬礼,我很不愿意回去。"

　　儿子的一句话,让我感觉到了无奈与伤痛。

　　父亲的意外仙逝让儿子饱尝了亲人离别之痛。第一次遭受失亲之痛,对一个粗通人事的少年来说,是一种莫名的伤悲。记得守灵的日子里,儿子一直绷着脸,未能哭出声来,更没有眼泪。等到父亲"出门儿"的那天,当看到爷爷从冷冻棺里被抬出来装进棺材里时,儿子终于哭喊起来,不停地喊着"爷爷!爷爷!"他弱小的生命意识中对生命的渐行渐远第一次有了朦胧的感觉。

母亲的离世似乎在预料之中。母亲脑萎缩直至痴呆让儿子觉得奶奶没有像姥姥那样关爱自己,儿子幼小的记忆中姥姥是最亲近的长辈,以至于姥姥来住几日后要离开的时候,儿子总是拎着姥姥的行李包不让她离开。奶奶安葬那天,儿子是上过两节课后才回到老家的。在灵棚里,儿子面对悲痛欲绝的我,用双手用力地搀扶着我,静静地跟在我的一侧。从小被姥姥看大的儿子似乎漠视奶奶的离去,而我只顾专注地送母亲最后一程,却无暇顾及儿子。

送走了四叔,我感慨地对儿子说:"人的生命是很脆弱的。唯有珍爱生命,才能生而无憾!唯有科学饮食,坚持运动,才能健康长寿。身体,是工作之本;健康,是一切之源!"

2017.3.19

四叔从生病到去世,引发了诸多家庭矛盾。堂弟的不孝和弟媳的无理,只能让做侄子的我不得不承担起各种重任:寻医问药,给食补养。这无疑是"引火烧身",承担责任的同时也便把矛盾引上了自身。

四叔安葬后,堂弟终于反目成仇,大呼"状告堂哥"。委屈与愤怒让我驱车连夜直奔老家——小寨村,找到村委和长辈诉说事由。妻子听说后担心我与堂弟冲突,便驱车紧跟到了老家,家里只剩儿子一人。

约九点左右我从老家给儿子打电话。儿子问我们何时回来,我说可能到十点了。从电话里我了解到儿子晚餐没吃饭,他只喝了些牛奶,并且宽慰我:"没事。我不饿。你忙吧!"我告诉儿子:"不用等我们,你先睡吧。"我担心儿子由于恐惧而无法入睡。

等到事情处理完毕,我们回到家里时,已是深夜十一点了。我悄悄地走进儿子的卧室,看到儿子已经睡着了。我的心里既愧疚又欣慰。

2017.3.20

按照市委组织部人才办的培训计划,第九批优秀专业技术人才要赴苏州党校进行为期一周的封闭学习。

早晨7:00从家出发,至市委党校集合;7:45发车,颠簸整整一天,晚上7:45到达苏州党校。

妻子于中午11:30离开家乡,乘机场大巴去了新郑机场,坐飞机到海南随同学考察金芦荟系列产品。

家里只剩儿子一人了。

出发前的几天,我们一直与儿子交流,我们出差走后他怎么办。第一个方案是把岳母接过来,让她陪着儿子;但考虑到老人家年事已高,行动不便,不是上策。第二个方案是让儿子去他三姑家吃住,儿子由于跟小表妹经常斗嘴,执意不去。第三个方案是去他二舅家吃住数日,或让他二舅带着表姐到我家来住几日,儿子仍不同意。最后,儿子执意坚持自己在家,刻意锻炼一下,我和妻子在担心中答应了。

一路上,不断地想起儿子,倒觉得儿子有独立的锻炼意识是很宝贵的。儿大成人,早晚有一天要放手;但有时候,是要承担风险的。这是儿童成长规律。

到达苏州党校后,简单在餐厅用餐,回到宾馆,我马上给儿子打电话。儿子还没吃饭,他说不准备吃了。这段时间,儿子一直要减肥,之前的几个晚上就一直没有吃饭。想想晚上不吃饭也好,因为不动火就减少了一份危险。我问儿子:"你妈妈打电话了没?"儿子说:"打了好几个电话啦。"俗话说:儿行千里母担忧,而如今却是"母行千里担忧儿"啊!

已是夜晚九点多钟了,我还想给儿子打电话,但又怕儿子已睡下,就放下了手中的电话。原本静音的电话,我又把它调整到了响铃状态,放在了床头柜上,在担心与期盼中睡下了。

2017.3.21

今天是在苏州党校正式上课的第一天。早上八点整,全体学员准时到了求是报告厅,准备开班典礼。几个程序过后,已是八点五十分。下课后,我估计儿子该起床了(因为周日我总想让儿子多睡会儿,毕竟长身体重于一切),就给儿子打电话,儿子说他已经开始写作业了,我问他吃早饭了吗,他说不准备吃了,我再问,儿子已有些不耐烦了。不吃就不吃吧,只要安全就行。

回到教室,我给儿子发了一条短信:"一夜之间,儿子长成了男子汉。从依赖到独立,瞬间长大。爸爸为你敢于挑战而自豪,更为你的勇敢而点赞。"儿子回复了一个字:"嗯。"儿子回复信息语言总是极其吝啬,我知道这是青春期的孩子渴求独立的表现。这一时期的孩子和家长说话总是只言片语,甚至有时是吞吞吐吐,然而,在校园里和自己的学友说话,总是滔滔不绝,以至于学校里的自习课往往是最难安静的。

此时的孩子,处于内心的萌动与外在的约束形成的矛盾抗拒期。一些道德准则还未经过内化,没有建构起来。随着孩子体验的不断加深,知识的不断积累,孩子的道德观价值观就会慢慢建立。

2017.3.22

晚上八点二十五分,我们从苏州市将巷村返回党校宾馆。我马上拨响了家里的电话,原来想着儿子可能还在看电视,谁知电话铃一响,儿子就接通了电话。我问:"儿子,吃饭了吗?"儿子说:"吃过了。正准备睡觉。"我说:"睡这么早啊?"儿子说:"明天星期一,要升国旗。"

为了不耽误儿子休息,我就简短地说了几句就挂掉了电话。

然而,挂完电话后,我一直纠结一个事情:忘了提醒儿子一定要关好天然气阀,甚至我后悔开始就不应问他吃饭了没,应该问他在家做饭了没,如果没有做饭就不用再提醒关燃气一事啦。后来,我想给远在海南的妻子打电话,看她了解儿子晚饭的情况否。再后来想想,若是问了妻子,妻子再往家里打电话,就会影响儿子休息,更为重要的是会让儿子觉得我们做父母的对他不放心或者不信任,也就终止了这一想法。

怀揣着些许的不安,带着一天的疲倦进入了梦乡。

2017.3.23

早晨起床后,我和职业技术学院的姚书记去校外公园散步,怀揣着手机。

六点十分,想给儿子打电话,但又怕影响儿子休息。六点三十五分,我就给儿子班主任张老师发了个短信:"张老师,您好!刘柏麟按时到校了吗?我在外地。"等了好长时间,张老师也没给我回信息,我又不安起来,但又一想可能是在升国旗张老师没有开手机或者忘带手机了。

七点零五分,我又打通了张老师的另一个手机号。张老师告诉我儿子"在"教室,正在读书。我又问:"儿子迟到了吗?"张老师说:"没有。今天来得很早。"我绷紧的神经一下子松懈下来。

没有了父母早晨的一遍遍叫早,孩子的自我约束力瞬间增强了许多。

这让我想起了我们和儿子的一个约定:每天早晨起床时,只喊一遍,否则,上学迟到,责任自负。在没有产生约定之前,儿子总是懒床,多次惹妻子生气,纵然道理讲了很多,但效果总是不好。对于处在生长旺盛期的青少年来说早晨多睡一分钟,确实是一件很奢侈的事情。父母应该理解才是。但是,从习惯养成教育角度讲,没有外来的压力仅靠内力是很难达到教育目标的。因为习惯的养成,是一个逐渐内化的不断建构的过程。

这让我想起了女儿上小学三年级时的一件事:一天早晨,由于女儿起床缓慢,上学迟到了,连早饭都没吃。女儿让我给班主任老师解释一下,我硬是坚持让女儿自己去解释,因为迟到的原因不在父母身上。纵然女儿满眼泪水,一直哀求,但还是她自己向老师做了解释。因为在儿童看来,上学迟到是一件很大的事情。自此,到高中毕业,女儿从没迟到过一次,最后,考入了西南财经大学。

的确,教育孩子要自己的事情自己去承担。

2017.3.24

中午十二点,大姐打来电话,说是在学校门口等着儿子,却一直没有见到儿子。我的心一下子提了起来。我便把儿子的手机号码发给了大姐。大约十二点四十分,大姐发来短信:"他已经吃过饭了,回到了家。"我的心平缓了许多。

晚上六点五十分,我在地铁里给儿子打了电话:"儿子,吃饭了没有?"

"没有。晚饭吃不吃都行。"

我又问:"你开天然气起了没有?"

"没有。"

前天的担心直到今天才放下。我问儿子:"你大姑下午见到你了没有?"这一问不要紧,马上激起了儿子的不满:"你不要让她来看我啦。说不让你们管就不要管啦。我大姑当着那么多人的面叫我小名(儿子生下来黑黑的,有点调皮,我们就亲切地称呼他'蛋蛋儿')。"我一听,马上安慰儿子:"好!我马上告诉她,以后不许再喊你的小名。你写完作业,要早睡啊!"儿子说:"好。"

为了不让大姐再去看儿子,以免再次惹得儿子的不高兴。我又给大姐打了电话,嘱咐了两句。大姐笑着说:"下午见到你儿子时,他皱着眉头,怒气冲冲地问'谁让你们来了?'很是不高兴,说完就走了。"

也许,放手,便是最好的守望。

2017.3.25

下午,五点三十分钟,一天的培训课程结束了。我计算着时间,今天妻子应该从海南芦荟公司返程了。于是,我就给妻子发了条短信。妻子很快回复,说是汽车在赶往机场的途中堵车了,不知道还能不能赶上飞机。

我的心又悬了起来,如果妻子今晚不能按时到家,就意味着儿子就要独立地再生活一晚上,我们的牵挂还要再延长一晚上。

六点三十分,妻子发来短信说,恰巧飞机晚点了,她已经登机了。我问她,给儿子说了没有。妻子说,刚打过电话。我的心平静了许多。

晚饭后,很多同学都结伴去坐游船,赏苏州水上夜景去了。我独自一

人走进了绿宝购物广场,准备给儿子和妻子买点衣服。走进广场,发现适合儿子穿的很少。后来,发现海澜之家有一款短袖适合儿子穿。于是,就拨通了儿子的电话:"儿子,有一款短袖比较适合你穿。号码要170的还是要165的?"儿子说:"170。"停了停,儿子又说:"尺码可能大小不一样,可以买两件,颜色不要绿色,要橙色、蓝色或者灰色。"

按照儿子的意见,我买了两件短袖:一件是蓝色的,给人以凉爽感;一件是橙色,给人以亮丽感。

在桑蚕丝专卖柜台,给妻子买了条围巾。

一想到妻子很快要回到家陪儿子了,我的心渐渐平稳起来,路上不自觉地哼起了小曲:"从此山不再高,路不再遥远。"

2017.3.26

归心似箭,为期一周的学习培训终于结束了。学员们早早地吃完早餐,准备好了行李,等待着大巴车。

早上八点三十分上车,九点准时发车。经历了十二个小时的颠簸,司机师傅不顾疲劳硬是在夜晚九点钟把大家送到了家。

敲开家门,儿子迅速从我手中接过行李箱,还没等我换上拖鞋,就大声地问:"老爸!给我买的短袖呢?"我妻子马上劝解道:"儿子!等一下,让你爸爸喘口气。"我急忙走进了卧室,打开了行李箱,拿出了短袖。儿子一看,兴奋地喊道:"海澜之家啊!"儿子迅速地拆开了包装。我提醒儿子:"不要把商标牌拆掉,如果不合适,还可以到本地专卖店去调换。"儿子先看到了橙色短袖,激动地说:"好漂亮啊!"穿上一试,正合身。我说:"我一直在担心,170的会大。想买165尺码的,没找到。"妻子接过话茬说:"你儿子本来就该穿170的。这几天,又长高啦。"我的目光静静地落在儿子身上,一周未见,确实又长高了。想想儿子独立在家的日日夜夜,我为儿子的勇敢挑战而自豪。

临睡前,我又一次走到儿子的床前。我问:"这几天,一个人在家怎么样啊?"儿子说:"不是给老妈说过了吗?"我说:"给你老妈说了,还没给我

说呀?"儿子接着说:"最后两天,一个人无聊极啦,差点疯了。"我说:"有句古话说得好,自古圣贤皆寂寞。学会了忍受寂寞,一个人就会离成功越来越近了。"

儿子还告诉我,在妻子回来的那个晚上,他一直等到凌晨一点才睡觉。我知道,这里有儿子的期待,更有儿子的牵念。

一次出外培训,一次千里之忧;一次坚强历练,一次成功挑战!

2017.3.27

吃过晚饭,儿子打开电视正等待中国与海地的国际足球赛。我坐在沙发上,想和儿子聊两句。这时妻子问:"咱们还下去散步吗?"还未等我回答,儿子抢先说道:"下楼!下楼!你们俩都要散步去。常言说,饭后百步走,能活九十九嘛。"

进入青春期的孩子,总想独自一人在家,以获取更多的自由。想想去年暑假期间,儿子每天晚上都动员我和妻子下楼散步。我知道用爱和唠叨捆绑了一天的儿子晚上想让我们松松手,想自己自由地呼吸呼吸。

试想,一向胆小的儿子,竟然敢提出独立挑战,达四天四夜之久。可见,孩子独立自主的能力多么惊人!

忽然,记得晚上吃饭时,儿子跟我们说:"说是我自己独立,谁也不用管我,没想到,太烦人啦!每天至少三个人打电话——不是大姑打电话,就是四姑打电话;不是四姑打电话,就是三姑打电话;还数二舅打电话最少,四天一共打了两个电话。"妻子说:"儿子!你是一直生活在关爱之中,这次让你深深感受到别人在关爱你啊。"儿子坚决地说道:"我说不用你们管,就不用管呗!"

长辈面对成长期的孩子,往往犯下的错误是:在该放手的时候,不敢放手。

2017.3.28

出差回来第一件事就是去看望岳母。

在要出发时,因为穿什么衣服,儿子和妻子发生了冲突,若不是我拉住妻子,很可能儿子要挨揍了。对于妻子这种举动,我也很生气。不管怨不怨儿子,当人面训子,是让儿子觉得很不体面的事。儿子很生气,又不敢发泄,只好大哭。

几经劝解,无效。我和妻子只好把儿子留在家里,便出发了。路上,我俩一句话也没说。我对妻子的脾气越来越难以容忍,因为儿子的情绪易怒根源就在于此。作为家长,反思自我是有效家教的开始。

到了岳母家,岳母第一句话就问:"蛋蛋(儿子的小名)咋没来啊!"妻子支吾了一声。

返回的途中,我加大了油门,想赶在下午2:40之前到家里接儿子去学吉他,且我与吉他学校的赵校长约好了下午要见面,谈谈儿子乐器培训的事情。

儿子房间的门关得紧紧的,里面反锁着,外面的钥匙已被儿子拔去。敲了好长时间没人吭声,我跑到了阳台,又敲了几下窗户。儿子闷声闷语地说:"你别逼我发急,我没衣服穿,怎么去学吉他啊!"我问:"你原来的衣服呢?"儿子无力地说:"都不能穿啦!"想想近段儿子的猛长,的确很多夏季的衣服都不能穿了。下次出差,我一定给儿子买些季节性服装才是。

看着儿子怒气未消,我只好在家陪着儿子,其他的事情也先放一放。

下午5点左右,我便开始做饭,因为儿子中午没吃饭,他一定饿坏了。就在我熬好了大米粥,清洗海虾时,儿子起来了。他走进厨房,平静地问:"这是什么啊,老爸?"我说:"海虾,你帮我把虾头拔下来吧,给你炸一炸,补补钙。每年3~5月份是身体猛长期,要按时休息,保证睡眠时间,要补足钙,补充蛋白质。"儿子便帮我洗海虾,洗完后就离开了厨房。

一会儿,儿子回来了,告诉我:"老妈一个小时之后才回来,咱们等她回来了再吃饭吧!"儿子的善良和孝心,总是在自己受委屈后仍然自然表现出来。这让我想起来一句话:小学重态度,初中重品行,高中重能力,大学重素质。

2017.3.29

有了昨日的风波,今日的要务自然是要去买衣服。

在建行办完了相关业务,已是11:30,我们驱车来到了联华生活广场。根据儿子的需求,我们直接来到了二楼休闲运动区,很快儿子看中了阿迪达斯的一款橙色运动上衣,价格不菲,499元,且不打折,不还价,不积分,但是儿子喜欢,还是试穿了175尺码和180尺码的。儿子问:"你们看着怎么样啊?"我说:"你买衣服是你穿的,你自己做主,只要你自己喜欢就行。"妻子觉得仅一件上衣就近500元太贵了,正在犹豫之际,我去了趟洗手间,回来后发现妻子和儿子离开了阿迪达斯专卖店,我忙追上去,又一同看了安踏和其他的一些款式,儿子都不喜欢,这时已是中午12:00。我对妻子说:"贵就贵点吧,买了算了,省得逛了半天买不到儿子喜欢的衣服。"妻子明白我的意思,我们又回到了阿迪达斯专卖店,服务员一看我们回来了,立刻把175尺码的橙色上衣拿了过来,又让儿子试穿了一次。儿子问:"老爸,大小怎么样啊?"我说:"你长得快,应该要稍微松一些。"儿子又试了一遍180尺码的,显然有些肥大,最后就把175尺码的买了回来,儿子试穿后就没有脱下身来,直接穿着回家了。路上,我问儿子:"为什么喜欢这种颜色的?"他说:"橙色是荷兰国家足球队的队服颜色,我喜欢荷兰足球队。"我说:"这么贵的衣服,从今天开始我们至少一周不再吃肉啦,压缩开支,争取把这件衣服省出来。"儿子说:"行!不吃就不吃吧!"说着脸上露出了笑容。

后来我想,正是因为在儿子的再三要求下女儿从台湾给儿子寄来了一双阿迪达斯橙色运动鞋的缘故,儿子才想买橙色上衣与橙色鞋子搭配着穿。

当一个孩子爱照镜子时,他已进入了青春期;当一个孩子想追求时尚时,他已有了审美能力。

2017.3.30

像以往一样6:00起床给儿子做饭。儿子昨晚说早晨要吃烧饼和羊

排,妻子就按照儿子要求去厨房张罗。6:10 我起床后,看到儿子还在睡觉,过了两分钟,我悄悄走进儿子房间,抚摸着儿子的背脊说:"柏麟同学,北京时间6:13,起床吧。"儿子迷迷糊糊说:"别摸我背,容易感冒。"这时,妻子站在儿子卧室门口问:"羊排,吃几个呀?"儿子从被窝里伸出了两个手指,妻子说:"几个呀,我看不见。"儿子说:"两个。"

为了让儿子顺利起床,我去客厅端了一杯凉开水,"来,喝杯水起床。"儿子坐了起来,一饮而尽。停了一会儿,儿子穿着内裤从卧室跑了出来,走进卫生间。我听到水管"哗哗"的声音,看了一眼,儿子正在洗脸,我便在客厅开始了锻炼。

儿子回到卧室,十几分钟过去了,还是没有走出来。我轻轻地走进去,发现儿子蜷缩着身子,又睡了。我有些生气,但克制着自己,没有再去喊他。故意让他听到我的脚步声后,我便选择离开了他的卧室。

妻子把饭做好后,我把儿子的小米粥、羊排和烧饼端放在了客厅餐桌上。

停了一会儿,已是 6:35。我在洗漱时,听到妻子又喊了儿子一次,妻子的语气里明显地带有压制自己情绪的味道。儿子终于开始穿衣起床了。

"我把羊排和米饭吃完了,烧饼不想吃了。"儿子离开饭桌,说道。也许是没有时间吃烧饼了。

儿子穿着校服正要离开,妻子提醒说:"穿上马夹吧,这两天天气降温,有点冷。"儿子又回到卧室,穿上了马夹,接着到阳台去换鞋,发现昨天淋湿的鞋子还没干,只好穿上了刚买的新运动鞋,穿上鞋后,儿子又回到卧室里的卫生间去方便。妻子实在憋不住了,说:"你上周迟到了四次,扣了四分。"儿子不耐烦地说:"每次扣两分,迟到了两次好不好?"说着,嘴里嘟囔着:"大清早就……"

儿子在离开家门时,像以往生气时一样,把"砰"的一声门响留在了家里,留在了我们的等待之中。我们在等待有一天,儿子生气时,门不再响。

2017.3.31

儿子学校每周五上午10:50,要定时举办全员育人活动。周五我要开会,只好让妻子参加。

晚饭时,儿子问:"明天全员育人,你们俩谁参加呀?"妻子说:"明天你爸爸要开会。"儿子说:"那你参加吧,记住10:50。"妻子说:"好!"儿子接着问:"老妈,你明天去学校穿什么衣服啊?"妻子平静地说:"今天白天穿的衣服,不行吗?"儿子坚定地说:"不行!只要不穿那件黑皮衣,哪件衣服都行!"妻子问:"黑皮衣,咋啦?"儿子说:"黑皮衣,显得人老。"妻子笑了笑说:"老就老吧,反正也不年轻。"儿子接着说:"你穿你那件红风衣就行!"妻子说:"不行!太冷啦,不能只要风度不要温度。"儿子说着,放下筷子,就去衣柜里给妻子找衣服,顺手拿出了一件我从上海给妻子带来的灰格羊绒外套,给妻子看了看,说:"明天就穿这件吧,这件显得年轻又不冷。别忘了,再配个围巾啊!"妻子边吃饭边点了点头,笑了。

儿子不仅在给自己进行审美定位,而且开始了给他妈妈进行审美定位。成熟也许是从爱美开始吧!

2017.4.1

已是18:30,我想正常情况下儿子此时该回来了。

我17:40开始做晚饭,为了儿子回到家就能吃上晚饭,免得饥饿,因为晚餐宜早不宜晚,对孩子身体发育有好处。

18:35,我关了燃气阀,给儿子先盛上了一小碗饭,好晾凉,因为儿子吃饭快,热饭易烫伤。

18:45,我坐在餐桌旁,磕了两粒南瓜子,又站起身来,来到了窗户边,看到外面已很少有穿学生服装骑车从马路上走过的人,不免有些担心。

18:50,夜幕渐渐下垂,偶尔有骑车穿校服的闪过马路,仔细辨认不是儿子的身影。是不是去学校看看?我想。

18:55,我实在按捺不住,准备往儿子的好朋友家打电话;后来我想,

还是再等一等吧!

19:00,我索性走出家门,站在了四楼楼道口的窗户上,探头张望,未发现儿子的影子。正在纳闷时,渐渐地有人上楼的脚步声:"老爸,你趴那儿干什么啊!"我一听是儿子的声音,忙说:"不是一直在等你吗?都七点啦,还不回来,我们好担心啊!"儿子平静地说:"在学校抄统计表呢!你们不是知道吗?"

常言道:儿行千里母担忧,有时儿在身边亦担忧啊!

2017.4.5

清明节放假三天,儿子原计划去开封清明上河园,因天气原因只好放弃。钓鱼,一直是儿子渴望的事情,我也从来没有触摸过鱼竿,于是决定去乡下钓鱼。

昨晚,亲戚给我送来了钓鱼器具、诱饵等全套装备,简单说明了用法之后就走了。我招呼儿子在灯下开始了钓鱼的第一课——研究渔具如何使用。在没有老师的情况下,我和儿子反复琢磨、争论、讨论、实践、验证,终于在彼此的协助下,撑开了鱼竿,期待着一试身手。

吃过早饭,我们驱车前往一位老师介绍的朋友的养鱼塘,约1小时20分钟,我们来到了鱼塘边,主人热情地接待了我们。

"你们是钓野生鱼,还是钓喂养的鱼?"主人问。

"钓野生鱼吧。"儿子看着我说。

"好!就钓野生鱼,野生的鱼好吃。"我说。

我和儿子从车上卸下了所有渔具,有手竿、海竿、长竿、短竿、盆子、各式各样的诱饵等等,我拎了两三趟,才算拎完了。

看着大大的池塘,我和儿子心中涌起新奇与激动,也许儿子心中涌动最多的是大鱼。

"先预设一下,我们今天能钓几条大鱼啊?"我对儿子说。

"先专心钓鱼,不预设。希望越大,失望越大。"儿子淡淡地说道。我知道儿子有担心更有期待。

我们俩先在合作中撑起了一个海竿。儿子迫不及待地撑着鱼竿,我一个长步迈向岸边,但岸边没有可立身的地方,我就拿了把铁锹,因地制宜,在塘边坡缓处,开挖了一个能够安身的小平台。儿子站在平台上,我拿着鱼钩,儿子撑着鱼竿。儿子慢慢地把鱼钩放进了水塘里,可是我们很快就发现了问题:鱼线太短,鱼钩只能在浅水边,这就很难钓到大鱼。于是,我们又重新启竿,把线又放了放,我试着把鱼钩甩了出去,这样好啦,鱼钩抛了很远。儿子接过鱼竿,坐在了小圆凳上,静等鱼儿上钩。

等了约20分钟,鱼线没有任何动静,倒能看到有鱼不时在水面游动,为什么不上钩呢?

儿子也有些耐不住了。我说:"钓鱼就像足球比赛,本身就具有不可预测性,我们重点是体验生活,不要过多计较结果。"儿子听后,心情平缓了好多。

儿子在撑竿垂钓,我又去鱼塘四周侦查了一下,发现有一个经常有人垂钓的地方,水面较开阔。于是我叫上儿子,收起鱼竿,又在我找的地点放竿。谁知放下鱼竿后,鱼钩钩住了水底的树根,也许是鱼线放得太长了吧,没办法,只好割断了鱼线。没想到出师不利啊!

儿子这下坐不住了。"没想到钓鱼真难啊!你说这鱼为啥就是不上钩啊?"儿子嘟囔着说。停了一会儿,儿子说:"要么,咱再换个鱼塘,去钓喂养的鱼吧!"我看儿子对结果看得很重,就依从了儿子的主意。

我们只拿了个鱼竿就去北面的养鱼塘了。慢慢走上喂养架台,我把鱼钩放进了水里,就招呼儿子说:"你来钓吧。"儿子说:"你钓吧!"显然儿子的自信心受到了打击。谁知正在我和儿子说话的一瞬间,我猛地感觉鱼竿一沉,像是被什么东西拉了一下,我很快明白,一定是鱼上钩了。我大声地喊:"儿子,鱼上钩啦!快去拿盆子。"儿子一听拔腿就跑,很快拿来了盆子。我便慢慢地收起了鱼竿,一条大鱼浮出了水面,我就用力挑起来大鱼,谁知鱼刚离开了水面,只听"扑通"一声,鱼又掉进了水里,一阵狂喜,几分失望。这时,一位乡邻告诉我们,大鱼钩住之后,不能用鱼竿挑,收短鱼线,鱼露出水面后,要用舀子舀。我们一下子明白了。是啊,鱼大,线细,怎么会挂得住呢?

"让我来吧!"儿子信心又燃。

儿子站在架台上,放下了鱼钩。又从饲料箱里抓了把饲料撒向了鱼塘,这时一群鱼蜂拥而至,鱼塘的鱼太多啦!

这时,儿子大叫:"老爸,快拿舀子!"我一看,鱼线绷得紧紧的,鱼儿上钩了。儿子慢慢地收短了鱼线,一条大鲤鱼张着嘴巴,露出了水面。几经摇摆,我用舀子终于擒住了一条大鱼。儿子欣喜若狂。

有了第一条鱼的收获,儿子变得更沉稳了,索性一屁股坐在架台上,似一位久经沙场的老渔夫,静观水面之变,静等鱼儿上钩。

欣喜不断,鱼儿不断,欢声不断,体验不断。半天时间,儿子钓鱼的技术就已娴熟,凡上钩者,无一得脱。

下午五点,儿子一共钓了十条大鱼,小者有一斤多重,大者有四斤多重。

承载着收获与喜悦,体验着成败与起伏,我们踏上了返程之路。

路上,我告诉儿子:"钓鱼就如学习,心态需端正,只有心沉下去,鱼儿才能钓上来;只有心沉下去,投入到过程中,结果才会水到渠成。若一心重结果,过程反而会受求成心态的影响,与成功失之交臂。"儿子似有所悟,默默点头。

钓鱼一课,受益匪浅。

2017.4.6

随着儿子的渐长,母子关系起伏不平,一方面是妻子的强势与唠叨,另一方面是儿子的思想丰富。两人时而冰下遇阻,时而高山流水,碰撞不断,悲喜交加。

妻子和单位的几位同事去台湾了,一是看看女儿,二是顺便散散心。

妻子乘坐的是新郑机场至台湾桃源机场的直飞航班,17:30 起飞,20:00 到达。

晚饭后 19:00,儿子不经意地看了看客厅上挂的钟表,问道:"老妈现在到了吗?"随后又自语道:"噢,八点以后才到。"

19:30,儿子从卧室走出来,问道:"老爸,俺妈手机开通国际漫游了吗?"我说:"可能没有。"儿子说:"那也只能用微信联系啦。"

20:00,儿子慌忙跑到我的卧室,问道:"老妈来微信了吗?"我说:"还没有,估计还没有下飞机呢!"

20:30,儿子出来用我的手机,打开微信,发现妻子已经和女儿联系上了,就连忙用语音联系妻子:"老妈,到台湾了吗?"等了足有5分钟,妻子从那端传来声音:"机场信号太弱,语音聊天不行。"听到妻子的声音,儿子笑了,而后对我说:"你用文字和老妈聊吧,我先睡觉去了。"

21:05,儿子躺在被窝里,似有伤感地说:"老妈不在家,咱俩咋过啊!"我说:"咋过啊,一天一天地过,一秒一秒地过。你自己曾经独立生活过四天,挑战已经成功,何况咱俩啊!"儿子说:"老妈不在家,也没人给做好吃的啦。"我接过话茬说:"你老妈在家,你还跟她吵架,你不是很想让她离开家吗?"儿子不语。我又说:"听不到妈妈的唠叨,是不是觉得缺点什么啊?"儿子没再说话。

唠叨,是生活的调味品;唠叨,是母亲的爱心汤;唠叨,是儿女的定心丸。

2017.4.7

吃过午饭,儿子兴奋地告诉我今天下午学校足球队要进行集训了,他荣幸地入选校足球队。我即刻向儿子表示祝贺,并叮嘱儿子:"入校队,是为了锻炼身体,不是为了打比赛得冠军,不要因为训练,影响正常学习。"儿子平淡地说:"知道。"

儿子很快开始整理自己的装备,10号运动衫(梅西球星着10号球衣),别致的足球鞋。接着又把刚淘宝回来的崭新足球鞋穿上,试了几个足球动作,满脸笑容地对我说:"下午可能分队比赛。"儿子说着似乎有所期待。

准备好足球行装,儿子抑制不住内心的激动,提前十五分钟就去学校了。

傍晚6:40,儿子回到了家中,脸色似乎很平静。我主动对儿子说:"来和老爸分享一下,下午比赛的收获。"儿子板着脸说:"我们队1:0战胜了对方。"我说:"祝贺!祝贺!"儿子马上补充说:"是我的助攻,杨茁进了一球,比分1:0一直到终场。"我兴奋地说:"儿子立功啦!"这时儿子似有所失地说:"为啥我是替补呢?别的人没有我踢得好,却是主力。"我马上安慰儿子:"重在参与,踢不踢主力都无所谓,咱的重点是体验足球运动,把它当作一种业余的爱好,主要的任务是学习,踢上主力更好,踢不上主力也在情理之中,也许别人的爆发力比你强,你的技术可能比别人强,放平心态,享受运动就行了!"儿子似乎有所领悟,嘴角挂上了一丝笑容,也许是在回忆比赛场景吧。

晚上儿子写完作业,洗完脚,早早地就睡了。临睡前是与儿子谈心的"奶油时间",我就主动走进儿子的房间帮他盖好被子,轻轻地说:"有一种爱好,就会提升整体素质。爱好运动,是为了锻炼身体。恐怕踢主力的成绩都比不上你。"儿子反驳道:"不对!杨茁第一名,踢的就是主力,我的过人技术就是杨茁教给我的。"我趁势说:"你看杨茁是你的师傅,人家才踢主力了;你是徒弟,替补,情理之中啊。想想毕竟入校队了,比较有的同学没入选上,你强多啦!"儿子一听,乐呵呵地躺进了被窝里。

2017.4.8

晚上有应酬,实在推脱不得。

下午放学时,我在路口一直等着儿子。大约晚上6点30分,儿子按时往家赶。我看见儿子穿着鲜亮的橙色上衣,只顾骑车赶路,儿子一抬头看到我站在路边。我说:"你晚上不吃饭不行吧?买个红磨坊的面包吧!"儿子犹豫了一下,说:"行吧!"我们俩走进了红磨坊专卖店,儿子选了两种面包,一共八元五角,我说:"哟!不便宜啊!要是买馒头能买一大兜子。"儿子一听,皱起眉头,走出店门,悄悄批评我说:"你买人家的面包,是自愿的,贵贱你自己选择。面包比馒头营养多了,两者没法比,你说这些干啥啊!"我想辩解,只是支吾了一声,没能说出话来,我知道自己错了。

晚上儿子打来电话,问我什么时候回家,我说你先睡吧,我一会儿回去。到家时已是夜里十点,儿子还在沙发上呆坐着,电视开着却没有声音,我一看气氛不对,连忙向儿子道歉:"不好意思,我来晚啦!"儿子哇的一声哭了:"说多少次了,不让你喝酒,每次你都喝得醉醺醺的,就不知道照顾自己!"我说:"我不是跟你说了,让你先睡吗?"儿子反驳道:"你不回来我怎能安心睡觉啊?"一句话说得我心里暖暖的,既感动又羞愧。

当儿子在意父母时,儿子已经在悄悄长大!

2017.4.9

岳母不慎腰椎骨折,住进了人民医院骨一科,下午做了骨水泥介入手术。

晚上妻子约9点回到濮阳,儿子问:"我妈知道不知道姥姥生病住院啊?"我说:"不知道!"儿子说:"那今天晚上就不要告诉老妈啦,让她先休息一晚上,明天再和她说吧!"我说:"好!"我为儿子的懂事而自豪。

第二天早晨,早饭时,妻子看到儿子的坐姿又唠叨起来,而且面带愠色,儿子很伤感,问道:"咋啦?你回来就想发急吗?"妻子不怀好意地说:"我昨晚就想发急,我拎了那么多东西,不说接接我,而是先问我带了什么?"儿子无语,低下了头。我连忙给妻子使使眼色。儿子的盼望又变成了伤感。

晚上,妻子去医院陪护岳母,我有事在外,又把儿子一人落在了家中。放学时我打电话给他,他有些哽噎,是因为中午说好的,晚上我们仨一同吃妻子从台湾带来的洪汉大餐(方便面),儿子因为我们没有守信用而哭泣。成人的有些意外变化无意间会破坏亲子关系的信任度。

回来后,儿子已经睡着了。我想用"奶油时间"给儿子解释一下,道个歉,就只能等明天了。

2017.4.10

从这个学期开始,儿子越来越喜欢足球,不仅喜欢踢足球,还喜欢看足球。球衣是皇家马德里队的仿制服装,号码是梅西的10号。球鞋从淘宝网已购了两双专用足球钉鞋。俨然一位国脚形象。

究其原因,是去年暑假篮球训练时,儿子右手不慎骨折,两个月后儿子不甘寂寞,又想运动,于是和班里几个小伙伴渐渐恋上足球,并自发邀请其他班级课余进行比赛。

近来,每个周日下午,我专门陪着儿子去市五中踢球,一方面是为了跟儿子交流,另一方面想通过运动尽快提升儿子的身体素质。

但我很担心,大量运动影响儿子的学习成绩,因为运动的适度性对一个十二三岁的少年来说,是很难把握的。儿子没有运动天赋,身体稍胖,下肢爆发力较弱。足球作为他的一个爱好,我们完全支持,但又担心踢足球影响下肢发育或是动作不当而使下肢变形。

有时候,看看身边的真实例子,就更担忧了。妻子二弟家儿子就是因为初二时酷爱篮球,最终中考成绩一落千丈;妻子的姐姐家的儿子也是因为喜爱运动,曾因大量的专业体能训练,结果文化课成绩一塌糊涂。

然而,我又想让儿子全面发展,更想让儿子通过运动调整情绪。想想女儿初中喜欢上排球,多少次和老师一同打球,多少次代表学校参加赛事,甚至到了高三年级,女儿还代表油田一中打排球并摘取了桂冠。女儿不管做什么我们总放心,因为她的自制力很强。

期待儿子像女儿一样,自制力渐强,素质渐全,情绪渐稳。

2017.4.11

儿子这次考试成绩不是很好,妻子在吃饭时很关切地说:"好好调整你的状态吧!从收到老师的短信看,你的学习状态不好!"儿子主动反驳道:"你怎么知道不好啊?"两人又开始了冲突。

吃饭后,儿子写作业一直写到晚上九点半,收拾完书包后,问道:"老妈呢?"我说:"睡啦!"儿子回到房间堆起积木,我说:"给你接洗脚水洗脚吧?"儿子没有回应。一会儿,蹲在床角,捂住脸,难过起来。我说:"是不是足球训练太累啊?"儿子说:"不是。作业太多!"我说:"足球训练占用时间,这需要你吃完饭抓紧时间写作业,要不然你会感到很紧张。有的运动员就是因为没有处理好训练与作业的关系导致文化课成绩下滑。"儿子流下泪来,要求不让我管,自己想静一静。

离开儿子的房间后,我听到儿子用巴掌拍打桌子的声音,十分担心。过了十分钟左右,我从后窗上看到儿子盖着被子哭着睡下了,然而房间的灯还亮着。

我在客厅坐了一会儿,没有开灯。想在儿子睡熟后,给他把灯关上。大约十分钟时间,我听见儿子光着脚,关掉了电灯。一天结束了。

坚信太阳每天都是新的。

2017.4.12

468分,这是上初中以来儿子考得最差的一次。虽然说满分是588分,但是生物考了28分,政治考了54分,这足以说明听课效果明显下滑。

我非常担心,成绩公布前。

我非常生气,成绩公布后。

究其原因,我分析如下:一是开学之初没有做好思想动员,只是淡淡提醒初二很关键,尤其是下半学期,是优秀与一般的分水岭;二是每天或每周没有及时检查作业,听之任之;三是看电视过多,尤其是周五晚上的《我是歌手》,严重影响周六的学习效果;四是我和妻子外出了几天,势必会让儿子在家里自我放松;五是考试期间岳母住院手术,多少影响儿子发挥,加上考试期间妻子不在家,打乱了整个家庭生活节奏。

但是所有的客观原因都不是主要的,内因大于外因。

生活松散,卫生意识较弱,随意性较强。

学习唯作业化,阅读已废弃,书法早已停止,吉他也搁浅。运动起来无节制,唯足球而足球,以至于冲撞了学习主线。

今日,多次提醒儿子写考后总结,儿子不仅不写,还反驳道:"写那有啥用啊?"照例不误看电视节目《我是歌手》。

我本来压住怒气,想要趁周日给他分析一下试卷,没想到他冷眼抵触,气得我冒雨回到了办公室。

在办公室我给妻子发了短信:

教子莫如母。只有你不间断的春风式的畅谈才能改变儿子。严厉对于他的性格是无济于事的。你不发急是改变他情绪的唯一办法。情绪不改一事难成。生活去肉、去油炸、去饮料、去快食,不要当他人面再说儿子吃饭快啦,这是他暴食的根源。我已无能为力!儿子无志之根是衣食无忧!

待到10:30,我的心情平复了许多,只好回到家,打开了电视。

2017.4.13

18:45,儿子才回到家。下午足球队可能又训练了。

儿子拿着刚发的意大利国家队样式的足球服装,先去给妻子看了看,妻子问:"短裤呢?"儿子说:"已穿上了。"接着又拿着球衣给我看,我正在厨房做饭,扭头问了一句:"多少钱啊?"儿子说:"这是老师统一让买的,比赛用的,六十五。"说着我又炒起菜来。

饭做好后,我便喊妻子吃饭。这时发现儿子躺在床上,一种担心又涌上心头,儿子可能又生气了。我忍着气走到床前,摸了摸儿子的头,儿子很不耐烦地说:"我自己的事,我不想吃饭。"妻子很奇怪地问我:"你说他啥啦?他咋又生气啦?"没想到儿子一下子爆发了,在客厅大喊大叫,一边哭一边喊:"我太委屈了。我跟你们说明了不是你们的事,是我自己在学校的事,你们太冤枉我啦。"我看着儿子伤心的情状,心里非常担心。

等儿子情绪稍缓解了片刻,我把儿子叫到了他的卧室里。儿子躺在床上痛哭不已。我安慰儿子说:"当你心里委屈时,你要想办法把委屈说出来,有不良情绪时,一定要找个办法宣泄一下。爸爸妈妈是最疼你的人,完全可以和我们说。"儿子坚持说:"我自己的事,我不想说。"

停了一会儿,儿子对我说:"老爸,把我的手机拿来,我要找个人倾诉一下。"我连忙到我的卧室里找出了儿子的手机。关上房门,我回到了客厅。

我在静等儿子的平复,已是20:15,他没吃饭,也未写作业。

我悄悄地从阳台上听了听儿子的动静,什么也没听到,只好让远在焦作的学生——心理教师利敏,给儿子通电话疏导。

一会儿,焦作回电话:"老师,我弟弟好像没事啦,正写作业。"

我的心稍微放了下来。

让孩子学会倾诉,让家长学会倾听。

2017.4.14

今天,儿子参加了年级足球比赛。

中午,按照儿子的要求在黄埔街买来了长筒袜和护腿板。

下午,我悄悄带上摄像机来到实验学校,为了不让儿子和熟人发现,我在学校东门口站立了二十分钟,眼看着学生排成队都进入了操场,我才从大门走了进去。

我选了一个相对安静的地方,打开了摄像机。儿子背对着我,他和所有队友都穿着阿根廷国家队队服,站成了一队,准备入场。

由于接听电话,未能拍摄到儿子入场的壮观场面。

比赛开始了,儿子首先出场,踢中场位置,有几次对方的前锋冲进了儿子球队的后场,都被儿子拦截了下来。

儿子踢球非常冷静,处理球非常合理,只是起动慢了一些。

曾有一次,对方进攻左侧,被儿子一脚拦下,儿子用脚一踢,足球朝着对方球门飞去,若不是对方守门员反应及时,说不定球就直进门框了。

踢完了上半场,下半场儿子被替换了下来,我估计教练不会再让儿子上场了,就观看了一会儿球赛,离开了赛场。

18:45,儿子回到了家里,一脸的兴奋,高兴地说:"今天太爽了,那场面太壮观啦!"

2017.4.15

制订"柏麟天气"量化表已两天了。

两天来,儿子情绪平稳,不时微笑面对,时而笑声阵阵。足球赛宣泄后的平静,终于让我和妻子品尝到了育子之乐。

我期待,一场球赛就是一个转折点。

然而,今天在儿子恢复体能训练时,问题又出现了。

吃过晚饭,在儿子的劝导下,我和妻子下楼散步去了。回来后,已是21点多了,于是我们督促儿子从今天开始恢复睡前体能训练。儿子拿来妻子的手机,没有直接找微信中体能训练视频,而是用微信先与女儿聊天,当与女儿的微信通话没接通后,便开始了视频体能运动,然而儿子正在兴奋做着运动时,女儿的微信通话信号来了,妻子就接通微信与女儿聊了几句,而后又让儿子看着手机视频做了起来,等到做了两节后,女儿又传来了微信信号,妻子又接通了。儿子有些不耐烦了:"我做运动,你不能给她中断吗?让我做完再聊不行吗?"妻子说:"还是你先跟她视频通话的,刚才不通,现在不忙了,能不接吗?"儿子气呼呼地说:"这事本来怨你,你反过来又怨我啦!"说完,把手机扔在一边,关上门,回到了自己的卧室,我跟着出了房间,儿子随手关上了自己卧室的门。大约停了5分钟,他光着脚从床上下来,关掉了灯,睡觉了。没有刷牙,也没有洗脚。

我是担心,儿子生着气睡觉,因为睡觉时情绪激动:一是影响睡眠质量,二是容易做噩梦,影响身心发展。

妻子和我都很不高兴,然而没人说一句话,洗漱后睡了。

一天就这样结束了。

大约深夜两点钟,我感到胸口不适,难受醒了,找了半天,从旅行包中找到了丹参滴丸,服了五粒又睡下了。心脏不适,着实让我害怕。不知道这与儿子脾气的发作有没有关系。

2017.4.16

18:45,我走出家门看看儿子是否到了楼下。刚推开门,儿子就从楼梯上上来了。

看到儿子的第一眼,似乎有些不大对劲。而后我接过儿子的书包,儿子支吾了一句就去喝水了。

吃完饭,儿子要妻子给他撑上蚊帐。我就去洗碗筷了。

接着我们三人折腾了好一会儿,才算把蚊帐撑好了。这时,我的电话响了,原来是儿子的班主任老师打来的,问儿子回家后有何异样没有,我说回家没发现什么,接着她告诉我,下午自习课儿子说话被批评了。我对老师对儿子的管教深表谢意。

我接完电话,从卧室出来,就发现儿子的情绪又有了大变化。但儿子没有吱声就开始写作业了。

我出去散了会儿步,心里老放不下儿子的事,就转身回到家里。发现儿子趴在妻子身边好像睡着了。妻子就对儿子说:"班主任老师下午对你说了什么话,你给你爸爸说说吧。"儿子一言不发,泪水滴落在了床单上。我针对儿子考后的状态对儿子提出了警示并做了开导,但儿子只字不提学校的事儿。后来妻子告诉我,班主任老师说他自习课上说话了,儿子觉得委屈,说是自己和同学在商量试题,自己还未能清楚辩解,班主任老师说他是狡辩,且说儿子逞能。这打击了儿子的自尊心,儿子觉得委屈。

我明白真相后,又跑到儿子卧室安慰一番,但儿子听不进去,还是蒙着头睡了,连校服都没脱。

2017.4.17

孩子就是孩子,很快忘记那些不愉快的事。

我昨夜和衣而睡,夜深难寝,担心儿子的情绪,儿子早晨起床后却显得一切平稳,好像昨晚什么事都没有发生一样。

吃过早饭,儿子离开了家门,我又追上去,开开门对儿子说:"今天是新的一天,一切重新开始!"儿子"嗯"了一声就走了。我站在楼道口的窗户边,一直看着儿子,他开开自行车锁,一转身跨上车走了。

上午放学回家后,儿子不时调侃妻子,妻子不时发出笑声。吃过午饭,儿子在床上玩了一会儿,就睡着了。直到13:46,儿子还没有起床,我和妻子同时从卧室出来叫儿子,儿子躺在床上,给我们做了个鬼脸,原来

他已经醒了。

晚上九点左右,我因处理汽车事故在外面吃完饭才回家,儿子问我:"你昨天是否给老师打电话啦?"我故作镇静说:"没有啊!"儿子说:"你装,接着装,别再装了。"儿子说着,笑了笑,就回屋睡去了。我正言厉色地说:"刷牙,洗脚!"儿子一脸委屈地说:"你来之前,我就洗漱完了。"说完,没有道"晚安"就关门去睡了。我无意冤枉儿子,就走到儿子床边对儿子说:"对不起,我刚才说错了。"儿子做了个鬼脸,表示没有十分在乎。我的心稍放平缓,离开了儿子的卧室。

家长要学会忘记,忘记不愉快的事;家长应该学会铭记,铭记令人愉快的事。老师应该学会忘记,忘记孩子的错误;老师应该学会铭记,铭记若不能让孩子知道孩子的错误,教育就失败了。

2017.5.1

"五一"劳动节放假三天。第一天儿子就睡到自然醒,7:45才起床。上午儿子在家写了一上午的作业,午饭在外面和友人一起吃了火锅。午饭后,儿子就睡了,谁知道一下子睡到了下午四点钟。叫醒了儿子后,儿子又开始写作业。大约六点钟左右,儿子所有的作业都写完了。我问儿子:"明后两天有何打算?"儿子平静地说:"没啥打算,放假就该休息啊!"

晚上,儿子早早地坐在电视机旁,等着看电视节目——《奔跑吧,兄弟》,我和妻子早早地休息了。儿子还在客厅看电视,不时传来"哈哈"的笑声。不知道这样的电视节目,除了让孩子觉得好看之外,能给孩子们什么收获。

儿子的一天就这样过去了。

2017.5.2

因昨晚看电视节目《奔跑吧,兄弟》,儿子将近八点才起床。

吃过早饭,我问儿子:"中午准备干什么?"儿子说:"没啥打算。"

我说:"《西游记》《骆驼祥子》这些名著,你还没有读完,趁空读读吧!"儿子说:"不想读,你非逼着我读干啥?"

儿子关上房间门,一上午,他说在看《课堂内外》。

吃过午饭,我在没有征求儿子意见的情况下,决定下午3点骑车去东湖玩,儿子虽然有些不同意,但看我主意已定,就只好答应。

下午3点,我和儿子从家里出发,骑车直奔东湖,从东湖出来,又去了龙山。从龙山回来,儿子有些累了,要求回家。在我的坚持下,我们又骑车到了西湖。到西湖边,看到很多商贩,儿子要吃雪糕。一阵软磨硬泡之后,买了一块冰棍,他随手把包装盒扔进了绿化带中,我执意让他捡起来,他讲了一堆理由,看到我一脸正经,不得不弯腰拾起来。为了不影响他吃雪糕,我把包装盒接了过来,等他吃完,又让儿子把冰糕棍装进了包装盒,而后一同找到远处的垃圾箱扔了进去。

小学养成的诸多好习惯,随着年龄的增长,随着好奇心的增强,随着叛逆期的到来,一切都会转变。因为小时候的习惯缺乏自主性,中学时期的习惯具有独立性。由此我想到了儿子的生活习惯,刷牙、洗脚、洗澡、洗衣服、洗碗、擦桌都应该重新再来!放松孩子,但不放纵孩子。

2017.5.3

下午3点,在我的要求下,我和儿子骑车去了濮上园。

去的路上,儿子不时发现追赶的目标,我们就一起努力赶超,当超过了一个又一个目标后,很快到达了濮上园。

返回的路上,骑车的人很少,一时我们没有发现追赶的目标,骑车的速度自然就慢了下来。

这时,我对儿子说:"这就好像你的学习,你心中有了追求的目标,你才有行走的动力;否则,动力不足,成绩不佳。"

后来,我们发现有一对夫妇骑着赛车出现在我们前方,很快儿子就锁定了目标,我们一股劲超过了他们。

回到家已是六点半了,儿子有些累了。

吃饭时,儿子一手用勺子,一手用筷子,不小心和妻子的筷子碰撞在了一起。开始,两人笑着辩解谁是谁非,一会儿工夫,妻子和儿子就变了脸色,饭桌上的气氛一下子紧张起来。我也不知道说什么好,只好一言不发。吃过晚饭,儿子听到我们要去散步,就问:"你们干什么去呀?"妻子没有吭声,我附和一句:"散步去。"回来后,儿子就跑到卧室,和妻子搭讪,谁知妻子刚接完电话,仓促应了一声,儿子又没听见。于是儿子气呼呼地去睡了,没刷牙,没洗脚,没有道"晚安"。

"五一"劳动节三天假期,儿子过得糊里糊涂,原因是没有假期计划。以后包括周六周日,必须让儿子做出计划,否则,生活效率的低下将影响他以后的发展。

2017.5.4

妻子照例5:50起床给儿子做饭,我也早早起床帮着妻子做饭。

妻子还在生气,只做饭,没有去喊儿子起床。6:15,我推开了儿子的房门,轻轻走到儿子床前,轻声说:"士兵刘柏麟请接受命令,起床。"儿子没有因为我的调侃而绽放喜悦,匆匆起床后,看着妻子的脸色,只喝了一小碗稀饭,炒好的大米只吃了几口,就上学了。临走时,竟没有和妻子道别。

看着妻子的怒气,再看看儿子的情绪,我的心里充满了矛盾与担心。矛盾的是妻子不能原谅儿子,担心的是妻子的怒气会滋生儿子的怒气。

回到办公室,我仍被家里的琐事缠绕着。想了半天,给妻子发了两条短信,第一条,不要一味责怪孩子,因为养孩子就像养花一样,养了一年才开一次,而孩子可能养了十几年还闻不到花香。教育是慢的艺术。请原谅你的骨肉儿子。第二条,宽容滋生宽容,狭隘滋生狭隘。怄气不是解决问题的办法,唯有多读书多研究,才能"战胜"你聪明的儿子。

中午回到家,我和妻子说的第一句话是:"儿子和你说话,你不能再不理他啊。要不,容易出乱子。"

中午12:35,儿子回到了家,首先跑到了躺在床上的妻子身边:"老妈,什么饭啊?"妻子缓缓地说:"炒饼。"我马上招呼儿子到厨房端碗,拿筷子,一阵忙活后,一家三口开始了午饭。儿子怯生生地看着妻子,这次他很小心地使用筷子,生怕再触碰到妻子一下。

晚饭后,我走到儿子身边,给他做了一番沟通,儿子静静地听着。写完作业后,儿子主动拉着妻子到自己的房间看一看。妻子对儿子提出了洗袜子和内裤的要求,儿子马上去水管洗了起来,又在妻子的陪伴下做起了健身减脂运动。

一场内部的妻儿大战终于烟消云散。但愿今天是一个转机,但愿明天是一个开始!

2017.5.5

儿子今天只让妻子喊了一声,就很快起床了。

穿好衣服,儿子喝了杯白开水,便开始了运动。运动了一会儿,又回到房间把被子叠了起来。

这时妻子做好了早饭,儿子高兴地吃着饭,显得很香。

午饭后,我才赶到家。儿子正准备午休,又走出房门关切地问道:"老爸,吃饭了吗?"我说:"吃过了。"

儿子休息到两点左右,闹铃响了,他自己穿好衣服,轻轻地关上门上学去了。

晚上,我在单位加班,儿子两次来电:"什么时候开始给你做饭啊?"我很感动,因为儿子很知道关心父母。

吃过晚饭,妻子去散步了。散步回来,儿子故意躲在门后,趁妻子不注意,猛地从妻子背后喊了一声,吓得妻子一哆嗦,这样的恶作剧后让我和妻子收获了喜悦与幸福。

今天是儿子生活较为规范的一天,虽然在某些细节上还有不足之处,但毕竟生活习惯已开始改变,作为父母一方面要鼓励,另一方面要督促,以促进儿子建立良好生活运动习惯。

2017.5.6

儿子下午一到家,就喊:"老妈!老妈!"

我刚从郑州伊河路小学学习回来,趁热打铁,正在写学习心得,听见儿子的喊声,便轻声说:"你妈妈还没回来呢!"儿子问:"咦!老爸,你不是在郑州吗?"我说:"刚回来!饭已经做好啦!"

儿子放下书包,就给妻子打电话,妻子还在公交车上,正在下班途中。

我说:"儿子,你如果饿了,就不用等你妈妈啦,你……"我的话还未说完,就被儿子拦截了下来:"你千万别让我自己盛饭,我只端碗端饭。"我小声地说:"你先盛着饭,我很快就写完了,说不定你还没盛完,你妈就回来,正好一起吃饭。"儿子笑了笑。一会儿工夫,餐桌摆满了饭菜,妻子回来后,我当着儿子的面说:"今天的饭菜都是儿子自己盛的,你负责刷锅、刷碗啊!"妻子甜甜地笑着,点了点头,又看了看儿子,那目光里充满了欣赏。

晚饭后,我和妻子再次在儿子的动员下,下楼散步去了,儿子站在卧室门口,一一和我们再见。

已是21:40,儿子终于做完了所有作业。他兴奋地跑到我们的卧室里,一股脑儿躺在了床上,大声地说:"我发现我太聪明啦,那么难的试题,非常的复杂,我竟然做出来啦!"我抚摸着儿子的脑说:"不是你聪明,而是在数学上下的功夫比别人大,再加上你善于思考,思维专注。"儿子得意地说:"我做数学题,就在书上演算。"我问:"你为什么不在纸上演算啊?"他说:"思路刚来,就像火花一样,你马上就得把它捕捉住,否则,灵感就没了。老师还说我的习惯好呢!"而后,儿子做了十个俯卧撑后,又比昨晚多做了两个,就去睡了,又开始了给妻子道"晚安"。

2017.5.7

早晨我早早地起床,看了一眼正在睡觉的儿子,我没吱声,因为妻子已喊醒了儿子,我知道再催促指不定让儿子反感。

新的一天,早晨的情绪决定一天的"气温"。

帮着妻子给儿子做好了早饭,就坐在餐桌上等着儿子吃饭。

儿子洗漱完毕,照例喝了一杯凉白开,便开始吃饭。

他从冰箱拿出草莓果酱,非常均匀地用筷子涂抹在面包片上,而后把火腿肠整齐地摆放上去,接着又放了些生菜,最后是用煎鸡蛋覆盖,又拿了一片面包片夹住了蛋与菜。

我趁机说:"你看你把面包片摆得这么整齐,一看就知道你是个做事很有条理的人。"

儿子没吭声,倒对妻子喊了一声:"老妈,我的被子叠好啦。"我的心里一阵欣喜。

"这几天你的习惯变得越来越好,情绪越来越稳定,全家人的情绪都很愉快。"我表扬道。

儿子吃着饭,我坐在一边静静陪着,儿子说:"你在这儿坐着干啥啊?"

我在心里说:"陪着就是教育。"

这让我想到了北京十一学校李希贵校长讲过的一件事:

某日,学校的一名学生找到他,说:"校长,我们几个同学这个周六准备到天津去一趟,我们想请您一起去,怎么样?"李校长当即查了自己的日程安排,周六还真没有什么事,于是一口答应。到了周六,李校长跟几个学生一起乘高铁到了天津,考察一圈,当日返回。一路上,也并没有什么特殊的故事发生,无非就是几个学生海阔天空地神聊,评点时事,说说笑话,大部分时光李校长都是笑眯眯地听他们侃大山。

回到学校一周之后,有一天,李校长在路上遇到了那个组织到天津考察的同学,他一脸认真地对李校长说:"校长啊,上周到天津,您让我们很受教育!"

学生的话让李校长思索了很久。其实,李校长一路上并没有"教育"学生,没有对他们的考察进行任何指点,甚至没有叮嘱过安全问题,为什么他们会感觉很受教育呢?

李校长说:陪着就是教育。

是啊,我们的孩子从小生活在高浓度的教育氛围里,成人——从家长到老师,无时无刻不在渗透各种教育,无时无刻不在进行各种说教,无时

无刻不在试图影响和改变孩子。我们的孩子就像生活在教育的雾霾里一样,已经到了窒息的程度。

我们可以设想,如果是另外一位校长接到学生私下里的这种邀请,会出现什么结果。你们要去天津考察什么?班主任知道吗?家长同意吗?安全问题怎么考虑?做好考察方案了吗?交通费用哪里来?……校长很可能会向学生提出这样一系列问题,得到确切答复之后才会考虑是否陪同学生前往。而李校长什么都没有问,他相信自己的学生在邀请校长之前肯定做了周密的安排,他相信学生的能力,所以他只是欣然陪着学生出行,而没有提出任何有"教育意义"的问题,没有做任何居高临下的指导,没有做任何语重心长的谆谆教诲,他就是笑眯眯地一路陪着孩子们,甚至跟他们开开玩笑,说说笑话。然而,正是他这种发自内心地对学生的尊重、信任和亲近,让学生"很受教育"。

还有一个老师,与李校长的做法差不多。

有一名初中女生,父母离异,她被判给父亲抚养。女生感觉没有了母爱,整日郁郁寡欢。她的班主任发现以后,诚恳地邀请女生每天午饭后到自己办公室休息一会儿。女生很高兴,每天从食堂吃完饭,就跑到班主任的办公室里。其实也没有什么事情,有时候师生随便聊聊家长里短,有时候就是各自静静地看一会儿书,有时候帮老师改改作业,有时候各自上网转转……半年以后,这个孩子重新变得活泼开朗——她从老师无言的陪伴里,感受到了自然真切的爱。我们完全可以想象,假如这位班主任每天把孩子叫到自己的办公室进行所谓的心理辅导,或者不停地安慰关怀,我敢说,用不了一周,学生就会躲得远远的。

类似的事情,美国最佳教师雷夫也讲过。

他来上海演讲期间,说:他的班上有一个孩子,父母关系恶劣,整天打架,而且还吸毒酗酒。所以这个小学五年级的孩子,小小年纪就已经形成了扭曲的家庭观:家就是父母打架的地方,他讨厌家,他一辈子都不会结婚!

如果是我们,遇到这样的孩子该怎么办?发动全班同学给他送温暖,关心他,体贴他,对他进行心理疏导:告诉他家是很温暖的,父母虽然打架酗酒,但还是爱他的……这或许是我们惯用的招数。

但雷夫没有这样做,连一句安慰和疏导的话都没有说。他郑重地向孩子发出邀请,邀请他到自己的家里住上两个月。孩子欣然接受了邀请。进入雷夫家之后,雷夫跟他约法三章:必须按时起床,必须按时休息,必须收拾自己房间的卫生。孩子一一接受。

两个月里,雷夫没有进行任何说教,没有刻意安排任何"教育活动",他把自己家庭生活最真实、最自然的一面呈现给孩子:夫妻之间真切的爱和相互的尊重,几个孩子之间亲密的感情,其乐融融的家庭氛围,有不同意见时的平等讨论……结果,两个月后,当孩子离开雷夫家的时候,非常感动地说:雷夫,我知道了,家是很温暖的,将来我也要有一个这样的家!

雷夫说:我不会强迫孩子改变,我没有这个权力。我的责任是让孩子自己体验和观察,自己得出结论。

从李希贵校长到雷夫,他们身体力行的"陪着就是教育",让我们看到了教育的真正力量。这样的教育,没有痕迹,如水般柔和,直抵心灵,浸润生命,能够影响孩子的一生。

2017.5.8

儿子在家独自一人待了一个上午。我和妻子帮亲戚搬完家,吃饭时已是 14 点了。儿子终于满足了多日的愿望,自己去吃过桥米线了。

下午,儿子睡了好长时间,直到吃晚饭时才被叫醒,起床。

吃饭后,妻子和儿子商定好了生活五条:

第一条:每天 6:10 起床,不许懒床,起床洗漱,整理床铺;6:30 吃早餐,餐后把碗送到碗池里。

第二条:午饭后,看看课外书,午休。

第三条:晚饭要吃七分饱,饭后独自完成作业,时间要抓紧,晚上在睡前必须洗脚。

第四条:每天坚持运动,时间 8 分钟。

第五条:内衣内裤自己洗,最好随脱随洗。

21点,儿子写完作业,洗漱完毕,又做完运动操就去睡了。

2017.5.9

儿子早晨6:10起床,

6:30,儿子坐在餐桌旁,一看面包片有些糊了,很不高兴。我陪着儿子坐在餐桌旁。停了五六分钟,儿子只呆呆地看看饭碗,就是不动筷。我有些着急,真想发火,后来想想:家长应该理智,儿子还小不理智是正常的;家长不能因为孩子的不理智而失去理智,那样教育是失败的。

另外,今天是周一,是一周的开始;又是早晨,是一天的开始。想到这些,我选择了离开。大约6:45,儿子吃过了早饭,突然又高兴地大声喊:"老妈,我吃完饭了。"我一听儿子的声音,就知道儿子已经摆脱了不良情绪。

儿子跑到阳台,换上了刚刚刷好的运动鞋,又让妻子看看,说:"老妈你看,像新的一样!"说完,背起书包,上学去了。

孩子的情绪是易变的,作为家长要做到:孩子喜,家长则喜;孩子忧,家长则不忧。要有意识地培养孩子的情商,以培养孩子良好的心理素质。

2017.5.10

儿子的生活习惯自本周开始,变得有了条理。

早晨6:10,妻子做饭时,只要轻轻地唤一声"儿子,该起床了,新的一天开始啦"!儿子就一骨碌自己起来,先去卫生间方便,而后回来就开始穿衣服,衣服穿好后,便开始叠被子,接着洗脸,整理书包。

大约6:25,开始用早餐。

午饭,不管合不合口也没有了以前的表现:合口,就异常兴奋,狂吃一顿;不合口,就面带愠色,吃几口了事。现在,对好吃的,他就多吃点,比如蒸米饭或炒米饭;不爱吃的,就少吃点,比如主食馒头;炒菜,他就只吃菜不吃馒头或者吃半块馒头,但情绪渐趋平稳。

午饭后,他玩耍十几分钟,就开始午休。睡到 14:10,闹铃一响,就悄悄上学去了。

晚饭后,他先写作业,作业写完后往往已是八点多了,这时,便开始洗漱,最后一项也是儿子坚持最好的八分钟腹肌练习,一招一式,中规中矩。这几天又增加了韧带训练,他让妻子压住双腿,让我在后面推其双肩。有时疼痛,我让儿子狂喊几声,但他告诉我:"疼时,也不要停下来!"训练结束,儿子总是自豪地对我说:"老爸,你来摸摸我的腹肌。"似乎腹肌已经练就。我总是鼓励儿子:"你腰部的'呼啦圈'已经消失了,坚持训练,腹肌就更明显了。"

为了给儿子近日的表现有个阶段性鼓励,我给儿子写了几句话放在了他的书桌上:"儿子,你好!数日来,你灿烂的心情把我们的家带到了温润的春天。你的生活越来越条理了,你的学习态度越来越端正了。俗话讲,春种秋收。我们期待秋天里一起歌唱,歌唱属于收获的希望!"儿子看后满脸兴奋地对我做了个鬼脸,假装咬着牙说:"老爸!你给我写东西啦?"我肯定地点点头。

临睡前,妻子说:"我这几天心情很愉快,原因是儿子每天都是灿烂的笑脸。"我说:"儿子已渐渐长大,他逐渐成了自己情绪的主人。"

一种祥和,一种安宁,开启了新的乐章。

2017.5.11

今天国家教育部正式颁布了《全国高考改革方案》,方案规定新高考语文(文理同卷)180 分,数学(文)150 分,数学(理)150 分,文科综合 320 分,理科综合 320 分。英语文理同卷,实行社会化考试,一年两次考试,按最高分列入高考成绩,英语满分 100 分。

面对酝酿已久的高考新方案,面对儿子读初二年级的情况,我既有喜又有忧。喜的是儿子读初二年级在数学老师的关爱鼓励和引导下对数学有了浓厚的兴趣,去年冬季期终考试的数学竟考到 118 分(满分 120 分)。这一重大变化让我感到很意外,因为我的逻辑思维发展并不太好,我很担心会有遗传因素影响儿子的数学成绩。儿子初一几次考试都是语文很强,数学较弱。

忧的是随着儿子的自主性越来越强,儿子原先的阅读习惯逐渐被业余运动所取代。多少次妻子看在眼里急在心上,多少次我在儿子面前读书学习而儿子却无动于衷。我也曾为此苦恼过,但我相信一定会有办法突破这一难题。也许是叛逆初期的躁动让儿子无法安静下来,但躁动过后,成熟渐至,我想儿子会坐下来的。

吃过晚饭,妻子把微信上的《全国高考改革方案》给儿子念了一遍,儿子对高考录取方面问了几个问题,似乎对各科分数不太关注,因为他很清楚妻子读给他的目的是让他重视阅读。但是当孩子知道你在教育他(她)时,教育往往就失败了。

为了唤醒儿子的阅读意识,我想先从字音字形的积累开始。我在电脑上选择了一部分字音易错词语,例如:骰子、烘焙、嘌呤、氙气、根茎、晕船等二十多个词语,排版打印后,制成了卡片,放在了红包里面,准备晚饭后或午饭后,让妻子和儿子一块"抽奖",并计分比赛,赛后让儿子把卡片上的词语收集到语文汉字专题本上。

由此,我又想到了一个办法,每天给儿子打印一篇美文,让儿子见缝插针地读,由读美文向读中考必读名著过渡。我想采取分散式的学语文法,日积月累,定会让儿子厚积薄发。

办法总比困难多,家长最应转脑筋。

2017.5.12

今天,妻子接连收到了两条班主任老师发来的短信:一条是上课时说话,另一条是昨天英语听写作业没完成。

妻子看到短信后,笑着对我说:"这个小东西,又让老师通报啦!"

我立刻寻找事情发生的原因,一种可能是昨晚小外甥女在我家吃饭,且让儿子帮她在网上做安全竞赛试卷,可能耽误儿子的时间了;另一种可能是儿子学习态度方面"旧病复发"。因为之前班主任老师一直说儿子上课爱说话,自习课不安分。

下午放学后,儿子一身疲惫回到家,一进门就说"热死啦",这是儿子为开空调找理由,其实室温才二十度。

饭早已做好了。为了让儿子早吃晚饭,我连喊了几遍,儿子还是躺在床上一动不动,我猜想是不是又挨批评了。等了一会儿,儿子便来到餐桌旁,看表情似乎没发生什么。

吃饭时,我有意地对儿子说:"今天是周四,明天是周五,从周一开始一直是'晴天',若坚持到周末'天气'不变,可以考虑奖励一次。"儿子一听奖励,眼前一亮问道:"奖励什么啊?"我说:"奖励你去老来顺吃一次炭烧火锅,我有那里的贵宾卡,打八折。"儿子一听就来了兴致:"太好了,那样的火锅可以烤丸子。"这时,妻子插话道:"可不要再被老师通报批评啦,作业要按时完成。"儿子很沉稳地说:"今天班主任老师叫我了,让我做了50个俯卧撑,还要重写作业5遍。老师告诉我,好脑筋不如个烂笔头。以后有作业尽量在作业本上记下来,不要再发生类似的事情就是了。"很显然老师的批评是很有艺术性的,批评的效果很明显,因为她让儿子欣然接受了。

这一点让我很震惊,因为以往儿子对所有的批评,总是抵触的,动辄用情绪表达。这样的进步让我很欣喜。

晚上睡觉时,我刻意走到儿子的床边,对儿子说:"你今天做的一件最重要的事情是,接受了别人的批评;接受批评,便是进步的开始。"

儿子笑着,睡了!

2017.5.13

今天下午在儿子的要求下,带上侄子我们一行三人到市六中去踢球。六中朋友听说后,执意要请我们吃饭。儿子一听要在外面吃饭,他马上想起了妻子,由于这两天妻子有病一直卧床,儿子就给妻子打了电话,安排好妻子的晚餐后,儿子才同意我们一同去吃朋友的宴请。

吃过饭已是20:30,儿子又不放心妻子一人在家,就又拨通了妻子的电话,当他得知妻子已吃晚饭且服了药后,便心里踏实起来。

回到家,儿子就兴奋地来到妻子的床前,还未能开口问妻子情况,妻子就劈头盖脸把儿子吵了一通,原因是垃圾没有及时清理,客厅卫生打扫不合格。儿子开始还扮着笑脸,但看着妻子越吵越凶,不自觉地流下泪来,看着妻子没有收敛的意思,儿子就抹着眼泪走了。

我一直等到儿子睡下后,忙跑到儿子房间说:"你妈妈批评你,是你没有做好,虚心接受就是了,以后要加强卫生意识,否则就影响你长身体啦。"儿子一声没吭。

当医生给妻子检查后我照顾着妻子睡下,顺便和妻子说:"批评孩子要讲时间和场合,本来儿子在路上还说要给你带吃的,结果一进门就挨了一顿吵,儿子很生气。"妻子固执地说:"你顾及他生气,怎么不顾及我生气啊!"我一时无语。

其实批评孩子,有很多技巧,没有智慧的批评是没有任何效果的。

2017.5.14

早上5:50起床后,我便开始给儿子做早餐。

6:10,我便轻轻推开儿子的房间,儿子丝毫没有起床的意思,仍纹丝不动。一种预感让我马上走到儿子床边,柔声细语地说:"今天是星期一,新的一周开始啦。柏麟警官(儿子小时候总叫我们这样称呼他)请起床。"儿子一动也不动,似乎什么也没有发生,我知道儿子没有睡着。

停了片刻,我看儿子没有什么反应,便悄悄掩上门出去了。我知道儿子还在生气。

没办法,我只好求助妻子:"儿子还在生气,叫不起来!"

妻子便缓步走到儿子的房间,轻轻地说道:"儿子,是不是不舒服啊?今天要升国旗,起床吧。"

妻子走后,我坐在儿子的床边,对儿子说:"你妈妈来叫你,就是给你道歉,她知道昨天晚上批评你的时机不当。有了台阶,就要下来。乖乖,请起床。"说着我把短袖拿来,给儿子套在了胳膊上。儿子噘着嘴巴,仍气呼呼的，碍于我的殷勤只好穿衣起床。

炒好的蚝油大米，平时是儿子最爱吃的，但一粒未动。

只喝了碗小米稀饭就上学去了，临走时留下了"咯噔"的关门声。家里一片寂静。

面对妻子的教育不当，面对儿子的委屈，我知道谈心是无济于事的，因为孩子的心扉一旦关闭，什么样的教育法都会失灵。

当孩子听不进任何真言善语时，我想到了听觉教育向视觉教育的转变，于是我再次走进儿子的房间，把儿子的被子反复压叠成"豆腐块儿"，像军营的被子一样，看上去板板整整，有角有棱。又把儿子书桌上的书归整上架，几个小玩具有序摆放在了书桌一角。一切都显得清新、整洁。

而后，我又用 A4 打印纸工工整整地写上了一段话，放在了儿子的书桌上。

柏麟至亲：

你不吃早饭着实让爸妈担心，担心你肚子饿，影响学习；担心你缺营养，影响发育……

莫名的烦恼是青春期的共性，我们懂你。

把它倾诉出来便是解决问题的最好办法。

爸妈是你的至亲，有烦恼给我们讲出来，让我们做你的听众，这样就可以把"冲动"打跑了。

冲动是我们共同的敌人，它会让我们的智商瞬间归零。

至亲爸妈
2017 年 5 月 14 日

中午，儿子放学回到家，还未站稳，一推开门还未换鞋就问："老妈，啥饭呀？"而后把鞋胡乱地扔在门口，穿上拖鞋直奔自己的房间。第一时间我感觉到儿子的怒气还未消，昨晚妻子的不悦，不仅影响了儿子的休息、早餐，还影响了今天上午的听课效果。

我把所有的希望都寄托在了下一个时段里了。

儿子回到房间，本想顺势躺在床上休息一下，但看到收拾一新的床

铺,便只好一屁股蹲在书桌的凳子上……停了10分钟左右,儿子羞涩地从卧室走了出来,脸上挂满了不自然的笑容,看到我后,用一种异样的腔调说:"老爸,你……"我顺势说:"昨天都过去了,人只有愉快地活在当下,生活才有意义。学会忘记,生活就会变得简单。"

儿子坐在餐桌旁,大口大口地吃起饭来,像往常那样香。

2017.5.15

为了让儿子享受到优质教育,为了让儿子在初二这当口儿健康成长,我前天特意找到了儿子所在的学校领导,交流学校管理情况,并建议借助主题班会的力量教育每一个青春期的孩子。校领导当机立断,聘请了市教育局调研员、市教研室相关专家、市直学校的青年新秀和我做"德育工程"顾问并于今天下午五点二十分召开了碰头会,参加会议的重点人员是儿子所在年级的负责人。

在碰头会上,我重点强调了主题班会的重要性、内涵、特点等,肯定了实验学校的工作力度。会议开到了七点十分才结束。

回到家里,儿子已吃过晚饭,正在客厅打球。在我吃饭的时候儿子突然吵着肚子疼,头疼,我忙放下手中的筷子,迅速走到儿子身边,问道:"是不是受凉感冒啦?"儿子说:"不是!"我又问道:"是不是吃得不好啦?"儿子说:"吃的是上午剩的羊杂汤。"我马上问妻子:"剩菜热透了吗?"妻子说:"热透啦,下了面条,他还说没吃饱!"

一听儿子说肚子疼,我的头就发涨,由于饮食习惯不好,儿子已几次夜间去了人民医院急诊室就诊,我非常担心儿子以后身体因饮食不节而生发疾病。记得上周日儿子执意让我们去吃云南米线,因为这是儿子的所爱;但我更担心米线的材料不够安全,因为网上不断曝出米线制作问题。儿子让我们吃的原因有两方面,一是让我们品尝一下,二是让我们肯定米线的口感。这让我们很犯难:说不好吃,儿子很反感;说好吃,儿子就有了常吃米线的理由。

儿子这次肚子疼痛,根据以往情况判断,很可能是吃剩饭的原因,因

为羊杂汤里有白菜,白菜是不能剩的。妻子在居室卫生上很讲究,然而在食物安全方面,意识淡薄。前几天,放在冰箱的蒜薹均已长出霉菌而妻子却未能发现。我从心里抱怨妻子,然而又无法立即强化妻子的食品安全意识。

儿子疼了一阵儿,就躺在床上。我连忙比着按摩图,给儿子足部按摩,手指只是轻轻捏了捏儿子的脚,儿子就大呼小叫,也许是对疼痛过于敏感,也许是装腔作势,弄得我无从下手。

停了一会儿,儿子想睡觉,我们同意后儿子就躺下了,在征得儿子同意后,我和妻子出去串了个门,九点左右回到了家。准备洗脚时,儿子从卧室出来了。我和妻子几乎同时问道:"儿子还疼吗?"儿子含糊地"哼"了一声,我们也没搞明白儿子是疼还是不疼。

儿子方便了一下,就回到房间睡下了。停了十分钟工夫,我和妻子的脚还没洗完,儿子就喊:"老爸!老爸!"我连忙跑了过去,儿子说:"热!"我说:"热就开开窗户,开开门通通风,一会儿我给你关上!"儿子说:"不行。"我说:"要不,被子只盖住肚子,把脚露出来,晾一晾。"儿子说:"不行。"我接着说:"要不开开空调吧,你定好时间。"儿子说:"开空调又怕感冒。"我说:"你想咋办啊?"儿子一声不吭,在床上打起滚来。我终于忍不住,暴怒起来:"一大早,你就摔门而出。辛辛苦苦给你做好了早饭,你一口没吃,又不给我们说到底因为啥!你看,每天都是你的事!"我一时冲动,不自觉地骂了儿子一句。想想因为儿子,因为儿子的情绪,家里没有一天消停过,我的心里更是一刻没有安静过。我是想尽了一切办法想让儿子生活、学习高效运转起来,可是一切收效甚微。儿子上次考试成绩的下滑,让我很是担心,真是吵不得打不得,叮嘱与教诲儿子又听不进去。有时候我觉得自己束手无策又无可奈何。自己当了二十多年的老师,又是省级名师,热爱读书研究,培养了很多的成功学生,然而面对自己的儿子,总觉得什么招式都无济于事。我的内心很焦灼,焦灼的时间很长很长。很多时候总想找个山沟里住上几天,清静一下……

儿子在哭泣中睡着了……

看着妻子已经睡下,我关门去了客厅,躺在客厅的沙发上丝毫没有睡意,心里堵得很,想一气之下关门而出又怕对儿子产生影响,钟表的时针不觉指向12点,我回到另一房间躺下了……

躺下后,我突然又担心起来,担心我的怒骂让儿子做噩梦。

2017.5.16

早晨6:40,我才起床。儿子吃过饭,正准备上学。我洗漱后就离开了家门,妻子说饭已做好,我说了一句"不吃"就直奔办公室。

我一路步行快走,想让自己忘记一切,但又难以排解,我一口气从家里走到了历山路东方花园二期东门,才停下来,这时已是8点钟。

中午不想回家吃饭,但接到通知,下午副市长来看学校建设推进情况,我还得回家换衣服。回到家,妻子正在做腰部理疗,我顺便炒了两个菜,已是中午12:30。这时儿子开门回来了,我就和儿子先吃了点饭。吃饭时,我一句话也没说。儿子知道我生气,也只好乖乖地吃饭,吃完饭就回到了自己的房间。

晚饭后,我和妻子去散步,妻子把手机给儿子放到了家里,因为儿子写完作业要看着手机做运动。半路上,儿子从家里打来了电话,我一看是家里的电话,就马上让妻子接听,也许这是儿子故意要和我交流而打来的,但我实在不愿理他。

晚休时,儿子做完运动,要和我掰手腕,我板着脸说:"我的手不舒服。"儿子就又邀妻子去了。

整整一天,我的心没有平静下来。儿子知道我生气,表现很乖。

2017.5.17

儿子早早地吃完饭,就去上学了。

中午12:40,才回到家。一进门就问:"老妈,炸酱面呢?"这是昨晚临睡前儿子向妻子要求的,用肉末、蒜薹、胡萝卜做卤,用宽面条。妻子从卧室应了一句:"刚做好。"妻子问:"怎么回来得这么晚啊?"儿子说:"下周要考试,在学校里收拾书包了。"

吃饭时,我们三人坐在一起,儿子只和妻子说话,不敢和我交谈。妻子两次批评儿子的脚吃饭时乱动,儿子两次做鬼脸,笑嘻嘻地变着腔调说:"我愿意,我愿意。"然而嘴上说着脚下却不敢再乱动。若是平时妻子这样批评儿子,儿子一定会马上"晴天转多云"或是"小雨淅沥"。也许是我的情绪让儿子变得很平和。我在想:是不是儿子适合高压管理?如果家长像虎爸鹰妈那样,不知道儿子会是什么样子?想想生活上我们有些太纵容儿子了。从小玩具如山,别的孩子有的玩具儿子几乎都有,仅小自行车就有三辆,另外还有滑轮车、摇摆车等等。

妻子总怕儿子受屈,便不断地换着花样让儿子吃饭,以至于儿子的身体较胖。我只好带着儿子不断地运动。去年暑假,我带着儿子和他的几个小同学打篮球,好不容易有了减肥效果,没想到儿子右手骨折了,我心疼了好长时间。去年秋季开始,由于儿子右手不能动,不能打篮球,他便开始了足球运动,谁知儿子对足球兴趣很浓,赶上世界杯赛看了几场比赛转播,便记住了诸如梅西、内玛尔等好多足球明星的名字,并不断模仿练习明星运球过人的动作。曾有相当长的一段时间,儿子在家里,晚饭后的第一件事,就是在家里客厅踢足球。开始妻子极力反对,在我的劝说下,妻子渐渐接受了。最后,儿子邀请我和他一起在家里踢球,他代表一个球队,我代表一个球队,且让妻子做观众,并让妻子明确表态支持哪一个球队。一时间,家里成了足球场,客厅成了战场。这让儿子着实兴奋了一阵子。面对叛逆期的儿子,我的办法是只"疏"不"堵",相信过段时间儿子的冲动就会过去。但我又担心,长时间踢球,会不会造成儿子下肢变粗或变形而影响身高。

面对儿子,我总是在选择中迷茫,又在迷茫中选择。

下午17:10,是儿子下课的时间,这时,儿子的老师打来电话,说晚上儿子不回家吃饭了,给老师帮忙办事,我一听便答应了。停了一会儿,我

又犯嘀咕了,是不是儿子在校有啥事,老师不好意思告诉我啊？儿子的性格我是最清楚的,再加上刚才老师的电话里有学生吵嚷的声音,这让我更加不安。于是,又给老师拨了电话。在我的追问下,老师告诉我不只留下了儿子一人,还有好几个孩子,另外还有张平光老师,至于刚才电话里的吵嚷声不是儿子和其他学生闹别扭,而是下课时学生在走廊打闹的声音。这下我才把心放了下来。

我和妻子散完步回到家,已是21点了。儿子还没有回家,我不免有些担心。这时,老师发来短信:刘柏麟和我们一起吃饭,约二十分钟后到家。我的心稍微平缓了一下,又后悔刚才没问一下老师用不用接儿子。

约过了十分钟,老师打来电话,说他们已吃完饭,儿子自己一人回家,本来老师要送一送,儿子不肯让送。老师嘱咐我,儿子回家后给他发个短信,我说行。

又过了七八分钟,儿子回到了家中。恰巧老师又打来电话,我告诉老师儿子刚到家。

儿子先回到自己房间,换上了自己喜欢穿的皇家马德里竞技队的真品球衣,猛地扑到我们的床上,抱怨地说:"哎呀,无聊死了,一直在电脑上重复一个动作。"我和妻子同时问:"给老师帮什么忙啊?"儿子说:"帮老师的儿子在网上投票。"我问:"投什么票啊?"儿子说:"老师的儿子被选为美德少年,现在要参与省里的竞选,需要网上投票支持。我们4个人一直在网上点击,反复重复同一个动作,真无聊!"

老师有事需要孩子帮忙,这本无可厚非。然而有些事情是需要认真选择的。为人之师,教人学真,让学生学做真人。网上投票是群体测试的一种方式,若为达某种目的,专人故意去投票,提升支持率,竞选的成功率会很高,尤其是做教师的,身边有教师资源更有学生资源。但是这种让一个十二三岁的中学生去做虚假行为,我想对孩子的影响是很大的。社会不良现象腐蚀学生,教师有时是无能为力的;而教师的一些不当行为则完全是可以避免的。求真、求善、求美,才是教师育人的终极目标。教师作为育人者,要有爱、有智才行。爱孩子,就不能让孩子做假事,更不能明知"恶小而为之"。有智,就需要讲方法,讲技巧。此事孩子动员家长,家长积极参与投票,也未尝不可,因为家长投票是自己的权利,这样对孩子才是正向的教育。

但愿此类事情不再发生,尤其是不再发生在教师身上,不再发生在心智正在成长的学生身上。

2017.5.19

儿子用透明塑料瓶捉到一只飞蛾,想用密闭的办法让它窒息而死,因为在儿子看来飞蛾不是益虫。

小飞蛾在塑料瓶中转来转去,忽上忽下,儿子不时观察一下飞蛾的举动。大约一小时左右,小飞蛾不再翻上翻下,很显然它已气息微弱,静静地待在瓶里一动不动。

儿子就很快把小飞蛾放了出来,而后用一个小铁丝按压飞蛾的胸部,一会儿,飞蛾又缓缓地恢复了神志,开始在桌子上爬行,儿子兴奋地喊道:"老爸,老爸!快来看!"我迅速放下手中的书籍,奔到儿子房间,儿子说:"这个飞蛾刚才快死了,我用心肺按压法,飞蛾恢复了呼吸。你看,它又活啦!"儿子用生物课上学到的挽救方法,挽救了飞蛾的生命,他显得异常兴奋。我高度肯定了儿子在学以致用方面做得很好,希望继续坚持。

又停留了约20分钟,儿子突然又叫喊起来:"小飞蛾产卵咧,老爸!快来看!"我扔下书籍,跑到儿子的房间。顺着儿子的手势,我看到小飞蛾在艰难地抽搐着,它的尾部有一个卵子即将产生,经过艰难地抖动,一个卵子终于产了出来,接着是第二个,第三个……可以看出小飞蛾每产一个卵都十分用力又十分痛苦。儿子看得聚精会神。说实话,我也是第一次看到飞蛾产卵过程,但我更多地感受了小飞蛾的痛苦。

于是,我一边看飞蛾产卵,一边对儿子说:"其实,母亲分娩就像飞蛾产卵,都要忍受巨大的痛苦,甚至付出生命的代价。你现在经常和你妈妈闹别扭,你想象不到妈妈生你时的痛苦。每一个妈妈生孩子时都是与死神握一次手,非常危险。为什么说母亲是伟大的?就在于母亲用自己的生命孕育了孩子的生命。"儿子听后似有所悟……

第二天早晨,儿子告诉我小飞蛾一共产了十个卵,然而飞蛾却死了。

如何让孩子感恩母亲,尤为重要的是,应该让孩子记住母亲在日常生活中对自己的一点一滴的爱,并把母亲这一点一滴的爱融化在血液中,牢记在大脑里,在实际行动中将母亲给予自己的一点一滴的爱,反哺为对母亲的爱。从这个意义上看,母爱不仅是"一朝分娩"的疼痛与付出,更多的是贯穿于儿女成长的全过程以及儿女们对母亲的全部记忆中。

2017.5.20

昨晚,儿子临睡前告诉我明天早晨做好饭就叫他,我答应了。

今天早晨,手机闹铃照样5:50响了,我洗了一把脸就去厨房做饭。

儿子每天晚上都会安排第二天早餐的食谱,然而这次没说吃什么,我真有些犯难。

连着几天早晨吃鸡蛋,怕儿子吃腻了,就用馒头切块而后鸡蛋搅碎和在一起拌成糊,这是家乡传统的炒馍办法。炒馍配脆口黄瓜片、洋葱段,既有营养又不腻口。我又熬了些稀饭。

6:20,我做好了饭,就去叫儿子。儿子起床后,又躺下了(这是儿子的坏习惯,为此妻子很是不解)。第二次,走进儿子房间时,儿子一看我来了,"嘿嘿"笑了笑,马上辩解道:"我没睡!"我一本正经地对他说:"我相信你没睡,但是你已经长成大孩子了,在有些习惯方面,家长提醒后要有意识地改正才是。"

儿子起床后,坐在餐桌前发呆。我说:"你怎么不吃啊?时间不早啦?"儿子反驳说:"你叫我太晚了。"我说:"你昨晚不是说做好饭叫你吗?"儿子辩解道:"我说的是六点二十叫我起床。"面对儿子的强词夺理,我选择了无语。因为每天早晨是一天的开始,是不便产生不悦的。

想想儿子进入中学后,遇事必要坚持自我,遇事总是强词夺理,虽然有时让我们觉得无奈,但这恰是叛逆期孩子的正常表现,需要家长理性接纳。

处于学业节点(小学五六年级和初中二年级)的学生都具有一个情绪

波动期,如果再加上青春期的影响,就会产生厌学、逃学、偷窃、说谎、作弊、抑郁等种种外显的和内隐的心理行为,在教育心理学中,称之为逆反心理。这是一种比较稳定的,对客观事物表现与一般人对立或相反的情绪体验或行为倾向。学生逆反心理还容易造成感情失控,与家长、教师感情疏远,关系僵化,甚至对立。初二是孩子非常重要的心理变化阶段。初一刚进校,学生还带有小学生的痕迹,稚气未脱,面对突然增大的课业压力,手忙脚乱;初二处于中学阶段的承上启下阶段,学生的是非观刚建立,生理发育正处于青春期,其心理行为将直接体现在他们所特有的青春期逆反心理中。情绪起伏躁动,强烈的逆反心理不仅直接影响孩子学习,而且对其形成正确的世界观、人生观具有很强的危害性。

上了初中的孩子,显著的特点是变:生理上在变,孩子开始发育了;心理上也在变,家长会发现不知从什么时候起,孩子不听话了,甚至还可能与家长对着干。你要向东,他偏朝西;你要向西,他偏朝东。这个时期,称之为心理断乳期。心理断乳期是孩子从幼稚走向成熟的转折时期。从总体上讲,心理断乳期的各种心理现象,反映了少年儿童心理上的进步。从心理上依附于父母,到出现独立意识,这是重大的变化。父母要珍视子女的这一时期,采取欢迎的态度,对于孩子逆反心理的消极面,家长应根据孩子的心理特点,循循善诱,进行教育。

家长更应看到逆反心理积极的一面,如因逆反心理出现的好奇心,是一种渴求认知事物的欲望,是求知的动力。逆反心理往往具有求异和思辨的特点,是孩子智慧的火花,创造的源泉,家长应留心注意,因势利导,促其成才。

家长要看到孩子的成长,尊重孩子的自尊心,与他们建立一种亲密的平等的朋友关系,并允许孩子也能参与家庭的管理。要相信孩子有独立处理事情的能力,尽可能支持他们,在其遇到困难、失败时,应鼓励安慰,成功了要立即表扬。家长还要有勇气向孩子请教,有勇气承认自己的过失。不要怕孩子强词夺理。与家长总是"顶嘴",说明孩子"有冤",此时家长不应该只是单向地考虑孩子身上的错误,更应该反省自己和孩子沟通上出现的问题,这时的家长要努力学习,找到和孩子沟通的科学方法。

另外，家长要教会孩子反抗有"理"，做到以理服人。十二岁左右的孩子处于"叛逆期"，而此时孩子的学习认知也处于一个高速发展的阶段，家长与孩子沟通的和谐与否也影响着孩子的学习成绩。家长必须认识到孩子的反抗并不是一件坏事，这是他们成长所必须经历的过程，孩子需要对所反对的、不喜欢的事情反抗，否则就会陷入无法自力更生的危险中，变成缺乏自主性的人。因孩子天生就会害怕受伤害，怕失去爱以及他们没有能力来照顾自己和保护自己，所以孩子容易因害怕而顺从，但这对孩子健康人格的培养并不是一件好事。

怎样的"顶嘴"是合理的？如何接受和引导孩子主动反抗？是培养孩子成为一个有自控力和自主能力的关键环节。

2017.5.21

妻子和单位里的同事要去武汉市图书馆学习两个星期。儿子有些发愁，嘴里不住地嘟囔着："老妈学习走了，我们俩咋生活啊！"我说："车到山前必有路。"儿子随口接了一句广告词："用车还用丰田车。"这是儿子小时候电视里经常出现的广告词，儿子早已烂熟于胸，没想到今天给胡答上了。

妻子走后的几天里，儿子似乎一下子平静了许多，经常突变的情绪一直比较平稳，做事倒是有了条理，而且每天显得很兴奋。也许没有了妻子的唠叨，儿子有了一种解脱的感觉。也许妻子的一次远行，就是儿子成长、成熟的开始。

这几天，我觉得很累。除了按时上下班，还要及时给儿子做饭，可谓马不停蹄。但是心里莫名的烦恼却没了。也许是儿子情绪平和的缘故吧。

晚上吃过饭，儿子坐在沙发上正在看杂志，我也有意识地凑过去。儿子顺手给了我一本《课堂内外》，我便陪着儿子读了起来。当我读到《野马情绪》科普小品文时，我连忙拿过去让儿子看，儿子说他已读过了，并告诉我这篇文章说的是草原上吸血蝙蝠与野马的真实故事。

晚上我躺在床上,再次想起《野马情绪》,总觉得蕴藏教育契机。家庭的不悦不就是儿子的情绪引发的效应吗?如果借机进行亲子教育,效果一定显著。

我准备"借鸡下蛋",借书中儿子感兴趣的故事,而后顺势而入,对儿子进行情绪教育。因为儿子的情绪一直是困扰儿子身心发展的一个瓶颈。

带着美丽的教育构思,我进入了梦乡。

2017.5.22

今天上班后,我的第一件事就是在网上百度《野马情绪》有关内容。我找到了世界顶级心理学家对"野马结局"和人的"情绪效应"方面的科学论断,不要说对成长中的孩子,就是对我来说也有新的震撼,因为一个人的幸福指数取决于他的心灵感觉与生活的对应关系。经过压缩,我把网上繁杂的《野马结局》改成了简明扼要而又易读的小短文,把题目改成了《野马情绪与人生寿命》,因为近段时间儿子一直和我探讨有关生命的问题。内容如下:

一、野马情绪与人生寿命

非洲草原上有一种吸血蝙蝠,常叮在野马的腿上吸血,它们依靠吸食动物的血生存。

不管野马怎样暴怒、狂奔,就是拿这个"小家伙"没办法。它们可以从容地吸饱再离开,而不少野马被活活折磨死。动物学家发现吸血蝙蝠所吸的血量极少,远不足以使野马死去,野马的死因是暴怒和狂奔。对野马来说,吸血蝙蝠只是一种外界的挑战,一种外因,而野马对这一外因的剧烈情绪反应才是造成它死亡的最直接原因。

人在生活中难免会遇到不顺心的事,如不能宽容待之,一时情绪激动,甚至暴跳如雷,大发脾气,会严重危害自身健康。动辄生气的人很难健康、长寿,很多人其实是"气死的"。于是人们把因芝麻小事而大动肝火,乃至因别人的过失而伤害自己的现象,称为"野马情绪",也称之为"野马结局"。

二、实例分析

医学心理学家用狗作嫉妒情绪实验:把一只饥饿的狗关在一个铁笼子里,让笼子外面另一只狗当着它的面吃肉骨头,笼内的狗在急躁、气愤和嫉妒的负性情绪状态下,产生了神经症性的病态反应。

实验表明:恐惧、焦虑、抑郁、嫉妒、敌意、冲动等负性的情绪,是一种破坏性的情感,如果长期被这些心理问题困扰就会导致身心疾病的发生。

三、情绪失控的危害

一个人大发脾气或生闷气时会在生理上产生一系列变化和反应,致使人体各部损伤,甚至危及生命。人在发怒时心理状态失常,情绪高度紧张,神志恍惚。在这样恶劣的心理状态和强烈的不良情绪之下,大脑中的"脑岛皮层"受到刺激,久而久之就会改变大脑对心脏的控制,影响心肌功能,引发突发的心室纤维颤动,心律失常,甚至心跳停止而死亡。可见生气发怒可致呼吸系统、循环系统、消化系统、内分泌系统和神经系统失调,并带来极大的损伤,大大缩减人的寿命。

四、有效措施

美国密歇根大学心理学家南迪·内森的一项研究发现,一般人的一生平均有十分之三的时间处于情绪不佳的状态,因此,人们常常需要与那些消极的情绪做斗争。可以毫不夸张地说,学会调控情绪是生活中一件生死攸关的大事。

以下是专家提供的几条最新劝告:

第一是寻找情绪不良的原因。闷闷不乐或者忧心忡忡时,首先所要做的是找出原因。找到问题的症结,迅速反思自我,情绪即可平息。学会"用眼睛看自己",找内因。

第二是尊重情绪规律。加州大学心理学教授罗伯特·塞伊说:"我们许多人都仅仅是将自己的情绪变化归之于外部发生的事,却忽视了它们很可能也与你身体内在的'生物节奏'有关。我们吃的食物、健康水平及精力状况,甚至一天中的不同时段都能影响我们的情绪。"

第三是保证睡眠时间充足。匹兹堡大学医学中心的罗拉德·达尔教授的一项研究发现,睡眠不足对我们的情绪影响极大。他说:"对睡眠不足者而言,那些令人烦心的事更能左右他们的情绪。"

第四是有意亲近自然。许多专家认为亲近自然有助于心情愉快开朗。著名歌手弗·拉卡斯特说:"每当我心情沮丧、抑郁时,我便去从事园林劳作,在与那些花草林木的接触中,我的不快之感也就烟消云散了。"

第五是经常坚持运动。一个极有效的驱除不良心境的自助手段是健身运动。

第六是合理搭配饮食。大脑活动需要的所有能量都是来自于我们所吃的食物,因此情绪波动也常常与我们吃的东西有关。《食物与情绪》一书的作者索姆认为,对于那些每天早晨只喝一杯咖啡的人来说,心情不佳是一点也不足为怪的。索姆建议,要确保你心情愉快,应该养成一些好的饮食习惯:定时就餐(早餐尤其不能省),限制咖啡和糖的摄入(它们都可能使你过于激动),每天至少喝六至八杯水(脱水易使人疲劳)。

据最新研究表明,碳水化合物更能使人心境平和、感觉舒畅。马萨诸塞州的营养生化学家詹狄斯·瓦特曼认为,碳水化合物能增加大脑血液中复合胺的含量,而该物质被认为是一种人体自然产生的镇静剂。各种水果、稻米、杂粮都是富含碳水化合物的食物。

第七是保持积极乐观的心态。"一些人往往将自己的消极情绪和思想等同于现实本身",心理学家米切尔·霍德斯说,"其实,我们周围的环境从本质上说是中性的,是我们给他们加上了或积极或消极的价值,问题的关键是你倾向选择哪一种。"

五、温馨提示

从"野马结局"中可以得出这样的结论:

第一:情绪是有成本的。

第二:情绪是自我选择的结果。外在事物并不能伤害我们,是我们自己对这些事物的信念与态度让自己受到了伤害。从积极心理学角度而言,改变自身的认知方式尤为重要。

所以,如果不能很好地管理我们的情绪,将它操控在良性运行的状态下,那么就得做好准备——准备支付恶劣情绪所造成的巨大成本。这成

本有时会是我们的人际和谐,有时会是我们的身心健康,有时甚至还会是身家性命!

　　内容打印好后,我准备下班时带给儿子读,但又觉得效果不够好。因为儿子近段时间读书总是敷衍了事。我就又把《野马结局》改编成了诗歌:

　　　　　　野马结局真可怕,
　　　　　　情绪失控危害大。
　　　　　　改变情绪有技巧,
　　　　　　首先要把原因找。
　　　　　　尊重规律要记牢,
　　　　　　睡眠充足不可少。
　　　　　　亲近自然心情好,
　　　　　　健身运动天天搞。
　　　　　　合理饮食是法宝,
　　　　　　积极乐观更美妙。
　　　　　　我家儿子是个宝,
　　　　　　坚信一切都会好。
　　　　　　善言心语会倾听,
　　　　　　柏麟梦想定成功!

　　下班回到家后,我让儿子先读了文章,又让儿子概括了文章中的要点。最后我把改写的诗歌拿了出来,笑着对儿子说:"周末想不想改善一下生活啊?"儿子不假思索地说:"想!"我说:"好的!请挑战一下,把这首诗歌背下来。"儿子有些心不在焉。我看儿子没有兴致,就说:"先午休吧,下午放学后再说。"

　　儿子下午放学后,在家做作业,听到我开门,连忙跑出来说:"晚上去哪儿吃啊?"我马上问:"野马情绪诗歌背下来了吗?"儿子说:"不想背。"我说:"不想背,那就不要去饭店了。"儿子对吃向来敏感,不舍得放弃周末牙祭的绝佳机会,于是,当着我的面就开始了背诵。用了不到五分钟的时间,儿子就背得滚瓜烂熟。为了强化记忆,更为时时提醒,我把诗歌贴在了儿子的书桌正上方。

但愿，自此"野马"不见"家马"来！但愿，自此"阴云"不见"和风"来！

2017.5.23

吃过晚饭，我正洗刷锅碗，家里的电话响了。我想一定是妻子从外地打来的。果然，儿子接通电话后，两人在电话里聊了大约有3分钟。一会儿，儿子大声喊："老爸！老妈让你接电话！"我放下手中的盘子，用湿漉漉的手拿起了电话。电话里妻子告诉我，儿子这次的分数能在网上查了，是儿子告诉她的，总分476分。我一听儿子的分数，大脑"嗡"的一声，我意识到儿子这次又没有考好，上次考了480分，就排在了年级70多名，这次虽不知名次是多少，但分数告诉我，不会有太大进步，或许又退步了。

我最担心的事情还是发生了。

想想考试前两天，儿子还抱着电视看《奔跑吧，兄弟》一直到晚上11点，第二天又一觉睡到8点多，做好了早饭，叫了两遍才起床。有些科目，没能充分复习。我预感到这次考试儿子还是考不好，果然不出我的预料。

我最担心的就是儿子的成绩在上次滑坡以后这次再滑坡。因为初二年级向来是学生成绩的分水岭。有一句话说得好，"初一不相上下，初二两极分化，初三天上地下"。

放下电话，我胡乱地把碗刷完，径直走进书房，打开了电脑。输入儿子的查阅试卷网址后，却怎么也打不开。我又气又急，问了儿子后才知道儿子的考号又变了。可是输入正确的考号后，还是打不开。于是我又打开了笔记本电脑，再次登录后，终于查阅到了儿子的各科试卷得分情况。

我仔细浏览后，把儿子叫到身旁，让儿子做好记录，一起归纳考试情况。儿子闷闷不乐，低头不语。语文丢分严重的是散文阅读，其次还有课内诗词鉴赏、古文默写，另外最危险的是儿子这次写的作文内容与上次一模一样，还理直气壮地说这容易得高分。数学得了115分，一道题的答题顺序搞错了，估计是马虎的原因。英语得了97分，词语、运用、写作、选择均丢了分，特别是字母书写显得很僵硬，不流畅。政治满分70分，考了

59分,还不错。生物选择题丢分严重。地理选择题丢了分。最差的是历史,有五道题目均为零分。这足以证明课堂听课效果太差,课下又没复习,只能说第一遍就没有学会。

针对这次考试,我从生活到学习,从家庭到社会,从素质到应试,从考学到就业,从小学到中学,从习惯到耐力……谈了很多很多,儿子一声不吭。唯一进步的是这次没有边听边哭。

正颜厉色地跟儿子谈话后,我要求儿子根据考试失误和我的谈话,总结一下下一步怎么办,写个考后学情分析,写完后放在客厅的茶桌上。儿子很不耐烦地回到了卧室里。

我不知道今天的谈话能给儿子带来什么,更不知道明天儿子会有什么变化……

儿子写完考后学情分析,关上房门就睡了。每天的"晚安"问候今天没能听到,也许在儿子的心中父母的叮咛也成了"严厉的批评"。

等儿子睡下,已是23点了,我毫无睡意,披上衣服,轻轻走到客厅,触摸到儿子的本子,回到我的卧室,打开看到了儿子的《考后学情分析》:

失误原因:

1. 对试卷理解不通透;
2. 基础知识掌握不牢;
3. 下课没有及时复习巩固,导致知识遗漏;
4. 题目类型不熟悉;
5. 字体退步。

解决措施:

1. 练字;
2. 认真读题;
3. 自习上课保持良好纪律;
4. 多做练习题;
5. 加强阅读。

儿子的学情分析,很显然是提纲挈领式的,看来我的谈话没有引发儿子内心的触动。也许是我的方法还需要继续完善。

看完儿子的学情分析,我给儿子写下了这样的批语:考试的目的就是为了暴露自己的不足,原因找得很好,措施有待细化,希望根据自己的实际情况列出跟进计划,比如,历史多题为零,何时有计划地补上去,期待进一步落实。

你的文化学科底子很扎实,只是近阶段学习态度有待更大转变。

改变自我,力创辉煌!

2017.5.24

中午放学时,儿子低声告诉我:"老爸!我这次考试没退步,这次班级排名第14名。"儿子好像为昨天晚上我的叮嘱找到了最好的反抗理由。我正在厨房忙着切菜,顺便"嗯"了一声,不自觉地又说:"这次进步了四名,说明上次考试退步较多。"说罢,我就后悔了。儿子一声没吭,就走了。

午饭时,儿子看到他爱吃的肉丝炖土豆,脸上露出了笑容,边吃边说:"这是我喜欢的下饭菜。"吃得津津有味。儿子很快就吃下去了一小碗大米。看到儿子吃饭的速度,我的心又悬了起来,于是我有意识地给儿子讲,原来的一个同事因为饮食不节患上了胰腺炎,腹部做了大手术,缝了十几针,生命危在旦夕,医疗费用靠一部分学生捐款赞助。儿子问道:"胰腺炎是怎么患上的呢?"我说:"暴饮暴食,起居无常,饮食没有规律。"儿子似乎听出来了我的目的,脸色又沉了下来,盛了第二小碗米后,突然又说"不吃了",于是要把米倒回锅里。由于起身太快,碗掉在了地上摔得粉碎。儿子呆呆地立着,可能是害怕挨批评。我静静地看着地板上的碎物,沉默了足有30秒钟,想让儿子为自己的粗心买单。停了一会儿,我告诉儿子:"碎就碎啦,打扫干净就是啦。"

儿子听到我的提醒,用扫帚和簸箕把碎片和大米打扫了一下,但地上还是有很多米粒。我坚持把饭吃完,想让儿子重新打扫,但又一想从昨晚到今天我俩的情绪都不好,就算了。吃过饭,我用抹布把地板又清理了一遍。遗憾的是,儿子没有看到。

下午放学后,儿子兴奋地告诉我,这次在年级进步24名,在班里进步了4名,并且数学是全年级第三名,数学老师在全班同学面前夸奖他是"学霸"。儿子很激动地说:"数学老师在班里宣布说,我们班里有三位学霸,第一位是崔某某,第二位是郭某某,第三位是刘一柏一麟,老师点到我时,声音先顿了一下,而后拉着长音,又弯着身子,抬着头。"儿子边说着边表演了数学老师在班里表扬自己的情景,停了停又说:"老师说我是一匹数学黑马。原来初一年级时我都是考70多分,真是没自信了。到了初二年级别人做不出来的题我能做出来。"我立即鼓励儿子道:"你的数学成绩的提高得益于你思维的缜密和严谨的态度,如果这次历史那几道试题不得零分,你一定能冲进班级前10名,因为你上初中入班成绩为班里第4名。"我总爱给儿子适时加压,因为儿子的惰性确实太强了。

吃过晚饭,儿子回到房间,我趁机跟了过去,因为这是教育儿子的最佳时机。儿子躺在床上说:"下次定目标不要再定班级目标了,我感觉班级目标没啥用,只定年级目标吧。"我说:"行啊!中招录取是全市排名,不按班级排名,定年级目标才更有道理。这次59名,下功夫把'9'去掉,冲进前50,因为你们学校的学生要考上全市一流高中必须排名在前50名,最有把握的是前40名。"

儿子笑着把话茬儿移开了,问道:"物理、化学是不是中考必考啊?"我说:"是啊!物理需要逻辑推断能力,化学需要像学语文一样记忆、理解、运用,只是知识点较碎,更须下功夫。"儿子说:"到初二年级有了物理和化学,说不定我的成绩一下子就排到前面啦!"我说:"物理和数学联系紧密,你数学好,物理努力学就一定能学好;化学首先靠记忆零星知识,而后要会整合运用,物理和化学与现实生活联系紧密。""物理、化学都是讲啥的?"我说:"比如鸡蛋掉在地上易碎,为什么人空手却握不碎一枚鸡蛋呢?如果要研究这种现象,就需要研究鸡蛋壳的最大承受力。力学属于物理研究范围;如果研究鸡蛋壳里含有多少钙元素,这属于化学范围。"儿子似有所悟。

此时已是20点了,我马上提醒儿子"开始工作(写作业),时间不早了。1小时后我要检查作业书写情况。"儿子满脸迷惑:"咋又检查作业啦?都初二啦!"我说:"是因为这次考试发现好多地方是书写出了问题。

今天就要狠抓落实,请配合一下。"儿子看我的态度很坚决又不失尊重,随口说:"好吧!"

不到21点,儿子拿着写好的作业让我检查了一遍,我发现语文试卷上有两个错别字"馨"和"衬"。儿子虽不情愿,还是马上改正了。

我感觉今天对儿子的教育是成功的,因为施教的前提是儿童心理的愉悦感。儿子为成为数学学霸而自豪,由此跟进教育要求,自然儿子在无任何抵触的情况下就接受了我的要求。

抓住教育时机,是最佳教育效果产生的前提。

2017.5.25

在儿子的再三要求下,下午下班后我买了两个土豆,而后切片腌制油炸。儿子放学后,一开门就问:"老爸!炸土豆片了吗?"我平静地回答:"没有。太忙没顾上。"儿子一听,扯高嗓门大声嘟囔道:"你都答应我要炸土豆片了,本来中午就该炸。你不守信用!"说着走到了餐桌旁一看——一盘油炸土豆片,顿时喜笑颜开,瞬间判若两人。

吃过晚饭,我试探性地说:"儿子,交给你一项重要任务,老爸相信你一定能够完成!"儿子问:"啥任务啊?不会是刷碗吧?"我马上笑着说:"恭喜你,抢答对啦。你怎么知道是刷碗啊?"儿子马上反问道:"为啥让我刷啊?"我说:"我今天太累啦,请你帮帮忙。再说你是家里的重要一员,又是男孩,更应该独当一面。这是义务!"儿子本想拒绝又不好意思,连忙追问:"什么奖励啊?"我说:"世界上最珍贵的礼物。"儿子警惕地说:"不会又是微笑吧?(因为我总是用微笑调侃儿子的奖励要求)"我说:"恭喜你,又答对啦。"我马上跟进说:"今天我忙了一天,你刷碗速度较快,该出手时就出手吧。祝你刷碗成功。"我一示弱,儿子爽快地答应了。不一会儿,锅碗都刷干净了,又简单地收拾了一下,洗洗手写作业去了。

民间有句俗语:富养闺女,穷养儿。想想不无道理。自古就有"穷人家的孩子早当家"之说,而现在的孩子缺少的就是家务劳动体验。男孩更应该主动承担家务劳动,因为这对孩子的全面发展大有裨益。首先,可以培养孩子的勤俭节约的优良品德;其次,可以培养孩子的家庭主人翁意识;最后,可以促进孩子锻炼身体。

那么,怎样培养孩子做家务的良好习惯呢?

一是要及时肯定孩子家务劳动的成果,并及时提醒孩子什么时间该做什么家务活。二是让孩子在家务劳动中不断充当新的角色。比如可以让孩子做大厨(做菜),可以让孩子做帮厨(洗菜),可以让孩子做保洁员(打扫卫生)。三是根据年龄分配不同家务。三四岁可以擦桌子,洗碗;五六岁可以帮忙收拾餐具,且摆放有序;八九岁可以做菜做饭;上初中后可以在周末整体承担家务。

家长让孩子学做家务要讲究方法。一是开始时家长和孩子一起做,让孩子边模仿边实践。二是家长对孩子要不断地施加温馨指令,因为孩子总是容易忘记自己不感兴趣的事情,及时地委婉地提醒是孩子持久劳动的助推器。三是尝试让孩子主持家务,体验父母的责任。每一个孩子都是有孝心的,只是年幼时缺乏情感体验,正所谓"不当家不知道柴米贵",对于家务劳动来说,孩子是"没体验,不知父母累"。

家务劳动,是每个孩子的一门生活必修课,家长便是导师。家长要掌握"导"的艺术,因为家务劳动本是家庭教育的重要一面。

一家不"扫",何以"扫"天下!

2017.5.26

吃过晚饭,儿子未等我收拾饭桌,就开始了室内足球运动。我家高居5楼,客厅40平方,沙发稍移,即可运动。从初一到初二,儿子的运动项目由篮球转向了足球,并冲进年级足球队,担任后卫。

爱好篮球,与我有关。父亲影响,儿子喜欢。

喜欢足球,与我无关。手指骨折,转而动脚。

家里客厅的穿廊上方,有儿子用自制的塑料圈粘上的"篮圈",有用6元钱在玩具店买的西瓜软质皮球,此球质地松软,对家什杀伤力较小。足有半年时间,儿子都是穿着拖鞋,在客厅飞身扣篮或是临门一脚。鉴于脚骨发育,我提醒儿子买了一双室内运动专用球鞋,儿子如鱼得水,饭后总爱驰骋疆场。

曾几何时,我是敢怒不敢言,我知道儿子青春的躁动需要宣泄。

曾几何时,妻子恼羞成怒,一气之下没收儿子运动器具。

曾几何时,儿子被迫改行问道,然终未摆脱青春激素的撩拨。

反对——妥协——认可——支持,便是家长进步的路径。于是,儿子的室内运动理所当然地成了儿子的家庭必修课。甚或儿子和我各是一队,偶尔开赛。妻子和女儿被儿子强硬地按在观众席上,无条件支持儿子或我,并要求观众不时传来呐喊声,俨然,家里成了"欧冠联赛第一赛区"。

我曾追根溯源,男孩的躁动归因何处?身为家长当如何科学教育男孩?

性别科学研究表明,男孩学习成绩不如女孩,问题不在于男孩,而在于现行的学校教育模式和不够科学的家庭教育。目前的学校教育是一个普及性教育,是为了更多的孩子能得到教育机会,而不是个性化、特色化的教育。这种学校教育的缺陷,需要家庭教育来弥补,父母要将男孩从压力中解救出来,让男孩释放自己的情感和能力特长。

科学研究表明:男孩、女孩生理特质有别,教儿育女方法本该不同。看看科学研究成果,自然就会理解我们的"运动男孩""多动男孩""不安分男孩",甚或是师长眼中的"问题男孩"。

脑科学研究表明:大脑中分泌一种物质叫多巴胺,让男孩不得不动。

2017.5.27

20:30,儿子集中精力写完了作业,又主动到书房练起了毛笔字。21点,儿子洗漱完毕,便上床睡觉了。

我回到卧室,泡上脚,戴上耳机欣赏起了散文朗读,这对于一个喜欢文学的人来说,是最愉悦、最轻松的时刻,一天的劳顿瞬间烟消云散。

正当我如痴如醉的时候,儿子突然闯进我的卧室,惊恐万状,双眼泪流,哭着说:"老爸!吓死我啦!叫你好几声,你都不答应!我屋里有个东西,发出了可怕的声音。"我霍地站了起来,脚都顾不上擦,就跟着儿子来到了他的房间。看样子,儿子确实吓坏了。

我问儿子什么声音,儿子说是"啪嗒、啪嗒"声,而且还一跳一跳的。我想是不是刚出巢的小麻雀呢,因为家里的暖气片里一直有鸟叫的声音,况且时值麦黄时节,正是黄口出飞的时候。我俯下身子,在桌子底下找寻了半天,什么也没发现。又把衣柜移开,还是什么都没发现。后来,儿子在地上发现了一粒塑料玩具子弹,他又演示了子弹在地上滚动的声音,而后初步断定可能是子弹从床上滑落的原因。找到了原因,我的心里平静了许多。

儿子由于受到惊吓,不敢再睡,执意要和我同床而睡。我坚决不同意。我告诉儿子:"问题的原因已经找到,就意味着问题已经解决了,没啥可怕的。再说还有我在家呢!假如爸妈都出差时,你一人在家,如果出现这种情况,你该咋办?"儿子还在坚持。我拍了拍儿子的肩膀,说:"我把手机打开,你听着歌曲,调整一下,慢慢睡吧。"儿子勉强答应。要求我房间的门不能关上,灯要亮着。

开着灯,开着门,我一直到零点还没睡。这时儿子起来方便,看到我还没睡觉,揉着惺忪的睡眼问道:"老爸!你怎么还没睡呀?"

我说:"等你睡熟了,我才能睡。"儿子说:"我没事了。你睡吧!"

孩子遇到惊吓是常有的事,如何正确处理,我想可以用三种方法:

一是用语言安慰和肢体抚慰。

在用语言安抚孩子的同时,还要进行肌肤的触摸,比如用手顺着孩子头发轻抚或者轻拍孩子背部,或者把脸贴到孩子脸上。亲人的肢体接触能很快让孩子得到安全感,最大限度地起到抚慰作用。

二是转移孩子注意力。

跟孩子谈谈明天的事情,或者问问孩子今天的作业完成得怎样,甚至就孩子房间里的某个布置或设施或字画图表说说,总之,即刻谈谈与惊吓无关的事情或实物,马上转移孩子的注意力,让孩子从惊恐的阴影中走出来。

三是让孩子听轻柔的音乐。

如果孩子受到惊吓,可以播放他平常喜欢听的音乐,比如歌曲、钢琴曲、萨克斯等,能调节孩子紧张的情绪,减轻因惊吓带来的不良影响。孩子伴随着熟悉的音乐声,就会渐渐进入梦乡。

独立生活,是一个人生存和发展的最基本的能力,是一个人在社会上生活的最低要求,也是一个人立身行事的基本保障。这种能力不是与生俱来的,而是通过后天不同的实践和体验获得的。

这不由得让我想起了雏鹰成长的故事。

当一只幼鹰出生后,要经受母鹰近乎残酷的训练。在母鹰的帮助下,幼鹰没多久就能独自飞翔,但这只是第一步,幼鹰需要成百上千次的训练,否则,就不能获得母鹰口中的食物。

第二步,母鹰把幼鹰带到高处,或树梢或悬崖上,然后把它们摔下去,有的幼鹰因胆怯而被母鹰活活摔死。

第三步,则充满着残酷和恐怖,那些被母鹰推下悬崖而能胜利飞翔的幼鹰将面临最后的,也是最关键、最艰难的考验,因为它们那在成长中的翅膀大部分的骨骼会被母鹰折断,然后再次从高处被推下,有很多幼鹰就是在这时成为悲壮的祭品,但母鹰仍然不会停止这"血淋淋"的训练。

有的猎人动了恻隐之心,偷偷地把一些还没来得及被母鹰折断翅膀的幼鹰带回家里喂养。但后来猎人发现那被喂养长大的雏鹰至多飞到房顶那么高便要落下来,那两米多长的翅膀反而成了累赘。

原来,母鹰"残忍"地折断幼鹰翅膀中的大部分骨骼,是决定幼鹰未来能否在广袤的天空中自由翱翔的关键所在。雏鹰翅膀骨骼的再生能力很强,只有在被折断后仍能忍着剧痛不停地振翅飞翔,使翅膀不断充血,不久便能痊愈,而痊愈后的翅膀则似神话中的凤凰一样死后重生,将能长得更加强健有力。如果不这样,雏鹰也就失去了仅有的一个机会,它也就永远与蓝天无缘。

育鹰尚且如此,何况人乎?

作为父母,要培养孩子独立应对挫折的能力。让孩子从小放弃对父母的依赖思想,这样孩子才能逐渐适应生活、适应社会,才能积极应对困难,做到大事不乱,小事不慢。换句话说,家长应敢于舍弃那种过分的爱

子之情,主动给孩子创造一些独立做事的机会,学会放手,因为家长不可能陪孩子一辈子。只有让孩子练就一身"硬功夫",孩子才能行至千里,家长才能放心。

家长大胆放手,孩子才能放胆从容。

2017.5.28

因整理"河南省教师教育专家"申报材料,中午12:25才下班。路上又买了两个西瓜。

到了家属楼门口,正巧遇到了儿子。我马上向儿子招手,让他帮着拎西瓜。因为我还拎着一包15斤重左右的申请材料,还有一个足有5斤重的装有证件复印件的档案袋。

儿子开始答应了,可停了一会儿,他又说:"我没气力啦!"我一听儿子的话,很生气地说:"你上楼吧!不用你管了!"儿子"哼"的一声走了。一会儿,妻子从楼上下来了,帮我拎着西瓜。我提着一个手提袋,又夹着一个档案袋,回到了家中。

儿子听到脚步声,忙打开家门,接过妻子手中的西瓜。

吃饭时,儿子看到我的脸色,忙给我送鸭腿吃,我谢绝了;饭后,儿子又跑到卧室给我送棒棒糖,我又婉言谢绝了。

儿子知道我在生气,我知道儿子在后悔。

妻子洗刷完毕后,把儿子叫到了身边,对儿子进行了教育。从批评的角度看,教育越及时越有效果。

妻子说:"疼爱父母不仅是给父母买好吃的,更为重要的是在父母需要的时候帮助他;刚才你拒绝了你爸爸的请求,这是你的不对。你要反省自己的行为。只有认真反省并及时改正错误,才能不断完善自己,提高自己的认知能力。你刚才吃饭时给你爸爸送烤鸭,饭后给你爸爸送棒棒糖,这都说明你是一个有反省意识的孩子,希望下次能够做得更好。"儿子一声未吭,但他在聆听。

作为家长,要赏识孩子,扩大孩子的优点,缩小孩子的缺点,但是家长更要清醒地认识到：孩提时代是错误的高发期。因此，家长学会批评孩子也很重要。那些难以接受批评的孩子，长大成人后，往往会恃才傲物，或者目中无人，终究事业难成。

另外，家长要善于引导孩子分析事情的发展结果。每一个孩子都是单纯的，做事冲动，不计后果，是司空见惯的现象。在这种情况下，家长就要适当引导，帮助孩子分析事情发展可能出现的情况，进而换位思考，唤醒孩子的情感体验。让孩子读懂"将心比心"的真正内涵，促进孩子反省能力的提高。

只有提高孩子的自我反省能力，才能最大限度地发挥孩子的潜能。

2017.5.29

亲近大自然，投入大自然的怀抱，会让人心旷神怡。

在儿子的周末计划中，今天早晨6:30我们骑车环东湖游玩。

按照预定时间，我喊醒了儿子。一番准备，我俩骑车出发了。

走出家属区大门，我故意走在儿子的后面。儿子马上提醒说："老爸！我不知道路线，你先走，在前面带路。"我坚定地说："今天你带路，你走哪儿，我跟哪儿。走错了，我们再重新定位，重新走。"儿子一听我的语气非常坚决，便没再吭声。

儿子驱车右行，走到了卫河路上。走至卫河路与中原路交叉口，儿子犹豫了一下，还是选择向北行进。到了绿城路口，儿子发现了我们新建的学校，于是确定了引领方向的正确性，便加快蹬车的速度，朝东湖驶去。

临近东湖，目标已现。我告诉儿子："你的任务已经完成，事实证明引领正确。如果方向错误，我们就会找不到我们的目标，不可能到达目的地。可见方向永远大于努力啊。"儿子看了看我，没有吭声。我知道对于叛逆期的孩子来说，这是正常的。置若罔闻或熟视无睹，都是青春期孩子的常见特点。此时，家长不可过于挑剔孩子的行为，也不必要求孩子对家长的每一种行为都及时做出回应。

我俩沿着湖边公路缓缓而行，不时有骑车队伍从我们身边走过，更有

个别"驴友"热情地和我们打招呼。太阳暖暖地洒在我们的身上,两边的新栽花木,有的长满了嫩嫩的绿叶,有的努力绽放出了花朵。地面上刚刚长出了嫩嫩的草芽,显然是人工刚撒上不久的草籽探出了脑袋。远望湖面,波光粼粼,不时有水鸟游弋,湖边游人三五成群,或闲散游走,或拍照留影。

看到一处,乱石林立。儿子建议,下车走走。我们便把自行车锁在了路边,来到了湖边。步行至沙滩之上,顿觉松软,些许惬意。看到柔柔的湖水,儿子终于按捺不住兴奋的心情,便脱掉鞋子,光足湖中。在儿子的再三要求下,我也脱下了鞋子,赤脚戏水前行。

看到水中的砖头碎石,我便顺手捡起,扔到岸上。儿子说:"你是不是每天早上在湖边散步时,都是这样捡湖中的垃圾啊!"我说:"是啊!捡一块垃圾,就减少一些污染。我是老师,更应该这样做啊。"儿子说:"你应该被评为感动东湖十大人物啊!让大家都向你学习。"我说:"一个人付出劳动之后,不能期待着荣誉。否则,一旦不能得到报答,心里便会产生落差。弱化回报,便会平衡。"

我们走到一块平整处,儿子提出要打水漂。于是我俩便捡起水中的扁平瓦块,打了起来。这是我童年时经常玩的老把戏,自然游刃有余,儿子很是艳羡。其中一次,我一下子打出了十几个水漂,儿子更是羡慕。突然儿子提出一个问题:"瓦片怎么能漂浮水面上且不断向前飘飞呢?"我对儿子的问题很感兴趣,因为孩子在现实的情境中提出的问题,这是他观察思考的结果。试想苹果落地时不知砸了多少人,也不知有多少人在抱怨苹果,而当苹果砸在了牛顿身上,却激发了牛顿的思考,进而发现了万有引力定律。

我告诉儿子:"你提的问题很有价值。这属于物理问题,属于力学范围。瓦片首先有自身的重力,还有水的浮力,再加上人的推力,还有瓦片与水面的摩擦力。这个问题你很快就会搞明白,初三年级就要学物理了。随着学习的深入,很多小时候搞不明白的问题,慢慢就会找到答案。"儿子问:"物理和数学联系紧密吗?"我说:"这两个学科联系很紧密。"儿子自信地说:"我数学好,物理一定能学好!"我说:"你思维缜密,努力学习,什么科目都能学好。"儿子脸上堆满了笑容。

一次郊游,一次放松;一次体验,一次发现。

2017.5.30

岳母身体不适,一人独自在老家,妻子姐弟几个都很担心,于是我和妻子没有征求岳母的意见,就把她接到了我们家。

儿子一向与姥姥感情深厚,平时总盼着姥姥到我家来住。岳母来了以后,儿子就主动教岳母开关电视,招呼吃饭,递送水果,以至于本来就喜欢孩子的岳母更是喜得不亦乐乎。

今天,吃过午饭,岳母掏出50元钱(十张五元的纸币),递给儿子说:"柏麟,给你两个钱儿,别嫌少,拿住吧。"儿子推说:"我不要,姥姥!"岳母说:"拿住吧!天热时,买个雪糕。"儿子缓缓地接过了钱。

我从厨房洗刷完碗筷儿,回到了卧室。儿子拿着钱,来到了我的卧室。儿子问道:"我姥姥到底能不能挣钱啊?"我说:"八十岁的人啦,怎么去挣钱啊?"儿子说:"我姥姥在老家不是有十几亩地吗?"我说:"是啊!有地,但没体力去种,都承包出去了。"儿子接着问道:"承包出去,别人不得给承包费吗?"我说:"是啊!但是平时生活费用、医疗费用,都是从这里开支的。"儿子说:"姥姥不是还在庙里上班吗?还有工资吗?"我说:"有,但很少。"

儿子一连串的问题,好像在证明岳母是有钱的;我的系列回答,好像在说明岳母是艰难的。但我更明白儿子一连串的问题的目的,儿子毕竟是孩子,看到钱物,总想自主支配,从而获得一种心理上的满足感。

儿子似乎明白了我的意思,执意要把钱还给岳母,岳母坚决不要。岳母作为老人,也许觉得给晚辈钱与物就是一种爱,是一件天经地义的事。是这种"隔代亲"的"大度"引发了孩子后天的"无度",以至于孩子长大成人后淡财轻物,甚至会挥霍无度。

父母在孩子面前要露穷不露富,绝不能富养孩子穷养己。现在流行一句话:穷养儿子,富养女。想想不无道理。我国由于计划生育政策的实

施,出现了很多的"非常6+1"家庭,大多家庭只生一个孩子。一个孩子的到来,往往要得到至少四位老人和父母的关爱与照顾,造成了"多位老人爱一孩儿"的现象。"小皇帝"往往用最好的名品,一所学校就是"小皇帝"的聚会处,"皇帝"之间攀比不断;"小公主"往往穿最好的,一所学校就是"小公主"的舞台,"小公主"穿行其间,"比比"皆是。

如果一个孩子没有正确的理财观,不懂得金钱如何获得和使用,必然会缺乏正确的消费观念和创造财富的能力。美国大实业家、石油大王、美孚石油公司创始人——约翰·洛克菲勒从小受到父亲的生存教育和商业教育:"人生只有靠自己,做生意要趁早。"约翰·洛克菲勒7岁开始养火鸡赚钱,12岁投身商界,16岁入职会计,捕捉商界信息,攫取了巨额利润,声名远扬。靠着正确的理财意识和商业嗅觉,约翰·洛克菲勒后发制人,出奇制胜,迈步走上美国石油垄断舞台,成为美国十大富豪之一。

西方很多国家在家庭教育方面很注重"理财早教"。三四岁开始让孩子接触和认识钱币,六七岁时培养孩子自主理财意识,十二三岁时家长鼓励孩子打工赚钱,十四五岁孩子的理财观基本建立。

正确的金钱意识,不仅可以让孩子具有正确的消费观,而且可以让孩子懂得劳动与金钱的关系。正确的价值观会让孩子走得愈来愈远。

2017.6.1

学校操场经过几次变更,终于完工了。

标准化的小学生足球场让人赏心悦目。按捺不住内心的激动,早晨6:10,我和儿子、侄子骑车来到了新建的足球场。虽然还没有安上球门,但"试新"的想法驱使着我"第一个"在绿茵场上奔跑了起来。

一番左中右、三线移动、中路分球、边锋进攻、传球奔跑之后,我们俩便开始了对攻比赛。

先是儿子持球进攻,我去防守,侄子是守门员。儿子的动作很多变,突破方法灵活,只是爆发力有点弱,几次被我抢断之后,儿子有些泄气。为了激发儿子的斗志,在接下来的进攻中,我故意让了儿子一脚,没想到

儿子看得清清楚楚。球虽然踢进了球门，但儿子满脸愠色，嘴里嘟囔道："老爸！你让我干啥？"我一时无语，没想到躲避让儿子看得清清楚楚。

我不得不反思自己：赛场只有对手与进攻，没有谦恭与礼让，况且我故意躲闪让儿子一眼看穿，这似乎不是培养刚性男孩的正确做法。

这不仅又让我想到了曾经给我的学生读过的作家毕淑敏的一篇文章——《剥豆》：

一天，我和儿子面对面坐着剥豆。当翠绿的豆快将白瓷盆的底铺满时，儿子忽然站起身，新拿一个瓷碗放在自己的面前，将瓷盆朝我面前推了推。

我问："想比赛？"

"对。"儿子眼动手剥，利索地回答。

"这不公平。我的盆里已有不少了，可你只有几粒。"我说着，顺手抓一把豆想放到他碗里。

"不，"他按住我的手，"就这样，才能试出我的速度。"

一丝喜悦悄悄涌上心头，我欣赏儿子这种自信和大气。

一时，原本很随意的家务劳动有了节奏，只见手起豆落，母子都敛声息语。

"让儿子赢吧，以后他会对自己多一些自信。"这样想着，我的手不知不觉地慢了下来。

"在外面竞争靠的是实力，谁会让你？要让他知道，失败、成功皆是常事。"剥豆的速度又快了起来。

儿子手不停歇，目光却时不时地落在两个容器里。见他如此投入，我心生怜爱，剥豆的动作不觉又缓了下来。

"不要给孩子虚假的胜利。"想到这些，我的节奏又紧了许多。一大袋豌豆很快剥完了。一盆一碗，一大一小，不同的容器难以比较，但凭常识，我知道儿子输定了。我正想淡化结果，他却极认真地拿来一个碗，先将他的豆倒进去，正好一碗，然后又用同样的碗来量我的豆，也是一碗，只是凸起来了，像一个隆起的土丘。

"你赢了。"他朝我笑笑，很轻松，全然没有剥豆时的认真和执着。

"是平局,我本来有底子。"我纠正他。

"我少,是我输了。"没有赌气,没有沮丧,儿子的脸上仍是那如山泉般的清澈笑容。

想起自己的瞻前顾后,小心翼翼,实在是大可不必。对孩子来说,该承受的,该经历的,都应该让他体验。失望、失误、失败,伤痛、伤感、伤痕,自有它的价值。生活是实在的,真实的生活有快乐,也一定有磨难。

人生不会一帆风顺,从小经受锻炼,实为人生盘根。失败往往会让一个人变得更加坚强。不必人为地营造一片虚假的生存空间,生活永远是真实,生活永远没有彩排,生命也只有经过淬火才能刚强,只有经过磨难才能真实。

由于下雨,侄子踢完球不能回家,便只好跟我们回到了家中。稍停了一会儿,我就去加班了。

雨停后,儿子就骑着电动车带着侄子去四妹家补习英语去了,中午十一点才骑车回到了家。妻子满脸怒气,她发现儿子的数学卷子做得不够认真。午饭时两人便开始对峙起来,儿子委屈地噙满泪水。饭后,妻子从儿子房间拿出来儿子的数学卷子,儿子很生硬地看着做过的试题,极不情愿。

晚饭后在看《英雄不朽》专题纪录片时,儿子又玩起了手机,妻子没好气地批评了儿子。我只好提醒妻子下楼散步,妻子开始不知道是什么意思,后来在我的劝说下跟着我下楼了。谁知我们刚离开家门,儿子便在客厅大声叫喊:"我咋啦?!你们动不动就吵!"接着,便是怒吼的声音。我的心一紧,马上从楼梯上跑回了家,儿子见我又回来了,便躺在沙发上,抱着枕头一动不动。我想去安抚一下儿子,这时妻子从外面跟了回来,进了家门。

家里的气氛十分紧张。

我担心妻子再次的批评会激怒儿子,场面会一发不可收拾。我很快打开了热水器,给儿子接了一盆洗脚水,便顺便问起了明天踢球的相关安排,儿子一一做了回答,虽然不很情愿。

儿子简单洗漱之后,看到妻子在看电视,便从客厅回到了卧室,还是像往常一样站在我们卧室的门口给妻子道了"晚安",睡觉去了。

想想儿子在生气,却能够调整自我,确实值得赞扬。

2017.6.2

周日早晨,我和儿子约定骑赛车去新一高和西湖看看。

6:30,我们起床后,一番洗漱,便骑车上路。

从家属院南门走上卫河路,经过五一路,到濮上路,车辆突然多起来。一开始我搞不明白,平常车辆稀疏的大路,怎么会有这么多车辆。当我看到有的家长骑电动车带着孩子上学时,我突然明白了,原来都是赶时间、忙着送孩子的私家车。

走了大约3公里路,儿子问:"老爸!怎么还不到啊?"我说:"过了西湖就到了。前面已经是西湖啦。"

经过西湖时,儿子突然很有感触地说:"我们曾经在这儿卖过孔明灯,我们可是第一个在音乐桥上卖孔明灯的人。"儿子说着,似乎有了些许的自豪感。真是一次体验终生难忘啊!

骑车大约1千米左右,前面的车辆已明显拥堵了,有的汽车已挤占了人行道,我和儿子不得不推着车辆前行。这时我们发现已经到新一高了。一高大门口围得水泄不通,有的学生不得不从私家车上早早地下来,步行一段儿。校门口学生拥挤一团,场面混乱。

我提议儿子一起走进一高校园看一看,儿子担心不让过,就没有进去。我建议骑车从小路回西湖,儿子开始不同意,后来还是同意了。我想单车走小路一定也是一次最好的锻炼。

走进窄窄的乡间小路,很快发现路面极不平坦,时高时低,时宽时窄,又走了一段儿,突然出现了小小的裂沟,我们不得不扛着车子向前走。又向前走了一段儿,忽地看到一片树木,林木森然,儿子有些害怕,便开始抱怨起来:"我说不能走小路吧,你非走小路,太难走啦!"这时,儿子的自行车前轮摩擦的声音逐渐大了起来,一走就"吱吱"地响,儿子更加生气啦,索性不走了。

我说："开弓没有回头箭。只有前行，不能后退。也许很快就会柳暗花明。"推着车子，又走了一段，突然看到前面有个"农家饭店"的招牌，顿时我的心里一亮：路口就在前面。于是我鼓励儿子，前面的饭店招牌就是我们的目标。果然，在农家饭店的门口，一条光滑平整的小路通向了柏油马路。

我们终于走出了"沼泽地"，儿子的脸上渐渐现出了笑容。

一次小小的遭遇，也许会为孩子的成长注入可贵的正能量。

下午，妻子穿着碎花裙子要去超市，还未走出家门，就被儿子喊了回来。儿子要求妻子换上那套红色裙子，说是这件碎花裙子穿上不好看，没有气质。妻子没办法只好重新更换衣服。

这让我想起了一件事情：每次召开家长会前，儿子总要给妻子选好第二天要穿的衣服，开始妻子有些不理解，后来就觉得很有趣，毕竟儿子在逐渐长大。我一向认为儿子是很有思想的，遇到事情有自己独到的想法，这是令我欣慰的。

提到穿衣，想想儿子热衷网购，对于足球鞋、运动服等总是热衷于明星款型，这一点一方面反映出儿童成长的审美取向，另一方面折射出中学生在校园中的穿衣倾向。

随着家庭收入水平的提高，人们消费观念的变化，中学生热衷于名牌服饰的现象愈演愈烈。学生作为一个易受外部环境影响、崇尚时尚的消费群体，有自身的消费心理，同样拥有自己消费名牌的权利，但是中学生的非理性消费却很容易走进误区，生活上注重打扮，进而导致上课注意力不集中，学习成绩下滑，甚至给家庭增加经济负担，甚或影响亲子关系。

一项问卷调查表明：中学生热衷穿名牌服装其目的是为了改变自己的形象，进而博得别人的好感，兼有炫耀自我的因素。但是，事实证明，中学生对名牌服饰的认识是模糊的、浅层的。

为此，学校和家庭要从以下几个方面加以引导：

第一，引导中学生的价值取向。

实用、舒适是选择服饰的基本标准。中学生选择服饰要依据节令，根据身体特点，合时合身。炎热的夏季，学生的衣服首先要考虑爽身、透气性好；寒冷的冬季,学生的衣服要考虑保暖,舒适性好,而品牌只是一个符号,款式只是一个形式。

中学生正处于身体发育的黄金期,骨骼还处在生长之中,平时的运动时间较多,加上有些孩子天生爱动,所以,从身体和成长的角度来说,着衣不可追风。

别林斯基曾说:"美和道德是紧密联系在一起的。"一个人的容貌仪表在一定程度上反映出一个人的道德素养和精神追求。古语有云:相由心生。因此,学校和家庭要教育孩子不断地修炼个人素养,真正的美来自于心灵。现实生活中有的人一看就很"面善",接近他就感觉到温暖。如果一个人生活是充实的,那么,他(她)的服饰一定是自然实用的。

第二,引导中学生的审美取向。

朴素、整洁是穿着衣服的审美标准。纵然名牌满身,价格不菲,若是穿戴不整,头发蓬乱,定难得到同伴和老师好的评价。只有勤洗澡、勤洗头、勤洗衣服、勤换衣服,保持个人卫生,形成良好的卫生习惯,才是真正地追求美。

第三,引导中学生的认知取向。

中学生作为一个特殊消费者,要有一个对生活、对自我的正确认识。学生是纯粹的消费者,并不是价值的创造者,因此,中学生要有本位意识,正确地认识自己的位置。合理消费,认真学习才是中学生的准确定位。另外,出身不同,家境不同,只有一切从实际出发,不断端正自我认识,才能顺利度过人生成长发育期,成为思想健康、人格健全的人。

2017.6.3

中午12:35,我才回到家里。

家里的饭菜已经做好了,静静地摆放在餐桌上,我知道这是在等我吃饭。匆匆地到洗手池里洗了一把脸,就忙喊儿子吃饭。儿子一人趴在床上一动不动,好像什么也没发生似的。我走进儿子的卧室,用手挠了挠儿子的脚底板,儿子激灵了一下,仍然趴在床上不动,我便离开了儿子的房间。我猜想可能是我回来得较晚,儿子急着吃饭、休息,又在闹情绪了。

妻子看儿子不出来吃饭,又喊了几声,儿子没有回应。

岳母等儿子等了一会儿,便开始喊儿子的名字,让他吃饭。儿子便绷着脸,坐在了餐桌旁,脸贴着餐桌,丝毫没有吃饭的迹象。我便对儿子说:"有啥事儿,给爸爸妈妈说一下,我们帮你解决。"儿子仍无回应,索性又回到卧室,关上门,反锁了门锁,接着传来咆哮的声音。我的心顿时揪了起来,急忙问妻子:"到底咋啦,发生什么事啦?"妻子说:"不知道,我刚才一直在厨房做饭了。"岳母说:"刚回来时,看着没啥事儿啊!是不是在学校跟同学拌嘴了?"

我吃了几口菜,没心思填饱肚子,便回到了卧室,拨打班主任张老师的电话,张老师的两个号码都没人接听,可能午休了。15:40,我又给张老师打了一遍电话,仍无人接听,可能在上课吧。16:05,张老师回了电话,我问他儿子上午在学校的情况,张老师说没发现异常情况,而且说近段时间表现很好。我说,儿子在家表现也很好,尤其是这两周,情绪一直稳定,只是特别喜欢听歌和唱歌。短暂交流后,我的心稍微平缓了下来。

晚上应酬回来后,我回到家已经是夜里11点了,儿子早睡熟了,我迫不及待地问妻子:"晚上儿子吃饭了吗?还有啥事没?"妻子说下午放学后,儿子就跑到厨房给妻子逗乐,可能是在弥补中午的过失吧。

我问:"你问他上午到底是因为什么了吗?"妻子说:"问了,儿子说因为中午回来时家里没开空调,别的没啥。晚上休息时,儿子专门跑到我们房间给我说,对不起,让爸妈生气了。"

我的心完全安静了下来。

青春期的孩子往往有莫名的烦躁,有时情绪不稳,起伏不定,不时有异常行为出现。家长应该首先安抚孩子情绪,而后再查问事情。切记,作为家长不可急躁,因为急火攻心,容易失去控制,易使孩子情绪激烈,事态扩大;另外,家长要有同理心,急孩子所急,忧孩子之忧,只有体谅孩子,孩子才会与家长沟通。毕竟,沟通是解决问题的桥梁。

2017.6.9

三天假期,儿子在家待了两天,门都没出,一是太热,二是儿子的惰性。

上午儿子在家待着,我陪着儿子在家;但儿子坐卧不安,一会儿走出房间转一圈儿,一会儿触摸一下手机。我知道儿子已不会安心学习了,于是就带着儿子,不,是儿子骑电动车带着我去理发了。

在儿子理发时,我便联系,下午让儿子去钓鱼放风。

不到15点,儿子就早早地催我出发,我一看表才14点10分,儿子说自己也按捺不住激动的心情,于是我简单收拾一下,14点30分就和侄子一起奔赴目的地——胡状乡石磅村野生钓鱼池。

约20分钟车程,在106国道旁边就是钓鱼池。在一片海棠树苗中间,有一个约20米见方的池塘,周围杂草丛生,池水水质清澈。后来,才知鱼塘的水是井水。

儿子和侄子看到池塘很激动,急忙从车上搬下各种钓鱼用具,在友人的指点下安装好了鱼竿,友人调好了鱼食(诱饵),我们便开始了垂钓。

儿子坐在钓鱼椅上,俨然一副渔者的形象。时间一分钟一分钟过去了,儿子的兴致在渐渐退去,显然有些不耐烦了。这时,我想起了路上儿子跟侄子说的一番话:"钓鱼不能心急,也许你一会儿就会钓住一条大鱼,也许你很长时间也钓不到鱼,钓鱼需要耐心。"因为儿子有上次钓鱼的经验,有了上次的深刻体验,才有了深刻的感触。

看着儿子渐起的急躁情绪,我走近儿子,轻轻地说:"钓鱼不是目的,锻炼耐性才是目的。"这时,儿子提出要换一下地方垂钓,于是就拿着鱼竿走上了喂鱼台。没想到,换了地方,还真有效果,儿子很快就发现,鱼漂下沉了,他兴奋地尖叫起来。然而,启竿后发现是一条很小很小的小鱼,刚一出水面就脱钩了。

儿子又开始了静静地等待。这时,我绕着鱼塘观察了一圈,发现儿子在鱼塘东岸,由于水面的反射,光线正好晃住了儿子的眼睛,不容易看到鱼漂的动静。于是我建议儿子到鱼塘的西岸,一是顺光,二是阴凉。

也许鱼儿也喜欢在阴凉的地方聚集,也许寂静的地方鱼儿相对集中。谁知刚在西岸下钩,儿子就惊叫起来:"老爸,快! 一条大鱼!"闻声看去,儿子的鱼竿已弯得像张弓了,一条大鱼衔着鱼钩,急速地在浅水面上游来游去,我飞快地喊来了友人,友人用鱼舀子很快地把大鱼捞了上来。是一条草鱼,身形很长,黄尾白肚很漂亮,足有二斤多重。

不知不觉,我们已经垂钓了一个多小时。一个小时的垂钓,让儿子经历了初来的激动,随后的失望,最后的狂喜。

我鼓励儿子:"钓鱼如学习,有耐心,有毅力,定会走向成功。"

正当我们沉浸在钓鱼丰收的喜悦之时,儿子在启钩时,不小心被鱼钩钩伤了手,一向对疼痛敏感的儿子,痛得大声叫喊了起来,眼泪很快涌出了眼眶。过了好长时间,儿子才算平静了下来。我对儿子进行简单安抚后,又催促儿子开始了新的垂钓。

儿子眼里含着泪花,还是把鱼钩抛了出去。也许痛苦和快乐就是一对孪生兄弟,痛苦走后,快乐就来。很快又钓到了一条大约半斤重的鲤鱼,黄肚红鳍,十分艳丽。儿子自我解嘲说:"也许鱼是闻到了我的血腥味儿才上钩的。"

我附和着说:"一定是的,其实我在鱼钩上粘鱼食时被扎住了好多次。"

儿子问:"那你为啥不说啊!"

我说:"痛不痛只有自己知道,说了也白说,不如自己多加小心。"

儿子说:"那你说鱼钩上的血腥味儿,有咱俩的啊?"

我说:"是啊! 很多时候很多事情往往都是痛并快乐着,鱼钩钩住你的手指,痛苦是暂时的,然而鱼钩钩住鱼儿,就改变了鱼的一生。"

儿子似有所悟。在孩子体验过程中,顺势施教,既加深了亲子交流,又即刻收到了效果。

侄子一直在放竿、起竿,仍然一无所获,三个小时过去了,一条鱼也没钓着,嘴里不时嘟囔着:"哎呀,一条鱼也没钓到。"我走过去告诉他:"你注意力一定要集中,鱼漂一沉,你要马上起竿,否则,鱼就会脱钩。"接着,我又让儿子和侄子换了一下鱼竿,侄子开始专注起来。

127

天渐渐凉爽了,太阳慢慢地落下了西山。

我鼓励侄子:"你要加油,不要泄气。因为你是第一次钓鱼,主要是没有经验。"接着,我又给侄子施加压力:"今天,你什么时候钓到一条鱼,咱什么时候走!"侄子的目光专注在了鱼漂上。

我和儿子又换了一个地方垂钓。儿子一边钓鱼,一边欣赏岸边浅水区的成群的小泥鳅。

正当我们俩欣赏小鱼时,侄子突然大叫:"大伯!一条鱼!"我兴奋地跑到侄子身边,接过鱼竿,小心翼翼地把鱼甩到了岸上,侄子异常兴奋,成功的快乐已荡漾在脸上。

一次钓鱼体验,一种成功尝试;但愿这种体验能够助推孩子学习。

2017.6.27

中午12点下班回到家,我和妻子便走进厨房开始做饭。妻子在蒸茄子,我在剥大蒜。

一般情况下儿子12点30分到家,今天儿子12点15分就回到了家。我和妻子同时自问:"这小家伙今天咋回来这么早啊?"后来想想,今天下午儿子要进行期末模拟考试,可能作息时间有所调整。

儿子一进家门,就大声喊:"老妈救命啊!"我和妻子知道,儿子在开玩笑。妻子顺便问了一句:"救什么命啊?"我俩都没走出厨房,继续做饭。

儿子一听我们俩没反应,便开始闹情绪。径直走进房间,躺在床上用被子捂着脸睡下了。我感觉气氛不对,便停下手中的活,洗了个桃子,削好皮给儿子送了过去,以便缓解一下气氛。谁知,儿子冷冰冰地拒绝了我。

吃过午饭,我和妻子才发现,儿子为准备这次模拟考试,中午把学习用书用书包全部背了回来,足有二十余斤。儿子进门后,是想让我接一下他,让我们欣赏一下他的劳动,结果受到了冷落。

其实想想,这件事是家长做得不够正确。

当孩子从外面回到家时,作为家长应该这样做:用目光送上热情的欢

迎,用语言送上一句问候,用行为送上一个拥抱,用双手送上一双拖鞋或一杯热茶;或者让孩子自己安静地待一会儿,和家里的环境融合融合。

2017.7.1

明天儿子要进行升级考试。

今天我把儿子叫到面前,告诉儿子:"你要专心考试,专注试卷,不可心存侥幸,不可左顾右盼,或是帮助他人。因为只要你的心不能静下来,你的考试成绩就会下滑。专心做题,独立完成,你就会取得优秀成绩。你的成绩优秀了,你班的成绩,也许就会提高。"

儿子懂得我的意思,他急忙对我说:"没事儿,我们都是学霸。"也许儿子的意思是"都是学霸"层次相同,考场互助,不会彼此影响;也许儿子的意思是"都是学霸"成绩相差不大,凭着自我努力,完全可以为班争光。

因为马上要考试,家长不便解释太多,我只能点到为止。

2017.7.2

中午回到家,妻子小声告诉我,儿子上午语文没有考好,20分钟就写了一篇作文,时间不够用。

我的心一沉,提起儿子的语文,我就有种打翻五味瓶的感觉:在小学和初一时语文曾是儿子的骄傲,成绩几乎每次在班里都是名列前茅,而且儿子知识面宽,语言表达能力强,深受老师和同学的喜爱。但到了初二,儿子的语文成绩则每况愈下。语文满分120分,儿子的成绩总是徘徊在85分左右,甚至有一次考到了80分以下,且课外阅读离儿子越来越远。有空则是室内篮球和足球,偶尔读点《青年文摘》,上次语文考试竟然写重复性的作文,有种江郎才尽之感。

吃饭时,儿子自觉地说起了考试,还攻击命题老师。因为是考试期间,我只能安慰儿子:"考完就算结束了,准备下午的考试就行了。注意考场上时间分配的合理性。"晚上我看了看儿子的语文试卷,不自觉的注意力放在了作文上。作文二选一,一是命题作文《顿悟》,二是话题作文《财富》。听儿子说,主要是审题环节出了问题,最后儿子写的是《爸爸是我的财富》。话题作文审题应该没什么难度,只是儿子忽略了提示语,或许一味地求新求异。其实,材料提示语中有"知识就是财富""精神就是财富"。考生只需选择其一写之即可。这暴露了儿子在话题转换时思维受限未能及时打开,作文往往是命题者给的一个"面",考生只需在话题上增加些修饰语,变成一个"点"即可。例如"精神财富""知识财富"。考生容易进入的一个误区是忽略或轻视提示语段落内容,不注意"支架",往往就会自我增加审题难度。

晚上躺在床上,我思索着今天的事情,想到最好的办法还是要拓展儿子的视野。多见,才能多识;博闻,才有灼见。

我又生发了一个假期拓展计划,不管自己多忙,孩子的教育等不得。

2017.7.3

今天下午16点30分考试结束,儿子早早地回了家。没想到一开门发现我在家写材料,儿子立刻表现得很沮丧,嘴里不自觉地念叨着:"老爸,你怎么在家啊?要知道家里有人,我就不回来这么早了,又打乱我的计划了。"说着脸上露出了一脸不悦。我说:"你计划干啥就干啥呗,我在家看微课光盘,因为单位的电脑不能播放光盘。"儿子马上跟进说:"我干啥,你不能管我,我要把间隔过的《奔跑吧,兄弟》,一下子看完。"看来儿子早有了自己的打算。

儿子回到房间,关上房门,时间在一分一秒地流逝,我担心手机长时间的辐射对儿子大脑的影响。30分钟过去了,儿子还没有从房间走出来,我知道儿子一定是看入迷了。于是我到厨房洗了一个桃子,顺势推开了儿子的房门。儿子趴在床上看得津津有味,以至于我进屋里半天,儿子还没有反应过来。看手机时间过长,便容易让大脑缺氧,人的反应能力就会减弱。"给你一个桃子,新鲜的,已经洗好了。""我不吃,你出去吧!""你该休息一下啦,你看手机已经看了30分钟了,再看就伤脑了。"

儿子似乎什么也没听见,依旧埋头看了起来。40分钟过去了,我不得不敲开儿子的房门,要他停下来。这时,儿子悻悻地从床上起来,去卫生间洗了洗脸,又回到厨房喝了点水,走到我身边说:"你不是说不管我吗?你怎么不守信用啊?"我说:"我不能眼睁睁地看着手机在辐射你,干什么都要有个度嘛。你休息一会儿再接着看,但不能超过30分钟。"儿子休息了一会儿,又回到了卧室。

这让我想起了两年前的暑假时光,两年前女儿顺利考上了重点大学,孩子一下子放松了下来。作为父亲,觉得孩子度过了十年寒窗,也该放松一下了。于是整整一个暑假,女儿带着儿子几乎每天晚上都在电视前度过,总是在11点后才开始上床睡觉,很晚才起床。终于有一天,我忽然发现儿子的眼睛看东时西总是眯着,一种不祥的预感,钻进我的心头。刻不容缓,我和妻子带着儿子走进了市眼科医院,通过医生一番检查,结论出来了——眼睛近视了!我郁闷至极。我一直在努力呵护儿子的眼睛,因为我曾多次告诫儿子:"我们家四口人,三口人都是近视眼。无论如何,要保住一个人不是近视眼。如果我们一同出去忘了戴眼镜时,还能有一双眼睛能够给我们指路,你是我们的眼睛。"

父母总是这样,宁可伤自己的身体,也不愿让孩子的身体受伤;宁愿自己生病,也不愿看到孩子生病。

我在医院里犹豫了好长一段时间,最后还是给儿子配了一副近视镜,为了保证质量或是残存着一线希望儿子视力恢复的愿望,在医院配了一副比市场价格高几倍的眼镜。看到儿子圆圆的脸蛋上戴上了一个黑镜框,我的心里别提有多难受。后悔一时放纵孩子,却让孩子一生"不能放松"。凡事总是这样乐极生悲。直到今天,我看到儿子戴着眼镜,心里总是一阵阵的酸楚。

儿子在房间里静静地看着手机里的《奔跑吧,兄弟》,我在客厅里却坐卧不宁,因为我知道再强制性地去提醒儿子,儿子一定会生气。毕竟这段时间,儿子的情绪非常平稳,家里的气氛也和谐了许多。另外,妻子从武汉图书馆学习回来,在处理儿子的问题上也有了很大的转变。

我在思考:明天应该采取什么办法让儿子远离手机……我想起了前

段时间有几个学生邀我钓鱼的事情来……

2017.10.1

女儿已是大四,而我还未去大学看过女儿一次。开学报到时,为了不影响工作,妻子单独陪着女儿去了西南财经大学,尽管女儿一再表示,自己一人出门是可以的。

多年的高中教学生活,尤其是参与管理之后,假期从未静心出外放松过,而今回到小学工作,终于有了和孩子一样的假期。

于是我便决定假期去成都看看女儿。这想法一出,立即得到了儿子的热烈响应,妻子也抿起了嘴角。为了让儿子体验一下坐飞机的感受,我们商定去时乘飞机,返回坐卧铺。

女儿听说这个消息后,连忙向单位请了几天假,因为这个学期课程已很少了,女儿找了一个兼职工作,在一家外企做一些数据统计。女儿在网上很快订上了机票,可惜不打折。

自从订了飞机票,儿子几乎每天都要问一些与飞机有关的事情:飞机到底有多大?飞机上的饭好吃吗?是不是随便吃啊?飞机上有没有厕所?好奇之后便是兴奋。终于有一天,我严肃地警示儿子:"不要再想与飞机有关的事情啦,否则,影响你的学习。"但第二天早饭时,儿子告诉我昨晚做了一个与飞机有关的梦,真是日有所思,夜有所梦啊!

随着假期的临近,想想一家三口一同坐飞机,我还真有些担心,因为近年来总有一些航空事件的发生,比如"马航事件"等。于是我默默地祈祷,祈祷平安抵川。

还未放假,儿子便安排好了写作业的计划,有的作业提前便开始写了。放假后,儿子便加班加点写作业,我非常担心儿子熬夜写作业会伤害他的健康。但作业总算写得八九不离十。

按照日程安排,我们照计划进行。

机票是上午十点十分的。

为了顺利登机,考虑道路上塞车,我们早上六点就准备出发。临出发时,我却发现我的驾驶证怎么也找不到了。驾驶证本应在我家的车里放着,谁知怎么也找不到,不知不觉三十分钟过去啦。于是我选择了出发,否则会影响登机,因为换登机牌往往要提前一到两个小时,还要过安检。

原计划吃早餐的时间被找驾驶证的时间占用了,为了赶时间,我们直奔新郑机场。

汽车过了郑州,高速上便开始拥堵起来,眼看登机时间只剩下一个小时了。无奈,只好提前下了高速。庆幸的是国道上汽车很少,虽然限速,但还是让我们松了一口气。

匆匆忙忙,走进机场大厅,便马上去排队领取登机牌。领完登机牌,便迅速排队过安检,但是过安检的人太多了,我的心绷得紧紧的。这时,一位乘客提醒道"如果你们的飞机早,不用在这排队,直接到前面安检就行。"一语点亮心灯,多谢多谢!我虽然坐过几次飞机,但是经验还是不足啊!于是我提醒妻子抓紧时间跟着我往前赶,一边向前挤,一边向排队的乘客解释道"我们是十点十分的飞机,麻烦照顾一下"。乘客们悄悄让开了通道。

过完安检,已是九点四十五分,我收拾行李,迅速找到了第九登机口,一看登机口一个人也没有,心想坏了,一定是别的乘客已登机完毕,通道关闭了。我马上到附近问询了一个穿制服的工作人员,她说可能改换登机口啦,我更加着急,急急地招呼妻子快点去八号登机口。谁知妻子很镇静地拦住了我:"慌啥慌,这不都是去成都的吗。"这时广播播出消息,客机晚点啦。想想刚才我急头怪脑的样子,还真有些不好意思。

趁空去超市买了一盒饼干,想让儿子填填肚子,怕儿子空腹在飞机上一颠颠得受不了。儿子说啥不吃,似乎对我刚才的慌乱很有意见。

顺利地登上飞机,儿子坐在了靠窗的一面,几分兴奋,几分紧张,在儿子脸上变换着。

十点十分,飞机开始滑向了跑道,顺利起飞。

起飞时的颠簸,着实让儿子紧张了好一阵儿,但毕竟已是中学生了,儿子很快便调整了过来。

我的心却一直揪得很紧。

反复起伏之后,飞机终于上了高空,视野所及是一片片美丽的白云和一束束温暖的阳光,我示意儿子向窗外看看阳光和白云,儿子终于按捺不住激动的心情打开手机照起了相来,结果被空乘发现了,儿子便很快收起了手机。

飞机飞得越来越平稳了,我的心渐渐舒缓下来。

这时,空乘人员送来了咖啡和饮料,儿子便一下子要了两杯,一杯雪碧,一杯可乐。毕竟不花钱的东西,喝起来大方啊!

紧接着空乘人员开始分发午餐,儿子终于激动了。因为在他看来,在飞机上进餐是一件很幸福的事情。再说平时儿子最爱吃的就是盒饭,何况是飞机上的盒饭呢!

儿子边吃边赞叹"真好吃啊!真好吃啊!",不觉一盒饭就下肚了。这时儿子问我:"老爸,能不能再要一盒啊?"我说:"不知道。你可以试一试!"儿子犹豫了一下,还是把希望寄托在我的身上。等空乘过来时,我解释道:"孩子早晨没吃饭,您看能不能……"未等我把话说完,空乘小姐便很快问道:"要什么味的?"儿子马上说:"要鸡肉味的。"又一份精美的盒饭端放在儿子面前,儿子便三下五除二装进了肚里。

饭后约二十分钟,儿子又问妻子:"老妈!咱们到成都后是吃火锅啊还是吃冒菜啊?"妻子说:"不是刚吃过饭吗?"儿子说:"必须得吃,到四川不吃火锅怎么能行呢?"儿子从小对吃就特有好感。

十二点,飞机开始降落,像是坐电梯的感觉,又不免让人有几分恐惧。

随着飞机降落跑道,我悬着的心终于放下啦——有时想想有些想法都是多余的。

舱门迟迟没有打开,原因是有飞机要起飞,正占着跑道。这时我打开了手机,在成都上班的两个学生和女儿同时发来了短信,有一位学生按照事先的安排已和女儿在大厅等候我们啦。

舱门打开后,儿子兴奋地给女儿打起了电话。随着人流,我们顺利地到了出口,还未缓过神来,学生田韶辉和女儿已走到了身边,接过了行李。首次抵川,一切顺利。

我们一面寒暄,一面驱车前往市里。

与韶辉已多年不见,他做培训工作做得不错,这不一月前刚买了一辆宝马,为了迎接我,专门开新车来的。

汽车驶出机场,进入渝邛高速,我们决定先去西南财经大学参观一下。

西南财大,给人的感觉是朴素、厚重,毫不张扬,没有耸入云天的大楼,有的是绿树环绕,鸟语花香。东门而入,两排银杏树,似两列博士生,高大伟岸,气度不凡。在西财标识中心牌坊稍驻照相,顿觉一股股清新袭上心头。学校图书馆,像一本掀开在空中的巨型大书,建筑风格很有创意。学校太大了,走走停停,不时驻足,不觉一个小时过去了。

当韶辉的妻子用浓浓的川音不停地催我们吃饭时,我们发现已经三点多了。进入市里,直接进入了"东厂记忆"休闲处。走进火锅城,真是别样风景,四人桌,八人桌,桌桌有火锅,一股股浓浓的麻辣香飘入鼻腔。因已错过吃饭高峰,火锅店空荡荡的,但韶辉的妻子是预先定下的,服务员便很快给我们送来了食谱。

天生爱吃火锅的儿子,更是乐得不亦乐乎!一锅辣椒端上来,一锅辣油满眼中,看看四川的火锅顿觉有一种张扬与开放,这不禁让我想起了那句歌词:辣妹子辣,辣妹子辣,辣妹子辣哟辣辣辣。儿子拿出手机,拍下照来。调料没有麻汁,只有香油(红油)。锅开啦,儿子捞出就往嘴里送,直辣得儿子满眼泪花。只好要来冷饮,以减辣味。

一顿火锅,一辣到底,透心透脑。我还真有些不适应。

吃过饭已是下午五点,然而今日的阳光格外灿烂,这在成都确实是很少见的,蜀犬吠日似乎又不合情理了。漫步在"东厂记忆"中感受到新旧两个时代的明显对比,这里曾有成都有名的大型机床厂,大多厂房依旧存在,机械设备成了昨天记忆的见证。在旧车间的基础上改装出很多时尚的酒吧、舞厅、饭馆、超市等。新中有旧,旧中见新,破中有立,立中有破,尤其是"东方红"燃煤式火车,绿色的车厢,让人一下子回到了六七十年代,这是"东厂记忆"中的标识元素,我只能说这里是创新的典范。

街道上人来人往,川流不息,不时会看到有些中学生装扮成动漫人物,三五成群,时演时嬉,很多男孩、女孩头发上都带着小花、草辫和小草,红的，绿的，各式各样，开始还有些不好接受，但很快我就发现，成都虽深藏秦岭中，但文化却是前卫的。

不知不觉已是六点三十分，这在中原地区已是灯火通明，然而在成都却依然夕阳明照，这让我们还真有些不适应，也许不适应就是旅游异地的开始吧！

晚上七点三十分左右，我们找到了朋友提前预订的宾馆——沃特宾馆，这是一家四星级的高档宾馆。儿子进入房间，兴奋地蹦来蹦去，不时感叹道："太好啦！这宾馆真好啊！"也许去年的南京之行给儿子留下了太深的印象，每每想起南京十日旅行，吃住宾馆的生活，儿子总是一脸向往。

沃特宾馆离人民广场很近，友人为了让我们出行方便，特安排住在了繁华地段。简单梳洗后，我们便去成都有名的春熙街闲逛。拐了两个弯儿，就到了人民路，顿时人流多了起来，走过横桥右拐便是春熙街，果然人流如注，特色小吃叫卖不迭，各种商店中奇异商品琳琅满目。建筑风格与中原迥异。我们只顾欣赏当地风情，儿子的注意仍在餐饮上，一家星巴克，我还不清楚什么意思，儿子已招呼女儿走进了星巴克排起了队，等大约十五分钟，终于买来了一杯饮品，各尝一口后，儿子就全包下来，并不时啧啧道："好喝！"这时，我才明白成都大街上有很多的星巴克，都是休闲去处，我终于明白了成都文化——快快耍，慢慢活。这才是真正的成都情调啊！我不敢用"浪漫"表述，但却再找不到别的词语啦！

逛完成都最大的地下书城，买了本《旅游成都》便回到了宾馆。到了宾馆后，儿子主持了明日的旅游研讨会，最终决定明日去看都江堰。

2017.10.2

按照儿子安排的时间，我们七点整走进了沃特宾馆的早餐部。儿子走进自助餐台，满脸欣喜。熟练地拿起菜盘，但很快儿子发现了"重庆小牛肉面"和煎鸡蛋，于是放下手中的餐盘，先去排队，端了一碗牛肉面和两个煎鸡蛋。

随后，儿子又端了满满一大盘子菜，有凉拌菜，有热炒菜。我还真担心儿子吃不完浪费掉。谁知，一盘吃光后，儿子又盛了些水果，喝了一杯热奶后，才算吃完。原来儿子开始长个子啦！

一顿饱餐后，我们便开始了都江堰之旅。

朋友给安排了一辆大奔，排量是2.0，我刚开始驾驶，还真有些不适应，一是马力太大，二是方向盘不够灵活。但很快我就找到了感觉。在儿子和女儿的"导航"下，我们终于爬上了驶往都江堰的高速——成灌高速。由于国庆期间高速免费，再加上出行的人很多，所以车辆行驶较慢。行程大约三十分钟，车流明显增加，渐渐地拥堵起来，一车挨着一车，行走十分缓慢，看来原计划十点之前到达的可能性几乎不存在了，但这一切都在意料之中。

时至中午十二点，我们的车驶入都江堰市区，市里更是车水马龙，停车位已很难找到。也许我们的车不是本地牌照的原因吧，有一小伙子在路边拦住了我们的车，说带我们从另一条道路观看都江堰，不用买门票，只要中午在他家吃饭即可。开始我们有些犹豫，后来看到很多车辆拥堵在一起，便只好跟着一位小姑娘进了景区。

忘记了疲惫与焦躁，站在岷江一侧看江水滚滚，叹李冰父子创意奇才，顿感川物风景颇为壮观。一阵拍照之后，已是一点多钟。在小姑娘的带领下，我们又来到了都江堰水库，看到清水绿池，湖水倒影，赞李冰父子借天然之势引百川之水福黎民百姓。儿子总是把看景放在第二位，买了一个大熊猫玩具抱在怀里。

该吃饭了，我们也最担心被宰。汽车驶向了一个小胡同，又爬上一个陡坡，右转后，停在了一宽敞的院子里，院子里已有两辆外地车停放了。有人在抓鸡，有人在鱼池捞鱼。下车后，就有人跟了上来，问是吃鸡还是吃鱼，我本想让孩子们尝尝岷江的野生鱼，毕竟在中原地区吃上野生江鱼的机会几乎是没有的。但问了价格之后，我发现又要上当了。鱼一斤380元，一条鱼通常是三四斤。我的头有些大了。鸡呢？138元一斤，一只不大的鸡就有四斤重。我略作镇定，和妻子商量了一下，而后和小姑娘说，我们早餐吃得很晚，到现在还不饿，我们不想在这儿吃饭，你看我们需要付多少费用。小姑娘说需要付给她200元导游费，并答应把我们送到都江堰市里。我庆幸自己告诉了小姑娘我是一位教师,博得了小姑娘的信任,免宰了。

在小姑娘的引领下我们又来到了南桥,原来想去安澜索桥,但时间已不允许了。原计划走走索桥,锻炼一下儿子的胆量,看来只能等下次了。

都江堰南桥位于都江堰宝瓶口下侧的岷江内江上,是南街与复兴街之间的一座雄伟壮观的廊式古桥,原名为"普济桥"。步至桥外,人声鼎沸,水声狂啸。大熊猫演出队伍浩浩荡荡,顺便和"熊猫宝宝"合影,便拥入南桥人流。

南桥被誉为"水上画楼""览胜台",有"雄踞江源第一桥"之美誉。桥上雕梁画栋,彩塑形异,书画楹联,各种彩绘融为一体。桥下江水奔流,汹涌澎湃,桥上彩绘亮丽,光彩夺目。桥上桥下,一动一静,相映成趣。

走过南桥,一阵香气扑面而来,又是一条小吃街。满目佳肴,尽是特色。儿子自然就走不动了。想想自早晨七点吃饭到现在已有八九个小时啦,该吃饭了。吃了点特色零食后,我们坐下来吃了些面点,便开始了逛游。

南街上的壁画是最有创意的。不仅墙壁上的图案喷写真实,而且从墙壁画上向外真实的模仿造型,让人感觉人在画中,画在人外。这一点给了我太多的启发,如果学校的墙体文化这样设计,真仿皆有,凸凹相依,效果一定极佳。

走遍整个小街,建筑仿古是其共性,古人经贸之迹象似乎还尽在其中。

从古街返回,走出街巷,沿岷江而返。江边尽是茶座。看游人坐江边品茗,赏川人水边搓牌,顿觉这才是生活的原生态。我也想江边小憩,然而时间已不允许我们停下歇息。

带着依恋,揣着感悟,我们踏上了返回成都的路程。

为了避免塞车,我们选择走普通道路返回。

刚踏上返程，学生任芳就打来了电话，说今晚要请我们吃饭。儿子听说后十分激动，终于可以在成都饱吃一顿了。

回到宾馆，我们把车停放在地下停车场，打了辆出租车去了酒店。酒店是四星级的，装饰豪华。我们在学生的热情引领下来到了房间，菜已经上桌了，毕竟我们从都江堰过来有点晚了。

儿子一看菜点好了，有些不乐意，因为儿子心里早已有了预设。

学生和学生的爱人很热情，专门准备了上等的红酒，一阵推杯换盏之后，免不了要叙叙旧情。说话中得知任芳刚刚病愈出院，家里还有孩子。为了早些让她回家休息和照顾孩子，我们聊了一会儿便结束了。

儿子回到宾馆，问道："老爸！你这个学生在成都做什么工作？"我说："大学老师。"他说："她请老师吃饭，为啥不让咱们点菜啊？"我说："一是我们来得太晚，来了后再点菜，会更晚。再说，她已经征求了我的意见。二是不同的地方，文化不同。你看今天，东道主一直在端酒杯给我们碰酒，而不像我们家乡给客人敬酒或是陪酒。"儿子开始有些不接受，但很快就理解了。也许这就是出行的意义。

育子之道：不仅要读万卷书，还要行万里路。

2017.10.4

按照计划，我们驱车去峨眉山。然而峨眉计划的出行并非易事，向来对登山不感兴趣的儿子，一直坚持去看三星堆。我和妻子觉得，峨眉山作为天下名山，若到川地不入峨眉，似乎枉来成都。几经讨论，再加上女儿给儿子做工作，才有了峨眉山之行。

成乐高速上车流较多，经过三苏故里——眉山，大约一个半小时的行程，渐渐接近峨眉山市。刚刚转入通往峨眉山景区的大路，汽车就堵塞起来，挪动十分缓慢，虽然离景区不足2千米，但车与车已堵得水泄不通，等一步步接近景区大门，已是下午一点了。

无奈，只好把车停靠在了路边派出所的停车场，下车步行。

穿过山门，看游人如织，车流成河。

峨眉山景区面积154平方千米,最高峰万佛顶海拔3099米。山势陡峭,风景秀丽,有"秀甲天下"之美誉。峨眉山是中国四大佛教名山之一,是集佛教文化与自然风光为一体的国家级山岳型风景名胜区。

大约行走一千米,"秀甲天下"瀑布和"震旦第一"映入眼帘。尤其是"秀甲天下"四个巍峨的大字镶嵌在瀑布之中,让人觉得峨眉山越发青翠。远处看时,瀑布气势磅礴,振聋发聩,虽非天造,却胜天一筹。

然而对这一切,儿子似乎并不感兴趣,一家人合影之后,便开始商量登山计划。几经询问得知,没有两天时间,绝不可能到达宝顶。这时我们才感到峨眉山之大。

在报国寺停车场,我们准备坐车上山,这时一位出租车司机给我们介绍了登山事项,最后,我们计划先坐出租车入住山中宾馆,今日去看白云峡,观一线天,看灵猴。

一说看猴子,儿子兴致来了。刚到入住的镜湖山庄宾馆,儿子就顺便取了竹竿,并开始设计准备猴子来袭时自己的应对动作。

走进白云峡,看风光秀美;路过一线天,观水星四溅。随人流汇集,终于看到了猴子,然而由于游客太多,猴子爬在高高的树枝上不敢接近游人,儿子原来设计的打猴子计划化为了泡影。返回的路上,顺便买了两块野生雪莲,顿觉清爽透心。

返回宾馆,便开始吃晚饭,大米饭自是儿子最喜欢的,两碗米饭下肚,儿子便又精神起来。

晚饭后,山路上市场繁荣,没有看到猴子,儿子便买了一只布猴扛在肩上。

2017.10.4

今天一早5:00,天黑乎乎的,很少在山里的我们还真有些发怵。只好拿着竹竿探看山路,随着人流去寻找王显岗停车场,乘上景区观光车抵达雷洞坪停车场。到接引殿我们游览了寺院,拜了佛祖,便开始登山。这里还是缆车站,很多人乘缆车上了宝顶。

起初儿子没有反应什么,我们就只顾登山。一会儿,儿子恍过神来,问为什么不乘缆车上山,我说缆车站已经错过了,咱们一起登山吧。儿子一听,情绪便激动起来,妻子一番安慰,女儿只笑不答,儿子无奈只好拖着步子开始上山。

走了约一个小时,儿子确实走不动了。十五元钱给儿子买了根排骨,喝些水后,坐下休息,这时儿子满头是汗,仍戴着帽子,且说自己大脑恍惚,我便鼓励儿子:"学会坚持。"

又约莫过了半个小时,到了太子平,在一段平整山路上,我们看到了一位老外,她背着几十斤重的行李,显然放下后再也扛不起来了。我便让女儿主动跟老外搭讪,才知她是一位英国小学教师,和同学一起来登山,同学已经登上去了,在山顶等着她。一种怜悯与同情,我便和女儿帮她用竹竿抬着行李,的确有五十斤重,开始我和女儿有些吃力,但很快就适应了。女儿和纳米亚的聊天,吸引了儿子的注意力,儿子让女儿用英语问问纳米亚来自哪里,我说你也可以和纳米亚交流啊,但儿子还是选择了聆听,然而这一切却改变了儿子的登山状态,也许是激励的作用吧。一直到山顶,儿子再没抱怨一声。

峨眉山顶,金佛重立,实在壮观。看四周云气雾岚,缥缈迭起,如同仙境。三个多小时的山路,换来了一览绝景胜地。我有意识地领着儿子走近断崖处,让儿子俯瞰,儿子看了一眼后,再也不敢近前。

抓拍了几个镜头,一家人在宝顶千佛前合影后,我们便开始了返程。我逗儿子道:"你步行下山,我们赏你五百元钱。"儿子:"多少钱,我也不步行啦!累死啦!"我说:"你应该感谢我们,步行让你经受了锻炼,强化了意志。徒步登山,山更美!有些事情,当你一经选择,便没了退路;你只能调整主观思维,改变自己,顺势而为。抱怨和后悔在选择之后毫无用处。下次带你去登华山,让你看看什么叫'险'!"儿子似乎悟出了什么。

乘缆车,转公交,一路三个多小时,才到达山脚——报国寺。

峨眉山——太大啦!

2017.10.5

按照行程安排,我们自驾去了金沙遗址博物院。金沙遗址位于成都市城西苏坡乡金沙村,分布范围约5平方千米,是公元前12世纪至公元前7世纪长江上游古代文化中心——古蜀王国的都邑。重要遗迹有象牙以及数以千计的猪獠牙和鹿角。

金沙遗址与成都平原的史前城址群、三星堆遗址、战国船棺墓葬共同构建了古蜀文化发展演变的四个阶段。

了解了金沙遗址的概况,我们开始了解门票的价格:成人80元,儿童40元,网购60元,用教师资格证购票40元,学生证购票25元。女儿在网上购了两张,我用教师证、儿子用学生证各购一张。为了了解金沙详情,我特聘了一位导游。

走进博物院大门,跃入眼帘的是金沙标识——太阳神鸟。走进陈列馆看到真正的镇馆之宝——金器太阳神鸟,金饰外径12.5厘米,内径5.29厘米,厚度0.02厘米,重量20克,整器呈圆形,器身极薄。图案采用镂空方式表现,分内外两层,内层为一圆圈,周围等距分布有十二条旋转的齿状光芒;外层图案围绕在内层图案周围,由四只相同的逆时针飞行的鸟组成,四只鸟首足前后相接,朝同一方向飞行,与内层漩涡旋转方向相反。该器再现了远古人类"金乌负日"的神话传说,体现了远古人类对太阳及鸟的强烈崇拜。2005年"太阳神鸟"金饰正式成为中国文化遗产标志。2005年10月12日至10月17日,"太阳神鸟"金饰的蜀绣制品搭载"神舟六号"飞船在太空中遨游后返回地球。

看完金沙遗址,便开始商量午饭的吃法。儿子坚持去吃砂锅和冒菜,于是女儿推荐学校门口有一家砂锅做得很有特色,还榜上有名。我们便驱车来到西南财经大学对面的一条不算太窄的巷子里,巷子里摆满了桌子和凳子,红、黄、绿皆有,场面壮观,香气扑鼻而来。

我们在女儿的带领下很快选择了一家砂锅店,女儿用四川话订了锅类,大约等了十五分钟砂锅上来了。吃法与中原自然有别,听了女儿的介绍后,我们便开始用餐,两种感觉皆有:一是辣,二是麻。好在有米饭,否则便会肠断成都。

儿子似乎已经适应了川菜的味道,吃得津津有味。

饭后,我问儿子吃得怎样,儿子说了一个字"爽"!

吃完午饭,我们便匆匆去拜谒心仪已久的杜甫草堂,而今已更名为杜甫草堂博物馆。

来成都,潜存着一种敬畏意识,就是对杜甫的拜谒。心中的草堂是很小的,然而现实的草堂却很大;心中的草堂是很自然的,然而现实的草堂却多了很多人造的东西。心中仰慕多年的情境突然似乎被破坏了,还真是有些接受不了。一向穷困和简朴的他,似乎不该有花园式之美,更不该有庄园式之大。

但现实毕竟是现实——大大的杜甫草堂博物馆。

杜甫草堂坐落于成都市西郊浣花溪畔,是中国唐代大诗人杜甫流寓成都时的故居。

公元759年冬天,杜甫为避"安史之乱"携家由陇右入蜀,在此地营建住所,后人称之为"成都草堂"。杜甫先后在此居住多年,诗歌创作达到高潮,写下了众多脍炙人口的诗篇。草堂故居被视为中国文学史上的"圣地"。

匆匆游览数处,便驻足茅屋故居。茅屋故居,位于碑亭北面,占地一万平方米,建筑面积240平方米,主体建筑5开间,4座配房。竹条夹墙,裹以黄泥,屋顶系茅草遮苫,再辅以竹篱、菜园、药圃,整个建筑古朴中透露出浓浓的文化色彩。

漫步其中,可发思古之幽情,又可享受悦目清心之乐趣。

茅屋之简,情理之中;茅屋之陋,意料之外;生活之艰,难以想象。一介忠臣,一行诗人,一身瘦骨,一炬双眸,一肩双责,一种情怀,一腔热血,一生奔波,一次寄寓,一缕乡愁……杜甫之特,异于众生。

儿子看到茅屋,想起了《茅屋为秋风所破歌》,对比之下,不仅发出咏叹:"这茅屋建得不错啊!"说得我们哭笑不得。也许对于一个缺乏生活体验的中学生来说往往以观为准,而书中所描述的大抵仅有成人方可品其一二。

看完杜甫草堂,心中并未释然。想想杜工部生活之悲、政治之伤,看看现在游人如织,喜笑颜开,也许两个世界各有不同吧!

走出草堂,我们便奔赴锦里。

路过武侯祠,看到树荫下茶朋满座。来到成都,似乎不停下脚步,饮杯茶茗,好像没到过成都。于是我们选择了一僻静处,要了四杯热茶,一杯20元,四杯80元,价格不菲。但体验有时候过了时空就很难找寻。

过惯了快节奏的城市生活,突然慢了下来,不经意间才感觉到成都生活才是真正的健康节拍。

品完茶香(实际是喝完茶水),便步至锦里。小小巷子,摩肩接踵。熙来攘往,人声鼎沸。三五成群,驻足一聚,总是站立式品尝小吃。

儿子迫不及待,欲买烧烤。几经劝阻,改为其他小吃。一家人买一份,各尝一口,吃完再买另外一种,不觉间,品尝了五六种成都小吃。逛了一大圈,又觉得肚子饿了,我们便选择了一个较大的饭店,要了面食,便坐了下来。

刚吃完饭,川剧变脸上演了。近距离观看川剧这还是第一次,变脸果真神奇。纵使眼力顶好,也难看出门道,更别说破绽了。令观众想不到的是变脸演员演完迅速跑出了剧场,任凭猜测,却不知为何。也许魅力所致吧!

2017.10.6

短短数日,一晃即逝。看看明日12点的火车票,在不愿离开的情结中还得计划明日登车的时间。于是我们计划明早早吃早餐,挤时间去看看宽窄巷子。

在宾馆吃过早餐,坐上出租车,十几分钟后来到了宽窄巷子。

宽窄巷子是成都遗留下来的较成规模的清朝古街道,与大慈寺、文殊院一起并称为成都三大历史文化名城保护街区。宽巷子和窄巷子是成都这个古老又年轻的城市往昔的缩影,一个记忆深处的符号。它由宽巷子、窄巷子和井巷子三条平行排列的老式街道组成。

宽巷子代表了最成都、最市井的民间文化,原住民、龙堂客栈、精美的门头、梧桐树、街檐下的老茶馆……构成了宽巷子独一无二的元素和成都语汇。在这里可以听几十年前的老成都人摆龙门阵,看成都女孩绣蜀锦,还有皮影木偶戏。

窄巷子的特点则是老成都的慢生活。成都是天府,窄巷子就是成都的"府"。其中有西式餐饮、轻便餐饮、咖啡馆、健康生活馆等,感觉"宽""窄"有度,味道迥异。

井巷子的定位是成都人的新生活。井巷子是以酒吧、夜店、甜品店、小型特色零售、创意时尚为主题的时尚动感娱乐区。开放、多元、动感是其特点。

我们刚到巷子里时,游人甚少,我们才发现成都有"朝九晚五"的生活方式。步行中,有些小店已陆续开门,逛完宽巷子,人流便多了起来。一步一店,步步为景,各有创意,美不胜收。

匆匆逛完三条巷子,便回到了宾馆,收拾好行李,友人的司机便已到宾馆。我们在车站附近吃了碗水饺便登上了返程的列车。

成都之行,兴味未尽。

走进拥堵的车站,背着重重的背包,挤在人流之中,儿子像一个大人一样不断地提醒妻子跟上我们。

过了安检,我掏出车票有意识地让儿子根据车票去找候车室,儿子毕竟出门较少,我便告诉儿子应先看自己的车次和时间,而后在大屏幕的公告信息中找到自己要乘坐的车次,即可发现候车室。

进了候车室,满目大包小包,大人、儿童,真是无立足之地啊!

到火车上,我们找到了自己的床铺。儿子主动要了上铺,让妻子睡在中铺。谁知儿子肥胖的身子攀爬到上铺还真有些费劲。在妻子的示范下,儿子渐渐掌握上铺的要领,一会儿工夫上下铺的动作熟练了起来。

由于很少乘坐火车,儿子还是感到十分新鲜,一会儿从上铺爬下,一会儿又从下铺爬上。我怕儿子影响别的乘客,就告诉他:"火车就像一个家庭,更需要秩序和礼仪,不可随意,以免影响他人。"儿子听后,便安静了一会儿。

还没到就餐时间,儿子就嚷着要吃泡面,也许这是孩子们的最爱。而火车上泡面似乎是最常见的方便食品。一碗麻辣牛肉面,儿子吃得非常尽兴。

经过一晚上的颠簸,又经过了一个上午的穿行,火车终于在下午一点钟到了郑州。朋友接站后,顺利回到了濮阳,共同小餐后,儿子把自己买的小熊猫和布猴子送给了友人的孩子。

离家一周后,又平安回到了温暖的家里。

2017.11.5

上午下班回到家,妻子正在烫熨衣服,我便走进厨房,烧上了水。

从厨房走出来,看到儿子的床铺不整,窗户未开,我就把儿子的被子扯平稳,把小熊猫放在了墙角,把儿子的保暖外衣搭在了衣架上,又开开窗户,把房门推全开,便离开了儿子的房间。

妻子忙完,便开始做饭。

十二点三十分,是儿子回来的时刻。

十二点三十六分,儿子还没回来,我便推开家门,走进楼道窗口,往楼外望去,还没看到儿子的影子。

十二点四十分,我回到家里,换上了运动鞋,拿起汽车钥匙,轻轻掩上门,走出了家门。刚到三楼,往外一望,儿子步行回来了,没有骑自行车。"自行车呢?""我一同学脚扭伤了,另一个同学骑车去送他了。""谁的脚扭伤啦?"儿子支吾了半天,"是……是……那个同学叫……叫啥,叫杜一森。"说着儿子走进家里,换上鞋,像往常一样大喊:"老妈!饿坏我啦!"妻子早已盛好了饭菜,儿子坐下就吃。妻子:"快去先洗洗手。"儿子随便到厨房洗了一下手,擦都没擦,便吃起饭来。妻子又问道:"怎么回来这么晚?"儿子脸上便开始有了愠色,但妻子没有意识到儿子的表情已发生了变化。妻子拿着馒头,给儿子递了过去。儿子头也不抬,说了一声:"不吃!"极不耐烦,匆匆吃了点菜,午饭就算吃完了,并顺便说了一句:"老爸!下午送我!"就关上房门,便没了动静。

妻子这时才知道,儿子又不高兴了。

午休了一会儿,我觉得时间差不多了,便起床,看了看客厅的钟表,下午一点四十分。简单洗了把脸,便听到儿子开门的声音。我便换上衣服,追到了楼道里,"不用送你了吗?"儿子硬生生地抛下一句:"不用!"便走了。我担心儿子上学迟到,便返身拿了车钥匙。开着车,走到菜市场,按着喇叭,儿子看到我开着车,本想坐上,但又一转身,走到了人行道上。我又向前走了一段,便停下车开开车窗,问道:"儿子,不上啊!"儿子一脸不屑,说道:"不上!"

我便开车去上班了。

儿子好多天没像今天——莫名其妙地生气了。昨晚我和妻子还在说:"儿子这段长高啦! 也不发脾气啦!"妻子顺便说:"只是成绩下滑啦!"我说:"别太着急! 不断地提醒他,慢慢会好的!"

也许今天我们问得太多了,也许是儿子撒了谎,又倒使愠色。

面对成长中的孩子,有时候家长似乎就成了乖乖的孩子——不敢想,不敢言,但又十分窝火。

…………

晚上,我还没有下班,儿子从家里打来电话,欢快地说:"老爸! 饭做好啦! 快来吃吧! 路上开车慢点。"

我的心一片释然。

孩子的心情就像六月的天气,一会儿阴,一会儿晴,很多时候会让家长感觉捉摸不定。

2017.11.14

每个周末儿子都要玩上半个小时的电脑,这个周末仍不例外。下午四点整,儿子想要玩电脑,被我阻止了。整整一天,儿子都没有下楼。趁外面还有太阳,我要带着儿子去运动运动,儿子倒没拒绝。

我俩来到学校操场上,踢一会儿足球,又打了一会儿篮球,等天渐渐暗了下来,便回家了。

到家里后，儿子的第一件事还是想玩电脑，被妻子厉声拦住了："先去冲个澡，换换衣服，再玩也不迟！"儿子便去洗澡了，大概十分钟时间，儿子便洗完了澡。这时是晚六点三十五分。我故意看了看时钟。

儿子抱着笔记本电脑，关上了房门。时间一分钟一分钟地过去了。已经到了约定的时间——30分钟，儿子仍未从房间走出来。我本想去敲门，但后来想想——看看他这次究竟能玩多长时间。妻子在房间里看书，我在客厅看书。40分钟、50分钟、55分钟、60分钟……65分钟，这时儿子终于抱着电脑从房间走出来，把电脑送回原处后，走进了客厅。

我非常生气，指斥他看看钟表，严厉地告诉他一共玩了1小时零5分钟。儿子自知理亏，没敢言语。

这让我想起了前段时间，我工作较忙，周日总在加班，妻子下午总爱休息，儿子总是见缝插针，一玩电脑总是超时。有几次，我感觉不对劲儿，但没敢批评他。

升入初中三年级以来，两次考试，成绩一滑再滑。第一次考试成绩竟然滑到了年级111名，按他自己的说法自己开学后有点飘。第二次考试，数学竟考了75分，和初二年级的110多分，完全是两个天地。第一次考试数学考了87分，他说代数题不是自己的强项，第二次考试一定能提上来，没想到两次考试数学均大幅下滑。这不能不引起我们的不安。原本觉得数学是儿子的强项，只要数学较强，语文弱点只是暂时的。没想到语文仍是90多分，而数学一败再败。

归因思考，一是上了初三后，家长抓得不紧，尤其是对儿子的理科盯得不够到位，甚至有的作业没有及时检查，也许是太放心啦；二是初二升级考试考进了全市前200名，这给了儿子一个虚伪的支撑，整整一个暑假都在飘浮之中；三是刚换了工作岗位后，我的时间很紧，没能及时陪伴儿子，原有的辅导由于多种原因也未能继续；四是学校的班级管理缺少文化核心引领，只有浅层的强压管理措施，没有温润的文化熏陶，这对于处在叛逆期的孩子的教育是一个很大的短板。多种原因交错，导致了儿子目前的状况，我很担心儿子的学习状态再度下滑。

升入初三以来，儿子与家长的冲突明显减少了。也许是儿子逐渐成

熟了,也许是家长管得少了,矛盾没有再起。如果是第一种情况,我是欣喜的;若是第二种情况,我是非常担忧的,因为少管很可能就会错过最佳管理时机,而有些机会一旦错过,再去寻找已是不可能之事。

我在冥想解决问题的办法……

也许只有从改变生活的懒惰抓起,才能有学习的勤奋。

临睡前,我实在按捺不住心中的怒气,趁儿子来到客厅时,一看时间才九点整,便给儿子训起话来,从开学的态度到现在的成绩,从初中升学排名到现在年级成绩,从我的发展到儿子的成长,从我父亲的身世到我们家庭的变迁,从国家考试到综合能力,从生活有序到学习条理……讲了很多很多,儿子一边玩皮筋,一边在听我训话。看到儿子的表情,我感觉儿子已经长大了。因为这样的场合,在以前,要么是直接冲突,要么就直接反驳,要么就泪流满面。而今儿子越发成熟啦!

睡觉时,儿子又平静地给妻子道了"晚安"。这让我们很欣慰。

2017.12.21

我和妻子早早地起床给儿子做饭,妻子喊了一遍后,儿子迅速起床,没有像以往那样再睡回笼觉。

吃完早饭,儿子在妻子提醒下又刷了自己的饭碗。临上学时,又给我和妻子飞吻——再见。

午饭时,我匆匆吃完饭菜,未能做到细嚼慢咽。原本今天上午让儿子和我们一起看着钟表吃饭,谁知脑子里一想其他事,就把这事忘记了。我一再告诫自己,必须身体力行带着儿子改变饮食习惯。吃饭太快、太猛是影响儿子身体发育的一大瓶颈。只有从每一顿饭、每一口饭做起,才能慢慢改变儿子的身体素质。

晚饭,儿子按照近段的惯例又不吃饭了,为的是减肥。但我还是建议妻子做了点面叶,我又调了个白菜豆腐条,让儿子喝了一碗面叶,随后写作业去了。

明天是冬至,儿子提出要吃白菜大肉饺子,本来亲戚明天上午要送饺子过来。看到儿子吃饺子心切,于是我去百姓量贩买了一兜手工水饺,准备明早给儿子煮饺子。追问起周日儿子数学张老师给他单独留的作业,儿子说交给张老师了,还没发下来,我强调发下来后要带回来,让我看看,儿子顺口答应了。

"跟踪"毕竟是提升孩子成绩的有效办法。现在孩子还小,还不能完全放手,尤其是学习方面的事情。家长跟得紧,孩子就进步快;家长跟得松,孩子就退步快。另外,只把希望寄托在老师身上,是一种错误。因为老师面对两个班级的学生,实在没有时间保证给每个孩子及时辅导,这也是前段时间我作为家长犯下的错误。

面对孩子不能完全放心,又不能完全不放心;不能完全放手,又不能全盘干预。在松与严之间,在张与弛之间,顺势而为,适度恰切,切合实际,符合个性。只有这样,孩子才能顺利成长。

2017.12.25

晚上六点十分,儿子才回到家里。问起原因,说是在学校跑步锻炼身体。我随即问了一句话:"和谁一起锻炼啊?"儿子随口答道:"和孙永驰。"并且紧跟着说:"现在坐位体前屈,我能够着脚趾头啦!"我随口附和道:"那你的进步好快呀!"

儿子把书包放到房间,到厨房跟妻子招呼了一下,就回到了房间,躺在了床上,大声喊道:"老爸!老爸!过来一趟!"我知道儿子又要有新的展示内容了,于是很快答应并迅速走进儿子的房间。儿子在床上已做好了准备,适当放松后,做起了坐位体前屈,的确,儿子的双手触摸到了双脚趾头。

分享完儿子的喜悦,我们一家便开始吃晚饭。多日不吃晚饭的儿子面对亲戚包的饺子,吃得津津有味,不时啧啧赞道:"好吃!满口留香!还是肉饺子好吃!这非常符合俺大舅的口味。"

饭后围着餐桌,不觉又聊到了儿子的考试成绩。儿子随即说自己的五十元钱还没交给班主任老师。这是考试前班主任老师给退步的学生定

的一个规矩,考好了,进步了,家长奖励孩子。考不好,退步了,每个孩子要交上五十元钱。我问道:"当时老师和你谈这些时,你同意了吗?"儿子不敢正面回答我的问题,自己辩解说:"她让我交钱,我就把老师告到学校,学校是不允许老师乱收费的。学校办公室墙上明明写着不让体罚学生,'体罚'两个字都被学生用红笔圈了起来,然而今天下午老师叫了十几个学生到办公室惩罚做俯卧撑,整个办公室像打架似的。今天早晨老师让学生站到走廊里去读书,且围成一堆,大冷天的一堆人在外面,年级主任在一楼看到后,以为学生打群架,连忙跑上去,才知道是老师在体罚没有背下英语短文的学生。"

看看儿子中规中矩的评论,我和妻子试图站在老师的角度给老师辩解,没想到儿子却反问道:"你当校长,你们学校允许老师这样吗?"这一问,问得妻子差点忍俊不禁;这一问,问得我,更是哑口无言。我想,为什么教师的威严在学生面前荡然无存,很多时候是教师没有率先垂范。

有时候是个人利益污染了教师的道德领域,有时候是教师行为不合于教育行规,有时候是教师面对逐渐成熟的学生缺少智慧的策略,有时候是教师的成长速度和学生的成长速度不成正比……然而这种不规范的育人行为,比比皆是。人们对此已习以为常,家长已悄然接纳……

后又聊到女儿出国学习,儿子态度十分明确:"去国外学习可以,但不能在国外工作。"妻子诧异地问道:"去澳大利亚,环境又好,又没有雾霾,我们也可以住一段时间,咋不好啊?"儿子辩解道:"去国外工作,就是在给国外做贡献。国家培养了一个人才,你不给自己的国家效力,却跑到了国外,我是不干。"儿子的朴素认知,让我们感觉到了一种伟大。试想如果没有钱学森们冲破艰难险阻回国,哪有原子弹的蘑菇云冲天?如果没有屠呦呦在国内岗位上的坚守与磨砺,哪有诺贝尔医学奖的记录诞生?……

饭后的无意闲聊,让我触摸到了儿子的正义与崇高情怀。有自己的想法,一直是我对儿子的呵护。儿子具有朴素的爱国情怀,却是我第一次零距离看到。

孩子的个性,是我们呵护的终极;孩子的德育,是我们教育的重心。

2017.12.27

今天是农历十一月十七日,是妻子的生日;然而我和儿子竟然都忘了。

直到中午和外甥一家聚餐,女儿的一个长途电话让我明白了妻子不高兴的原因,妻子的脸从早晨开始一直是阴云密布。我不得不故作镇定,因为我怕弄巧成拙,毕竟二姐一家还有外甥媳妇都在餐桌。说来也巧,小外甥到了高三才进入叛逆期,这不,昨晚和他妈妈发生冲突,竟然跑了出去,生性温和的妹夫竟然踢了小外甥一脚。中午,我们把聚餐的主题无疑放在了小外甥身上,以至于忽略了妻子,还有妻子的生日。

匆匆吃过午饭,单独和小外甥交流了一会儿,就开车回家了。妻子到了家里,就蒙头大睡。而这一切儿子感受得真真切切。

我躺了几分钟后,便悄悄开门出去了。

本想到饭店买几个现成的菜,但由于才四点多钟,大多饭店都没开门。我只好走进菜市场。想着妻子畏寒怕冷,近日腿部湿沉麻木,就买了二斤新鲜羊肉,一斤羊血。看到海鲜市场大虾肥美,又买了一斤大白虾。接着就去熟肉店了,看看有没有凤爪,因为妻子天生爱吃凤爪。正巧热腾腾的凤爪刚出锅,买了一斤赶忙拎回家。

儿子听到我开门,就连忙跑到门口接我。"哎呀!买这么多菜啊!"似乎是说给妻子听。又马上跑到屋里告诉妻子:"老妈!我爸爸买了好多菜!"但是妻子似乎没有听到。我安抚儿子:"你去学习吧。我来做饭。"儿子说:"做这么早的饭啊。"说完,就回卧室了。

一阵儿张罗,做了几个菜:大葱爆羊肉、菠菜炒羊血、酸辣莲藕片、风味嫩凤爪、盐味大白虾。又特意给妻子做了一碗长寿面,外加一个荷包蛋。

我的殷勤是为了弥补我和儿子的失误;然而妻子在儿子喊了两遍后才起床,且一脸不悦,我给妻子倒了杯红酒,因明天要参加濮阳市委组织部组织的优秀专业技术人才体检,不敢饮酒,就调侃道:"我明天要参加体检,儿子,你陪老妈喝一杯吧。"儿子就顺便把酒杯递给了妻子。妻子噙着眼泪,喝起面条来,儿子一直在用微笑和妻子搭讪。饭桌的气氛有些凝固,妻子开始没有饮酒,停了一会儿,竟端起红酒杯一饮而尽。我气得不时喘着粗气,又不得不压在心里。妻子吃了两口菜,用纸巾擦着眼泪睡去了。儿子的眼神和我交换了一下,然而又很无奈。

吃过饭,我在客厅的沙发上看书——《教育其实很简单》(作者:山东昌乐二中校长)。儿子终于忍不住,凑近我的身边,悄悄对我说:"老爸!你说咱俩怎么把老妈的生日给忘了呢?去年我们不是记得很准吗?"儿子说着,一脸的愧疚。我说:"还不是我太忙吗?要不,我为啥晚上做这么多菜啊!不是为了弥补我们的失误嘛。"儿子叮嘱道:"可是老妈还在生气啊!晚上你再和老妈沟通一下,再解释解释,争取她的理解。"我说:"行!关键你妈妈很固执。另外,为了明年不再忘记,你现在就要记在日历上,输在手机里。"儿子一一应允。

我为儿子的成熟而骄傲,又为妻子的气量而无语。

想想我出生在农村,姐弟六人,父母种田,生活拮据。温饱,多年都是我家的生存问题,哪来生日的祝贺?从来都没有过生日的习惯,直到结婚后,妻子问起我的生日,母亲说不清楚,我更说不明白。似乎模糊中二月初六是个好日子,于是,自结婚第一年起,妻子总会在二月初六给我做上几道菜,以示祝贺。我也不明白,妻子为啥每年都记得那么清楚,即使我出差在外,也总能接到妻子的问候。也许这就是男人和女人最大的不同吧。女人,该忘的总是不忘;男人,该记的总是不记。

但是,从家庭教育的角度说,悦纳别人,首先应从家长做起。父母就是一片海,包容一切方可百川归附。

2017.12.28

很快就要元旦了,儿子的班级要举行联欢晚会,儿子的节目是魔术表演。为了表演成功,几乎每天儿子都在练习。

吃晚饭时,儿子就约定吃过饭后要给我们演示一下自己要表演的魔术节目。妻子犹豫了一下,还是勉强答应了。

吃过饭后，妻子在刷碗，我便坐在客厅里的沙发上等着观看儿子的表演。儿子把道具：魔术戒指、魔术开心豆（磁铁）、魔术透明瓶等准备得一应俱全。这些道具中很多都是儿子在征得我们的同意后网购的。

还没等妻子收拾完毕，儿子就迫不及待地招呼妻子就座。妻子有些不耐烦，坐在了沙发扶手上，没有按照儿子的要求坐下。对这一点，儿子妥协了，似乎也没表现出来异样的表情。这些着实让我有些担心，如果在以前儿子一定会起身而走。

儿子按照自己编排的顺序，先简单表演了一个钢笔暗浮，由于表演动作太快，我和妻子均没反应。儿子顺便问了一句："我表演时，你们怎么没有反应啊？"儿子好像也没在乎什么，就接着表演起来，表演了以前给我们表演过的魔术——白纸变纸币，接着表演了"开心果穿杯"。儿子一边表演一边观察我们的反应。妻子边看边插话，对儿子的魔术评头论足，终于妻子不当的插话惹怒了儿子，儿子一脸的痛苦和失望，妻子一气之下起身走了，剩下我和儿子。

我连忙安慰儿子："你妈妈也是好意，指出你的缺点是为了明天你的演出成功。只是她的话说的不是时候，关键是你的作业还没完成，你老妈心里着急。"

儿子一边玩着扑克牌一边嘟囔着："我表演的时候，你们总是毫无反应。唉！"不时叹气，似乎很是无奈和失望。我的心里很不是滋味。

当孩子在家长面前有了表演欲时，家长首先应该鼓励，尤其是孩子表演兴致正浓时，家长应用欣赏的目光传递出对孩子的赏识，更不能站在成人的角度要求孩子，否则，很容易伤害孩子的自尊心。难怪儿子感慨："是我在表演，最起码你们应该尊重我。"我为儿子的感慨而点赞。

孩子处理问题往往不能做到有条有理，先主后次。魔术表演固然应该放在作业完成之后，但是，当表演欲望占据大脑主体位置时，孩子总想第一时间展示出来，这会让我们想到课堂上为什么有的孩子回答问题时手举得老高老高，以引起老师的注意，为什么有的孩子总得不到老师给的发言机会时会很丧气。

呵护孩子的行为，就是呵护孩子的心灵。而孩子的很多行为都不尽

合理,这恰是孩子心理不成熟的具体表现。

呵护从尊重开始,尊重从等待开始。

2017.12.31

中午十二点二十五分,儿子放学回家,刚进家门就说:"哎呀!太紧张啦!元旦晚会万一失手怎么办?"我听到儿子的声音,马上回应道:"你只想表演过程,考虑充分表演细节,不要考虑表演结果。重过程,轻结果,自然就成功啦。"

吃过午饭,儿子又让我和妻子当观众,妻子欣然答应。一番表演之后,我们便回卧室了,儿子一人在客厅又练习起魔术来,一直练到了上学时间,儿子大声说:"老妈!老爸!我上学去了!"很显然,儿子带着期待和我们打招呼,我们一齐说:"祝你成功!"

放学归来,儿子一脸欣喜,惊叹道:"没想到那么震撼,我班女生都一齐叫好。"

我问道:"表演成功了吧?"

儿子说:"太成功啦!演完后好多同学围着我,让我揭秘!"

我说:"你的粉丝是不是一大群啊?给我讲讲,从开头说。"

儿子镇静地说:"开始我的魔术表演是第三个节目,不过晚会现场一直很乱,我都不想表演啦,就走出了教室。后来一想,如果不表演,有的同学一定会觉得我是临阵脱逃。于是,我就把我的节目放在了第一个。开始我的手有点儿哆嗦,演出'硬币升值'时,被前排一个同学看出了破绽。紧接着演出'白纸变钱'获得了巨大成功,全体同学掌声不断,全都瞪大了眼睛。'戒指穿手'表演时,好多同学屏住了呼吸,担心我弄伤手指,结果平安穿过,掌声四起。扑克牌表演,三刀洗牌成功了,大家一阵欢呼,五刀洗牌没圆满成功,但对于不懂魔术的人来说也是惊叹不已,不过他们异口同声地喊我'赌圣'。因为'飞牌'一招赢得了满堂彩,牌中找牌更是奇妙,很多同学认为我的牌有问题,我让他们检查了几遍,均未发现问题。"

我问:"老师参加了吗?"

儿子说:"老师一直站在我的后边,按理说魔术师最怕后面有人看。"

我安慰道:"不懂魔术的人,站在后边也不一定能看出什么!"

儿子说:"我们老师就一直说。"

我说:"那是老师对你的欣赏。"

接着,我对儿子说:"魔术只是你的一项爱好,这一段儿耽误了些时间,今天演出成功了,就该放一放,专注学习才是。如果你考上名校,有一项出色的绝活,你的人气指数就会很高。"

儿子停顿一会儿说:"我不想上北大、清华。"

我说:"为什么啊?"

儿子说:"一说北大、清华,好像是很多人每天谈论的事情,成了很多人教育孩子的口头禅。我觉得应该上自己喜欢的大学才对!"

我解释道:"北大、清华只是一流学校的代表,也是家长的教育希望,你不是想上复旦大学吗?"

儿子很淡定地坐在沙发上,似乎听懂了父辈的冀求,似乎又在回忆表演的情境。

一个全新的少年,正向我们走来。

2018.1.1

按照国家规定,元旦放假三天。儿子的学校也毫不例外。

我问儿子假期作业多长时间能完成,儿子爽朗地回答一天。听后开始我很放心,后来不觉又犹豫起来。

昨天晚上儿子写了一会儿作业,说是要休息,就建了一个群聊起了魔术,一聊一个多小时过去了。紧接着就是准备看跨年度音乐会,不知几点才睡,今天八点半才起床,吃完早饭已是九点了。

早饭后,儿子又在张罗元旦家人聚餐。没想到饭店里的客人太多,一顿午餐吃了三个小时。看来儿子的作业今天完成的可能性不大了。

想到初二暑假,由于儿子作业没有扎实完成,导致初三成绩滑坡,我很是担心。因为在儿子看来,作业就是唯一的学习任务,完成作业就意味

着学习任务完成了。这里的根本问题在于懒惰。很多时候,孩子的懒惰是由于家长的过度勤奋代劳造成的。早晨吃过饭后,家长觉得时间紧张,锅碗瓢勺总是自己收拾,从不让孩子插手,久而久之,孩子觉得洗洗刷刷是父母的事,自己不干似乎是天经地义的事;午饭过后,家长觉得孩子在校一上午,学习已经很累了,还想让孩子午休一会儿,更舍不得让孩子劳动;晚饭过后,往往是孩子要急着做作业,家长又不好意思耽误孩子。渐渐的,孩子逐渐脱离了家务劳动。

忽然有一天发现孩子长大了,不爱劳动的习惯已经养成了。要改,绝非易事;不改,贻害终生。

前些天,我在闲暇时间和老师们闲聊下厨做饭的事,刚毕业的大学生老师不无感叹地说:"我们之所以不会做饭,是因为每一个懒丫头后面都有一位勤奋的妈妈,什么事都不让我们干。"听到这些话,我想了很多。正如一位家庭教育专家所说,每一个问题孩子后面都有一个问题家长。

2018.1.2

由于连续两次儿子的数学成绩均是代数题失分太多,这引起了我和妻子的高度重视。

妻子入校调研情况,我便加紧与数学老师联系。妻子调研的结论是儿子上课注意力不集中,时而有说话的现象。儿子跟老师说家长不检查自己的作业。数学老师认为数学第一章和第二章没有学好,原因是初三刚开学儿子学习浮漂,作业质量没保证。我认为一是课本基础知识、基本概念、基本公式没掌握;二是训练量没有跟上来,儿子偷懒造成的。

妻子更是忧心如焚。

妻子试探着要检查儿子的数学作业和数学张老师另外给儿子布置的"自助餐",均被儿子自信的回答拒绝了。我知道这是一种假象。

我以找东西为名走进了儿子的房间,有意识地拿起我给儿子买的数学教辅《数学直播间》,问道:"这个书质量怎样啊?"儿子答道:"嗯。不错。我们数学老师用的就是这本书。张老师还给我从这本书里单独圈了一些题,让我写完作业再加强一下。"我继续问道:"这次放假期间老师给你圈题了吗?"儿子说:"圈了。"

我打开儿子的教辅,有的儿子做了,有的没做。老师改过的出错的地方儿子也没做修改。问题依然存在,仍是态度问题。

我的脸突然沉了下来,"给你二十分钟的时间,把老师圈的题再认真做一遍,之后和你妈妈交流一下!"儿子怔了一下,想说些什么,我已离开他的房间。

在唤醒孩子的自觉行为方面,过度的商量只能使个别孩子盲目自尊。

回到卧室,妻子问我:"张老师给他圈的数学题做得怎样啊?"我沉着脸说:"我跟他说了,你一会儿要给他检查。"

过了二十多分钟,儿子拿着教辅,走进了我们房间,极不情愿地把教辅放到了妻子床头柜上。

妻子看后,虽然很生气,还是有板有眼地给儿子讲了一遍。儿子躺在床上,待理不理的。妻子把气憋在了心里,因为她知道睡前不可再训孩子。

妻子没有洗脚,就睡下了,由于生气,腿又开始不舒服起来,冷冷地抛出一句话:"这孩子再不管,就晚了。"蒙头睡去了。

我本想替儿子开导一下,因为这半年儿子已很少让家长生气。按照儿子的话说"我已告别了叛逆期啦",然而看看妻子的无奈与担忧,我不便再说什么。

2018.1.3

根据儿子目前的情况,我们不得不启动家庭例会,这也是我构思已久迟迟未能落实的事情。

教育孩子必须依靠科学的管理手段和方法。

在学校处理完事情已是晚上七点钟了。到了家里吃了点饭,已是七点三十分。

儿子走进我们的房间,问道:"老爸!你们学校还是很忙吗?不是已经运转起来了吗?"我趁势说:"我在单位这么忙,忙完工作,还要操心你的学习,真是双重压力啊!"儿子笑了笑,没说话。我紧接着问道:"你大概几点能写完作业?"儿子说:"估计八点半就写完了。"我一本正经地说道:"写完作业到我们房间开会。"儿子一听开会,既好奇又犹豫,忙问:"开什么会啊?"我爽朗地答道:"刘柏麟学习研讨会。"儿子似乎意识到了什么,笑着走了。

一个小时后,儿子来到了我们房间,钻进被窝,笑着说:"老爸!你不是说开会吗?开吧。"我说:"你先把数学作业拿过来,让你妈妈检查一下,再说开会。"儿子迟疑了一下,还是拿来了作业。今天的作业书写明显比昨天好多了,只是有一道题没写正确,妻子给他讲了一遍,开始儿子还在辩解,后来就认错了。

我郑重地宣布"刘柏麟学习专题研讨会"现在开始。我首先总结了儿子自进入初中三年级以来生活上的变化,尤其是情绪的自控方面变化喜人。回顾儿子的童年成长史,有两个"三"让我们做家长的很欣慰:一个"三"是三岁以后不再大哭大闹,变得懂事了;另一个"三"是进入初三很少闹情绪,变得阳光可爱了。接着我指出了儿子存在的问题:学习任务单一,重作业,不重拓展;代数部分缺少训练,重作业,不重课本,重速度,不重质量;阅读时间太少,自学意识不强。提出要求如下:生活上要加强体验,减轻家长家务劳动负担,妈妈负责做饭,儿子负责晚饭后刷碗整理餐桌,我负责中午刷碗整理餐桌;数学课上要专心听讲,做好课前预习,课后作业做完后让妈妈检查并及时改正。

儿子听后表态说:"原来一直觉得妈妈不会数学试题,辅导不了自己;因为老师说过现在的数学开始难了,有的家长已经辅导不了孩子了。谁知老妈还挺厉害的。"

儿子没有反驳什么,只是做着鬼脸,笑着接受了。

每一天都在感觉儿子的成长,每一天都在感觉儿子的沉稳。

2018.1.4

吃过晚饭,儿子正在写作业,我正在客厅看书——赵丰平的《教育其实很简单》。

大约半小时功夫,儿子从房间走出来,对我说:"老爸!心脏病有啥特征啊?"我说:"你怎么关心起来这个问题啦?"儿子说:"我胸口不舒服,一阵一阵有点疼。"

我想帮儿子揉一揉,儿子怕疼,不让揉。他自己随便揉了几下,就回房间写作业了。

停了一会儿,儿子又从房间走出来,还是说不舒服。这引起了我的高度重视,连忙给社区大夫打电话准备带儿子就诊,不巧大夫正在外面酒店吃饭,我只好让儿子电话里把情况给大夫说了说。大夫给护士安排了一下,让我们去社区拿药。

我和儿子开车到了行政南小区,到了社区医保站,又拨通了大夫的电话。在大夫的指示下,护士给拿了谷维素等药物。医生初步判断,考虑是肋间神经疼,不是胃病,也不是心脏问题。

在回来的路上,我对儿子说:"你看,昨天检查出声带息肉,今天又是胸闷。这都和你的性格情绪习惯有关系啊!中医上讲'百病自气始'。人活着,是活的心情。情绪稳定是成事之本。好在上了初三之后,你变得越来越稳重,越来越成熟了,这一点我们很欣慰。"儿子听后,很平静地说:"我的叛逆期已经过啦。"

儿子已悟到了成长的味道。

到了家里,儿子喝了药,洗漱完毕,就休息了。

不知明晨醒来,儿子的痛感会不会消失。

2018.1.5

早晨六点,妻子起床给儿子做饭,炸了馍干,又挂了鸡蛋糊,看着焦黄嫩脆,还做了一碗鸡胗挂面,外加一个水果盘。

然而,儿子却显得闷闷不乐。问后才知,儿子还是有些不舒服。

但是,儿子并没有表现出娇气和脆弱,还是上学去了。

我很是担心,连忙打开了手机,唯恐儿子到校后有什么不舒服老师需

要打我电话时打不通。随后我拨了班主任张老师的电话,却一直都是关机状态。这时我又把电话拨向了数学老师,开始电话没人接,后来就打通了,张老师热情地接受了我的嘱托,答应上课时多关注儿子的身体。

我还想带儿子去检查一下,又怕耽误儿子的学习。于是我想到了儿子同学的家长——丁小雨的妈妈,她在体检中心做心电图工作。因为儿子原来和丁小雨是一个学习小组,我是他们小组的辅导老师,家长们彼此都熟悉。

中午12点,我下班回到家,抓紧时间做好了午饭。12:20,马上下楼在楼下等着儿子,按正常时间,儿子12:30到家。接上儿子,开车来到了美年大健康体检中心,丁小雨的妈妈已在门口等了。

心电图没有发现什么问题,只是有点心律不齐,儿童在发育期间心律不齐属于正常现象。这让我稍稍缓了口气。

晚上吃过饭后,我问儿子喝了一天药之后症状缓解了没有,儿子说还是疼。

于是我和儿子约定,明天中午放学后去看医生。

2 0 1 8 . 1 . 6

事先与医生约定午后1:20带儿子去就诊。匆匆吃完午饭,我和儿子开车到了行政南小区,不巧医生外出吃饭。儿子催着给医生打电话,医生说十几分钟后返回。儿子怕耽误上课,因为1:40就要到班。我马上拨了班主任的电话,没打通。儿子有些焦躁,主要是怕挨批评。没办法我只好告诉医生下午6点再来。

路上儿子告诉我,不能请假,因为班主任老师不相信。上次生病迟到了,儿子解释说生病了,班主任却说脑袋瓜转得好快啊。我听后,无语。

孩子的成长速度往往比老师的成长速度快,这是老师感觉学生难管的主要原因。毕竟魔高一尺,更需道高一丈。

为了给儿子看病,下午5:30我来到了儿子的学校附近。由于车辆太多,我只好把车停在了距离学校较远的马路另一侧,步行到学校附近等待儿子。

5:55,儿子从学校走来了,手里还推着自行车。上学时是我开车送的儿子,他怎么推着自行车呢?可能是借的别的同学的吧,而那辆自行车还是简易式的快捷公路自行车,很前卫。

儿子推着车缓缓地走着,似乎忘了看病一事。再看前面,有两个女生并肩走在儿子的眼前,边说边笑。儿子用自行车的前轮有意地碰前面女生的脚后跟,边碰边说:"哎!哎!这车是怎么回事呢?怎么不听话呢?"前面女生毫不在意,三人边说边走。路过忆江南酒店时三人又停留说笑了片刻,而后沿着昆吾路缓缓向北走着。显然儿子手里的自行车不是借来的,很可能是其中一女生的。

我实在不好意思打断儿子与同学的谈话,心里有一种莫名的滋味。家长面对孩子此举时,直觉告诉家长的总是非正能量。我警觉地回到车上,长长地叹着气。也许我的判断是错误的,然而青春期的孩子最易出现的往往是男女交往过密。

我开车来到家属楼下,等着儿子回来。七八分钟后儿子悠游自在地回来了,我按了按汽车喇叭,儿子坐上了车。

路上我和儿子聊起天来。我问儿子怎么回来这么晚啊,儿子说在学校练习跑步了。我问跟谁呀,他说跟孙永驰。我问他是从哪条路回的家,儿子说从菜市场。儿子的谎言说得十分流利。

回家后,我把看到的一幕告诉了妻子。

吃过晚饭后,儿子在我们的催促下开始写起了作业。临睡前,儿子又来到了我们的卧室坐在床边闲聊起来。我告诉儿子,这一段时间,我一直做梦揍你啦。儿子问揍我干什么呀。我说总觉得梦里你跟我们说谎话。儿子很不自然地辩解说不会的。

一次暗示,但愿能够收到相应的效果。我必须从生活和学习上多关注儿子,因为他的学习节奏才刚刚建立。

妻子不慎又患了重感冒,声音沙哑,鼻涕直流。我知道这次感冒源于

情绪,前几日我的感冒诱因与此是相同的。

由于我的腿近日因受寒有些疼痛,妻子照例给儿子做早餐。儿子似乎意识到了什么,提醒我别让妻子再做饭了。

儿子放学后,就跑到妻子的床前嘘寒问暖,并马上要我给妻子去买药,随后给妻子倒了一杯热水。这在以前似乎发生的次数很少。

为了让妻子尽快康复,我特意买了些鸡胗,炖了鸡汤。儿子给妻子盛了一碗,并叮嘱妻子趁热喝下。又给妻子开开电视,说是转移注意力。妻子很感动。

晚上临睡前,儿子主动给妻子接了一小盆热水,又放了一些盐,烫了毛巾后,让妻子热敷。儿子的情商越来越高了。

育人先育德,教子孝为先。

2018.1.8

为了给儿子提升数学成绩,妻子给儿子从网上买了一套《数学直播间》。儿子看后说这套书很好,还可以扫二维码在手机上看视频。

开始的几周,张老师给儿子在《数学直播间》上选出相应试题让孩子吃小灶,效果很好。

过了两周,儿子说数学代数部分已经提上来了,不用再让老师选题了,自己不懂时看视频就行了。于是每晚做完作业,儿子总要拿走妻子的手机看视频。

一次偶然的机会,我发现儿子用手机并不是看数学视频,而是在玩其他内容。我把这个事情告诉了妻子,妻子让我到儿子房间看一看,我敲门后进了屋里,儿子马上把手机关闭放在了一边,立即趴在了桌子上,很是生气。我看了看儿子摆在桌子上的政治作业,顺便提出了一个政治问题,结果儿子没理我,显然儿子很生气。

一会儿,儿子跑到了妻子身边,躺在床上,不言不语。在妻子的督促下,儿子开始洗脚,洗脚时翻看着语文书。我走到儿子身边,试着与儿子沟通,便问道:"你的擦脚毛巾没拿吗?"儿子示意在衣架上放着。我说:

"这么远你能够得着吗?"儿子说:"能啊! 要不我给你试试。咱俩打个赌吧?"说着儿子双脚站在洗脚盆里缓缓地移动了一下,而后借着臂展,轻松取回了擦脚毛巾。我俩都笑了。

趁机我叮嘱儿子:"现在是复习备考的关键期,你一定要抓紧时间,科学计划,考出好的成绩。"儿子只顾看书,没有吱声。

手机,是所有家长头疼的一个问题。我不觉又警觉起来。

2018.1.9

儿子昨晚与妻子商量好,自己要出去吃早餐,为的是让我们多休息会儿。

早晨六点整,我准时起床。妻子叫醒了儿子,给了儿子十元钱。

儿子离开家门时,跟我和妻子一一说再见。临行时,我又走到儿子跟前,嘱咐道:"好好复习。需要看视频时,最好在你妈妈房间看。"儿子一听,就知道什么意思,却没有做出任何反应;可我说过后就后悔了,又跟着到窗户边,看着儿子的身影渐渐离开了家属楼。我知道儿子心里一定很不高兴。

我反思一下自己,教育还是太着急了,况且早晨教子是一忌啊。

这让我想到了很多。家长有时也在重复犯相同的错误,何况孩子呢?犯错才是孩子的专利啊。

孩子普遍自尊心很强。一般家长在家里对孩子进行行为指导和批评教育都是随心所欲的:孩子放学不专心做作业,而是直奔电视机或电脑,家长就开始进行珍惜时间的教育……这是一种教育的误区,不能有效地解决孩子的问题。

教育与批评孩子最好在家中。一家人可以在一周选择一个时间坐在一起,开诚布公地交流。父母可以借此机会提出对孩子的要求,孩子也可以对父母提出意见。在平等交流之后,孩子如果认识到错误,父母可以督促孩子自己订出改正错误的计划表。

教育与监护孩子虽是父母的权利,但并不意味着你可以随时随地、随

心所欲地批评孩子,有些时间父母不应该批评教育孩子。

父母在这几个时间点切莫批评教育孩子:

一是早上出门时。

一日之计在于晨,父母要帮助孩子怀着愉快的心情迎接新的一天的到来,温馨地与孩子道别,而不是让孩子从早上开始就受气。

二是一起吃饭时。

很多父母平时不抽时间陪孩子,只有吃饭时专心面对孩子,看到孩子有什么问题,或者突然想到孩子有什么问题,就开始教育孩子。这样会影响孩子的食欲,破坏本来宁静的家庭时光,让孩子觉得和父母吃饭是一件痛苦的事情,严重影响身心健康。

三是父母脾气变坏时。

父母脾气很坏时,很容易一张嘴就骂人,结果伤了孩子,也损害了自己做父母的形象。此时,一定要息怒,等自己心平气和后再开口。

四是发生直接冲突时。

孩子外出答应家长几点回家,结果不按时回家时,父母很容易窝火,很多时候,家长不听孩子解释,就指斥孩子,这时必然发生直接的冲突。其实遇到这种情况,倒不如把事情压一压,等第二天再听孩子解释。而且,父母表现出了宽容与大度,也会让孩子自觉地意识到自己的错误,这种反思式的教育往往事半功倍。

五是晚上临睡时。

晚上是孩子长身体的最佳时间,睡眠质量对孩子的大脑发育和身体发育有重要影响。批评会让孩子心里很不舒服,憋着气睡觉很容易做噩梦,对孩子心理产生负面影响。

2018.1.11

儿子写完作业,已是 21:30。为了保证睡眠时间,我连忙催促儿子洗脚、洗脸、刷牙。儿子接好了洗脚水在房间里洗起脚来。我和妻子也接好了洗脚水在我们房间开始泡脚。

大约十五分钟后,儿子走到我们房间跟我们说"晚安",准备睡觉。我问儿子"刷牙了吗?""洗脸了吗?"儿子一一作答。声音的犹豫让我产生了怀疑,往常的卫生习惯让我坚信儿子又在"偷懒"。到现在儿子仍然是一只手洗脸,另一只手懒得动弹;刷牙总是三下五除二,十秒搞定;虽然我多次强调口腔卫生的重要性。

时间告诉我,儿子又在撒谎。

我擦了擦脚,走进了洗漱间。端起儿子的牙具,向儿子走来。看着儿子干燥的牙缸和牙刷,我很生气。因为是临睡前,我还是压住了怒火,调侃道:"请家长委员会代表鉴定为什么刷过牙的牙具仍是干燥的?"儿子迅速夺过牙具嬉皮笑脸地跑向了洗漱间。

对于孩子撒谎,家长该怎么办呢?

从心理学的角度来说,孩子说假话做假事,用虚假的语言来掩盖事实真相,是为了避免家长和老师的责备。

现在大多数的家长和老师对孩子的期望值过高,对孩子的优点,特别是取得了较好的学习成绩,又是表扬又是奖励,而对孩子的缺点和不足,多数是不问原因,不是责备,就是惩罚,甚至体罚。

比如有的孩子逃学,这种做法固然不对,但对孩子来说,造成逃学的原因也是多方面的。有的是厌倦学习,有的是对老师的讲课不满意,有的是受到外界不良因素的影响,有的确实是身体不好。对此,老师必须全面考虑。而事实上,老师遇到逃学的孩子,要么是将他们在同学们面前狠狠地批评一番,要么是让家长到学校。在这种情况下,孩子逃学后唯一的选择就是编一个理由搪塞过去。

总之,孩子撒谎,家长和老师不能一味责怪孩子,将责任全部归结到他们身上,而是要帮助他们查找原因,寻求对策,有针对性地加以辅导。

据调查,有55%的孩子因"害怕父母或老师的批评"而撒谎。所以,父母与老师都应对自己的教育负责,对自己的教育行为负责,对孩子的撒谎行为负责。

撒谎是一种不良的道德品质,而很多孩子身上都多多少少存在着这一坏毛病。如果撒谎过于频繁而成为一种习惯,并且这种习惯逐渐加剧,

成为孩子个性品质中的稳定组成部分,那么就会影响他们良好道德品质的形成,影响他们心理健康的发展。尽管撒谎对孩子的健康成长很不利,但家长和老师仍然要明白这是人的一种本能行为,必须正确认识这种行为的本质或心理属性。

美国芝加哥卢斯医院精神病学教授何诺德·戈德堡认为:"说谎是人类正常发育和发展的一部分,它和讲真话同样重要。说谎的智力是人类区别于其他动物的一种重要能力。"

由此可见,靠枯燥的说教,粗暴的限制,夸大恶果恐吓或制订几条规章、守则,不可能达到制止孩子撒谎的目的。这就要求家长和老师要解决、处理好在孩子成长中遇到的撒谎事件。

那么家长和老师对此应该如何处理呢?总结起来就是"四忌""四要"。

(1)忌粗暴,要耐心诱导

粗暴地对待撒谎的孩子,动不动就叫家长或者在其他学生面前让他们做检查,会产生两种不良影响:第一,加重师生对立情绪;第二,促使孩子产生一种不良的解决问题的方式,甚至产生报复行为。因此,不要粗暴地对待撒谎的孩子。

老师正确的做法应该是耐心诱导。对待学生工作要耐心,尤其是小学生。老师在和学生谈话时,可以先给他们一些提示或是一个自我反悔的机会。比如,有一个学习很好的优等生把别人的本子占为己有,并改成了自己的名字,但却不承认这件事。

对此,老师可以这样处理:首先告诉这名优等生不诚实属于一种很不好的品质,然后再质问他,作为一个优等生还向老师撒谎,如果班级里的同学们以他为榜样去模仿,那么班级会成什么样子呢?

如果他还丝毫没有认错的态度,老师则可以拿出已找到的确凿证据给他看,如拿出他的其他作业本同这个本子上的字迹进行对照,这样就会让他的心理防线不攻自破,他自然就会认识到自己的错误。

(2)忌摆架子,要巧留面子

当学生撒谎时,老师摆着架子,板着面孔,在众多学生面前大做文章,对撒谎的学生进行讽刺、挖苦。这样做的危害极大,不仅达不到教育的目的,还会大大地伤害学生的自尊,影响师生间的关系。

正确的方法是要给学生留些面子。对于一些小的撒谎行为,比如,学生说忘记了做作业或做值日,老师不要过多地给予批评,可以相信他确实忘记了,让他及时补上作业或做值日就可以了,但要说好下不为例。这样做既给了他面子(相信他忘了),又以实际行动告诉了他,忘记任何事情都是不应该的,每个人都应该对自己所做的事情负责,必要时还得补上来。

（3）忌盲目,要会冷处理

对待经常撒谎的学生,特别是在还没有找到能充分证实学生说谎的证据时,作为老师,千万不要凭经验武断地下结论,而要学会冷处理。这样做有利于弄清事情的真相,也有助于避免处理过程的盲目性和处理结果的武断性。

这时,老师可以进行一些了解工作,可以走访家长,也可以询问一些学生,等自己对学生的撒谎事情有了正确的判断后,再做结论和处理。

（4）忌应付,要经常监督

虽然每个人都不愿意生活在被监督的环境下,但对于某些学生还是要经常监督的,不能等事情发生了再去处理,事情过后又放任不管。

比如,有的学生屡次向家长、老师撒谎,在处理这样的学生时,除了要综合运用上面的几种方法外,还要对他进行经常性的监督。老师、同学、家长可对他联合监督,大家共同担负起帮助他改正错误的责任。在这种多方监督的环境下,他想说谎也是没有机会的。

总之,家长和老师一定要正确对待学生的说谎问题,当学生已犯下错时,老师不应该仅予以训斥、处罚,而是要多给予谅解和信任,这就可能成为学生改正错误的内在驱动力。也就是说,有时候宽容比处罚更有力量。

家长和老师应该用爱心去创设宽松、和谐的氛围,唤起孩子的良知,促使他们形成良好的品德行为,做人格健全的人。

那么对不同的爱说谎的学生有哪些教育策略呢?

学生说谎已不是个别现象,但他们说谎的心理是有很大区别的。因此,老师应该对学生的说谎现象进行具体的分析和研究,并根据不同情况

进行相应的教育。下面就让我们来看看,名师们是如何针对不同的说谎学生进行教育的:

(1)对因自我满足心理而撒谎的学生

自我满足心理主要是指满足学生的虚荣心理。很多学生都比较爱面子,自尊心也很强——男生特别喜欢在女生面前表现自己;而女生则多数较为害羞,害怕受到其他同学的嘲笑;有些学习成绩较好的学生喜欢表现自己的优越感,表现自己在各方面的才能;也有的学生则在某一方面有特殊的才能,他们往往把自己这些方面的实力说得天花乱坠,从而满足自己的虚荣心。

这类学生即使自己做错了事,往往也不敢承认自己的错误,即使承认也是轻描淡写。所以,对于这类学生的谎言,老师最好将他们单独约出去谈话、沟通,以免伤了他们的自尊心,同时应针对他们某方面的才能,让他们担任班里的一些职位,让他们发挥所长,做出成绩,激发他们的荣誉感。

(2)对因自我保护心理而撒谎的学生

在市场经济条件下,社会竞争十分激烈,学生的学习任务十分繁重,而他们对社会和学业却缺乏正确的认识。因此,当他们的学习成绩不好时,面对老师和家长过于简单、粗暴的教育方法,他们应对的方式也十分简单——说谎,这是他们自我保护的简单而有效的方式。

例如,有的学生因对某一门学科缺乏兴趣,便采用极端的方式——逃课,而一旦老师发现问题后,这些学生便说谎,编造理由,以逃避老师的追究,从而实现自我保护的目的。再如,有些学生因害怕家长的责骂而涂改成绩册,这也是学生自我保护的表现。

对于这类撒谎的学生,老师首先要改变自己的教育方式,不能动不动就采用惩罚或粗暴的呵斥来教训学生,而应改用一些较温和的方式,这样学生才可以接受,他们也就没有必要因自我保护而撒谎了。

另外,老师也要与家长们沟通,改变家长们一些错误的家庭教育方式。

(3)对因习惯心理而撒谎的学生

这类学生的自我表现欲极强,善于随机应变。他们大多缺乏良好的教育,从小就学会了说谎,没有问题会说谎,遇到问题时后更会说谎。这些学生一旦发现谎言就要败露时,还会不断地说谎,用新的谎言掩盖事实的真相,用新的谎言来支撑和巩固原有的谎言。这是一种典型的病态心理。

虽然这一类学生只是少数,但危害极大。对于这类学生,老师要花些耐心和时间,寻找他们说谎的根源,从根源处入手,有针对性地制止他们的撒谎行为。

(4)对因哥们义气而撒谎的学生

这一类学生大多是自己没有犯错误,而是自己的好朋友犯了错,但自己又非常清楚这一事件的过程。为了保护自己的好友,也为了使自己不被同学嘲笑"没义气",他们便撒起谎来,为的就是要有"哥们义气"。

对于这类学生,老师首先要肯定他们够"义气"的一面,让学生产生共鸣,然后再指出这样做的危害,让学生心服、口服。

(5)对因侥幸心理而撒谎的学生

这类学生绝大多数是老师比较放心和信任的学生,在一般情况下他们不说谎,因此偶尔撒一次谎也很容易得到老师的信任,从而达到犯了错蒙混过关的目的。当然,还有一小部分学生虽然经常犯错误,也会对某一件事情抱有侥幸心理。

对于这样的学生,老师平时必须给予密切的关注,一旦发现学生有撒谎的行为,就要及时纠正。

(6)对因引人注意心理而撒谎的学生

有些学生长期得不到老师和家长的关心和重视,因为老师把注意力都集中在了好学生身上,而忽视了另一部分学生;有些学生家长忙于工作而忽略了对子女的关心和教育,因而导致孩子感到被冷落。为了引起别人的注意,他们就故意说谎。

还有的学生性格比较内向,不善于交际,但为了排解自己的孤独,证明自己的存在,有时也会说谎。

这种学生之所以撒谎,很大原因在于缺乏老师的关爱,所以每一位老师都应该平等地对待学生,要对他们多一些关心,不要让他们产生撒谎的

动机。

(7)对因逗乐心理而撒谎的学生

有些学生有时会对好朋友说一些逗人的谎言,相互取乐;也有一些学生由于学习压力较大,在课余时间里与其他同学通过说谎来调剂一下气氛,以减轻学习的压力达到放松的目的;还有一些同学受到西方文化的影响,借助于西方某一特殊的节日(如西方的"愚人节")在同学间、师生间进行说谎取乐。

这类撒谎行为,严格来说不算是撒谎,因为纯粹是为了缓解气氛,一般情况下不会有什么危害。但有时也会产生不好的影响,比如"愚人节"时,有些学生会开一些过分的玩笑,以致发生比较恶劣的后果。所以,老师平时要教育学生,玩笑式的撒谎要适度,千万不要过火。

(8)对因善良心理而撒谎的学生

说谎并不都是坏事,有一些特定的条件是需要人们去说谎的。最常见的如,医院里的医生往往对重症病人隐瞒病情,只把病情告诉给病人的家属,而不是直接告诉病人本人,其目的就是让病人能在心理上放松并能配合医生进行治疗。这是一种善意的谎言。

而有一部分学生尤其是一些思想品质较好的学生有时也会说善意的谎言,比如,有些学生做好事不留名或用假名的形式,所有这些都是善良的表现。对这种善意的谎言,老师当然是要多给予鼓励和表扬的。

(9)对因从众心理而撒谎的学生

当学生中发生一件不好的事情,老师追究这一事件的责任时,许多同学虽然知道,但不会向老师告发。

这些学生撒谎的原因各不相同:有的学生觉得向老师告发太不够义气了;有的学生有恐惧心理,害怕同学报复;还有不少的学生则是一种从众心理,认为大家不说我也就不讲,反正与自己没有关系。比如,我们可能会遇到这样的现象:有的学生破坏了学校的课桌或门窗等,当老师调查时,却没有人揭发。这时,老师一定要有耐心,要不留痕迹地暗地里查找原因,同时要告诉学生从众心理的危害,以培养他们的公德心。

总之,孩子说谎的心理是复杂多样的,家长和老师对孩子的教育绝不能千篇一律,而应根据不同原因区别对待。在教育过程中,家长和老师应该给孩子多一些爱心,多一些信心,多一些耐心和恒心,多开展一些诸如"诚信工程"之类的活动,以培养他们良好的诚信品质。

2018.1.12

春节放假,学子归乡。女儿的高中同学兵兵从郑州要到我家来。

已是深夜十一点了。女儿接到短信,兵兵已在濮阳高速路口下车。儿子执意要随车去接姐姐的同学,并说是帮助搬行李箱。

从家里出发,十分钟左右的时间,我们开车到了高速收费站,女儿早早地就发现兵兵站在寒风中。车子停稳,儿子迅速下车,双手抱住行李箱,一口气放在了汽车后备厢里,似是一个大男孩。

开车回到家属院,在楼下停下。打开后备厢,儿子再次抱起行李箱,冲向楼梯。这时我才发现兵兵的行李箱是超大号的,估计应该有三四十斤重。我和女儿、兵兵紧跟在儿子的后面,紧追着儿子的脚步,分明能够听到儿子的喘气声。儿子艰难地冲到四楼,显然已经很累了,然而仍然没有停下休息的意思,缓慢行走了几步,又迈向了五楼。到了家门口,儿子迅速放下行李箱,长长地出了一口气,静静地等着我们上来。这时我发现立起来的行李箱已经超过了儿子的腰部,体积还那么肥大。我看着看着,有一种情感在瞬间迸发,一种绵软的自豪感油然而生。

回到家里,儿子马上招呼正在洗脚的妻子:"老妈!兵兵姐姐来啦!"妻子马上擦干双脚,热情地和兵兵打招呼。这时,儿子走到妻子面前,悄悄说:"兵兵姐姐还没吃饭呢!抓紧给她做饭吧!"妻子随后走进厨房,打开了煤气灶。儿子问道:"老妈!做什么饭啊?"妻子说:"做鸡蛋卤面条吧。"儿子说:"多做点啊!鸡蛋最好不要炒,要打鸡蛋糊到锅里。晚上炒的鸡蛋不好消化。"说完,儿子离开了厨房。

女儿走进厨房,问妻子做什么饭。妻子说面条,并说你弟弟说要多做点。女儿问是不是弟弟也要吃啊。妻子说不知道。

饭很快就做好了。妻子给兵兵盛了一大碗,端到了餐桌上。接着问

道:"儿子,你是不是想吃面条啊?"儿子在房间里说:"我不吃。我怕下得面条少了,兵兵姐姐吃不饱。"

我和妻子对视了一下,欣慰地笑了。

孩子的成长,让我再一次体悟到有时候就在一瞬间。

2018.1.20

儿子很快就要期末考试了,体育科目的考试往往是在文化课正式考试之前必须要进行的。

为了改变上次考试中体育个别项目零分的现状,儿子坚持下午放学后在学校练习跑步。红牛饮料,儿子早早就准备好了,借得"红牛"之力,刷新体育成绩。按照以往的教训,喝红牛的时间非常重要,若下课后就开始喝红牛,开始测试时就没有了效果。于是儿子选择在上课后,老师让预热活动时喝下去,按照儿子的说法,红牛真的很"牛",跑步时居然没有感到累。

"困了,累了,喝红牛!"这句广告语让儿子及其同学耳熟能详。年幼的学生,运用简单的逻辑推理判断红牛一定能够给体育助力,也许孩子们关于红牛助力的事,在私下场所不知谈论过多少次。然而,作为家长我们还是很担忧的,据说红牛饮料含有激素。在没有掌握科学数据时,我不敢妄下结论,姑且让儿子尝尝甜头吧!

午饭时儿子兴奋地告诉我们这次体育考试他进步很大,体前屈上次考试是零分,这次考了15分;八百米跑上次是10分,这次考了15分;并且强调说,这是他自己这一段时间坚持在校内锻炼的结果。我即刻对儿子的进步做出了肯定,高度赞扬了儿子坚持锻炼的精神。我告诉儿子,我们不重视你的体育分数,但我们重视你的健康状况;我们不重视你进步了多少分,但我们重视你的努力过程。

根据儿子这学期的整体表现,我想,这次寒假必须结合儿子的意见列出详细的寒假学习方案。我们的精力也必须放在儿子身上,以弥补本学期的诸多不足。

放假,不可"放"心;休整,不可"休"息。

2018.1.23

　　大学总是比中小学年假放得早。女儿和同学的返乡似乎没有给家庭带来多少轻松,因为儿子的期终考试马上就要开始了。

　　对儿子的这次考试,我和妻子的心搦得紧紧的,因为儿子连续的失利着实让我们很担心,期终考试毕竟是一学期的总结和反馈。

　　数日来儿子一直在为考试做着各方面的准备,当然妻子的多次提醒总会给儿子的考前增添紧张气氛,难怪儿子明确地说你们不要提考试,一提考试我就有压力,有压力我就发挥不好。我们总是努力克制自己不提考试一事,然而往往一不小心考试的丝丝缕缕就会在餐桌上或饭后说起,很多时候儿子就主动回避。考试有时候似乎更多的是考试家长,家长的焦虑导致孩子的考前紧张。

　　越是年底单位的事情就越多,总想在家多陪儿子复习,但是总是还未坐下,单位就有电话说事且须马上返校,尤其是年底考核部门和检查部门会不期而至,更需时刻做好迎检准备且在学校原地待命。

　　妻子更是家里、单位、诊所不断跑来跑去,单位需要值班,诊所里需要照顾岳母。岳母膝盖突然肿胀无法行走,可能是年老磨损日久而损伤,医生不建议手术,因为年龄较大,鉴于此,只好理疗处理。白天熏蒸、艾灸、蜡疗、按摩,晚上妻子陪着岳母在诊所。儿子也是一直牵挂姥姥的病情。

　　我担心这些会影响儿子的考前心理调节。

2018.1.24

　　考试还是来了。

　　早晨六点起床,开始给儿子张罗早餐。

　　根据儿子的要求,我先往锅里放了些水,待水开锅后打入鸡蛋,而后盖上锅盖儿,一分钟后,鸡蛋基本成型,而后用漏勺捞出水面漂浮的白色

沫子,再煮上三分钟左右,荷包蛋就煮好了。这时,放入挂面,待挂面快熟时,放入牛肉,我们称之为大刀牛肉,随后放入用食盐和香油拌好的葱花。为了使牛肉鸡蛋面清爽可口,我又擦了少许黄瓜丝放在挂面里。待饭做好后,正好是六点二十分。我轻轻地推开儿子的房门,轻声叫醒了熟睡的儿子。

儿子洗漱完毕,便开始用餐。我坐在餐桌旁,静静地陪着儿子,我知道这一刻对于将要上考场的学生来说很重要。我轻声问儿子:"好吃吗?"儿子头也没抬"嗯"了一声,这一声是紧张时刻的满意回答。

吃完早餐,儿子背起书包匆匆离开,我提醒儿子别忘戴眼镜,儿子说戴好了,说着,走出了家门。

我站在家门口,似乎还想说些什么,又不知说什么,又觉得什么也不说似乎更好,只道了声"再见"。

儿子上学去了,我的心却悬了起来。

2018.1.26

考后放假,午饭延迟,饭后休息了一会儿,我和儿子便准备分割猪后腿肉。儿子热情很高,便急着去找瑞士军刀,这是大姐从瑞士特意给儿子带来的。可是儿子找了半天,也未能找到。我只好用家里的菜刀开始切割。

儿子的物品收拾习惯特别不好,随意性很强,家里随处都可以见到儿子的各种工具,为此可没少让妻子生气。

儿子拿着手电筒,找遍了整个房间,终于找到了小小的军刀。我教给儿子寻找骨肉之间的缝隙、筋膜衔接处,这里便是下刀处。儿子悟性很高,很快就切割下来一块块肉块。接着我们分类装袋,放入冰箱。

一次家务实践,给了儿子诸多的成就感。

看看窗外的雾霾渐渐散去,我就和儿子商定去学校踢足球。一番准备后儿子带着刚打好气的足球和篮球,来到了学校操场。三九严冬,很是寒冷。儿子不顾天寒地冻,迅速在绿茵场上奔跑起来。

开始,儿子守门,我射门。后来,我守门,儿子射门。接着我俩全场奔跑,一人一门。儿子盘带足球的速度很显然有了提高,断球也很精准。不觉身上渐渐暖和起来,微汗贴身,快意融融。

　　为防运动过度,我提议再去练习一会儿篮球。儿子走进篮球场,练习起胯下运球,一招一式,像模像样,接着进行了投篮练习,特意练习了三步上篮。

　　为了增加篮球运动的趣味性,我提议我俩进行背篮盲投,儿子一听兴趣就来了。比赛规则是一人背投五个,先进篮得分者为胜。一轮过去了,我俩每人投掷的五球中仅有一球触到了篮板,其他都远远偏离了篮板,离球篮就更远了。第二轮开始,儿子突然改变了方法,他拿着球先是站在正面瞄了瞄球篮,接着再开始背投,结果几次都是差一点命中。我鼓励儿子:"你这种反思意识很好,我要向你学习,也要反思一下。"儿子听了以后,投得更认真了。

　　然而,我俩进行了五轮,整整投了五十个球,竟然一个没中。若是在以前,儿子早就坚持不下去了,而这次儿子没有丝毫退缩的意思,我也不断地给儿子加油。

　　新的一轮开始了。我先来,结果五个球都碰到了篮圈,还有个球进篮圈后又弹了出来。儿子投篮,第一个偏离了篮圈,第二个竟然是个大空心。"球进了!球进了!"那种兴奋丝毫不亚于世界杯足球预选赛亚洲赛区中国国家足球队进球的欢呼。儿子激动不已。

　　天渐渐地暗了下来。我俩收拾完,驱车回家。路上我告诉儿子:"你今天的成功源于你的自我反思,一个人的成长过程中反思意识很重要,反思可以让人变得更加智慧。很多问题,只有从主观上找到原因,才能彻底解决问题。客观永远存在,唯有改变自己,才能改变一切。"儿子默默地点了点头。

　　实践课程一直是学校课程的最大缺失部分。文化课程给孩子注入的是知识,实践课程给孩子留下的是体验。

2018.2.23

快开学了,为防止儿子再出现初三第一学期开学时的浮漂现象,今晚我和妻子专门为儿子组织了一次家庭会议。

我提前通知儿子做好会议上发言的准备,内容有两项:一是总结假期生活、学习情况;二是新学期的打算和目标。

吃过晚饭,儿子就回房间准备去了。我和妻子在厨房洗刷餐具。

19点40分,家庭会议正式开始。会议由我主持,首先请儿子发言。儿子总结了假期生活的情况,指出自己预习没有做好,在谈到学期目标时,几经犹豫定位到了全市260名。妻子提出儿子学习要专心,要能坐得住,不能闻风而动。我就儿子的假期生活做了全面总结。首先,这个寒假比上个暑假在时间支配上有了明显进步,在学与玩上有了明确的计划性。其次,在家务劳动方面,也有一些进步,尤其是在刷锅、洗碗方面能够按照"约定",坚持完成分内任务。最后,是手机问题,又暴露出黏手机现象,尤其是手机游戏,和以前相比,不减反增,家长很担心。

在提到手机问题时,儿子明确地提出质疑:"为什么我的手机我自己不能做主?"我为儿子有自己的想法而高兴,但又为儿子的依赖性而担忧。儿子一直坚持说,手机是给他买的,他应该是手机的主人,他应该有支配权,为什么晚上还要交回去。我和妻子在努力地给儿子解释:第一,这是当初买手机时的约定;第二,手机辐射厉害,是为了更好地保护你的身体。儿子一直在坚持,在辩解。我郑重地告诉儿子:"家里的一切东西,你有继承权,但目前没有拥有权。你如果现在想不通,我们给你时间,你想通后再和我们交流吧!"

家庭会议在辩解中结束,有些不欢而散。我躺在床上,一直在思考,为什么孩子们如此青睐手机?家长、学校到底该怎么办?我知道这是一个全球性的教育问题。

回头看看,当孩子还不懂得什么是玩具时,我们做家长的就给孩子买了玩具手机。试想当时给孩子买的玩具不是手机而是"足球""篮球"等,那么孩子进入童年后会是什么样子呢?

回头看看,当孩子刚刚学说话时,我们就随意地拿着手机,放在孩子的耳朵上让孩子接听电话,我们甚至兴奋异常。

回头看看,当孩子第一次远离家门时,我们毫不犹豫地把家长的手机塞进孩子的书包里,且一再叮嘱:有事要给爸爸妈妈打手机。

这一切的一切,无疑唤起了儿童对手机的兴趣,而兴趣一旦产生,便会愈来愈浓厚。

原来孩子问题的罪魁祸首是家长。这让我想到了一篇文章——《教育改革要从家长教育开始》。大家经常问这样的问题:美国教育与中国教育的区别是什么?如何改革中国教育?中美教育区别可能很大,但大家都忽视了中国教育的一个重要问题:家庭教育缺失。

大家对教育不满,主要体现在哪里?无非是孩子出了问题,即现在的学生脆弱,抗挫折能力差,动辄离家出走,或者轻生;只知道做题,创造力差,解决实际问题能力差;太自私,团结协作能力不足;等等。这些,归根结底还是做人的问题。

家长是孩子的第一任老师,也是最重要的老师,但目前中国家长在这方面做得是严重不合格的。

家教是什么?是家长对孩子的言传身教,往往体现在非智力因素方面。比如感恩、尊重别人、基本的规矩等等,其实就是让孩子成为一个合格的社会人。孩子成为一个什么样的人,在某种程度上,首先取决于父母。

但遗憾的是,家长们对此几乎没有太多的重视,更谈不上正确的教育理念、人才观念。一谈到家教,就变成了花钱请老师教文化课,而不是家长的身体力行。中国家长在孩子的教育上很舍得花钱,不惜砸锅卖铁,却忘记了自己的责任与付出。更有甚者,用金钱换责任,在孩子很小的时候,花巨资让孩子一个人出国留学,表面上为孩子投资,实则是不负责任。

一旦孩子出现问题,我们经常指责学校、社会,而不是反思自己。当我们控诉应试教育的时候,我们是否反思一下自己是不是一个积极的推动者?是否逼迫孩子报了很多的辅导班?当我们指责社会无序时,我们是否给孩子做出了表率?

如果不是从事专门研究工作,那么,学生在学校学的知识大部分都会遗忘,但是,协作、感恩、创造力、想象力、忍耐力、反省能力等等,最终会沉淀下来,而在这些教育方面,家长可以也应该发挥更大的作用。

美国的教育制度与理念并不完美,在美国,因为教育理念原因,有大约260万学生是在家上学的。在美国前10名大学中,有7%的学生来自此类学生。家长们在以自己的力量去做调整,修正美国教育的缺陷。

世界上没有一种教育制度与理念是完美的,美国也同样。大家觉得,中国教育目前问题很多,政府、社会舆论都在反省、检讨,试图解决这个问题。很多中国专家动辄讲美国教育如何如何好。的确,美国的教育在理念、方法上,有其先进的东西,有值得汲取的地方,但是,我觉得,在借鉴美国经验的同时,中国家长应当首先补上家庭教育这一课。教育改革,首先应当从改变家长入手,让家长们明白自己的责任,树立正确的人才观,真正懂得如何引导孩子成长成才。

从世界角度来说,培养一个优秀的人,理念、做法其实没有本质的差别,比如付出,比如严格的规范与要求,待人友善,懂得感恩等等。因此,我们不需要动辄讲美国,而是应当先把本民族优秀的教育观念继承下来,把正确的家庭教育理念发扬光大。家长到位,正确的理念到位,中国的教育问题才会有根本性的改变。

有七种情况,造成家长对家庭教育不上心:

1. 认为教育孩子是学校的事情,与自己教育不教育关系不大;
2. 认为自己忙,身心憔悴,无暇顾及孩子的学习,心力不足;
3. 认为家庭教育是空洞理论,是听起来好听,用起来不管用;
4. 认为树大自然直,对孩子放任自流,顺其自然,过问不多;
5. 认为家庭教育就是学习的教育,学习的教育就是做作业,上补习班;
6. 认为家庭教育就是让孩子们上各种辅导班,音乐、美术、体育等;
7. 认为家庭教育就是提要求,对于怎么学习,知道不多,也不愿意探究。

其实,家庭教育是关于孩子生命成长的教育,就是让孩子们萌生会学习、善于生活、会生活、善于学习、会相处、善于相处的意识,并乐于去实践和探究。家庭教育,就是对"根"的教育,"心灵"的教育,只有"根壮""心灵好",才能"枝粗叶肥",这恰是"庄稼养根,育人养心"啊!

2018.3.5

晚上,洗漱完毕,儿子已躺在了床上,我和妻子正准备休息,儿子突然从房间里跑了出来,以一种难以言表的表情出现在了我们的床前。我马上问道:"怎么啦?是不是身上不舒服啊?"

儿子停了半天,才说:"我想到了死亡,我觉得太可怕啦!"

这个问题让我有点措手不及,天真烂漫的童年刚刚过去,儿子怎么对死亡有了瞬间的思考呢?我知道这是儿子成人化思维的表现,我非常重视儿子此刻的表现。"好!先上来和我们坐在一个被窝里吧!"儿子一骨碌钻进了我们的被窝里,我完全能感觉到儿子对死亡的恐惧,他现在需要父母的帮助和爱抚。

我知道此时应该对孩子进行死亡教育,帮助孩子消除对死亡的恐惧和焦虑。我对儿子说:"死是生的必然归宿,人生活的每一天都是生命历程中最年轻的一天,所以人活在当下,应充实生活,走向'死亡'的'生'才是积极的人生态度。"儿子似懂非懂,满脸焦虑。

记得一则材料:南京市少工委曾对南京市1068名在校小学生进行了一次关于生命意识的问卷调查。调查显示认为"人死了,生命就停止了,不会再活过来"的小学生占60.30%,刚过六成。而认为死亡是"在这个世界消散,去了另外一个世界"的小学生占27.6%,甚至有10.6%的小学生认为死亡是"睡觉,做梦",更有甚者有1.5%的小学生认为人能够"死后再活过来"。

我告诉儿子:"每个人的生命只有一次,在生死面前,不管是达官贵人,还是平民百姓,都是平等的。古代历代皇帝都想尽一切办法去延长自己的寿命,都难逃死亡之命运,死后是不能复生的,再美好的事物也有离开人间的一刻。每个生命的过程都是有限的,每个生命都是不可替代的。

世界上永远有小孩和老人,谁也不可能永远年轻,所以,应珍惜自己的生命,也要珍爱别人的生命。作为中学生,更应该有理想,勇拼搏,这样才能无悔今生。"儿子默默地听着。

关于死亡教育,北京大学儿童青少年卫生研究所对全国13个省份的约一万五千名学生做调查,于2007年公布《中学生自杀现象分析报告》,结果令人毛骨悚然:每5个中学生就有一个人曾有过自杀的念头,而为自杀设想过计划的占6.5%。

另外,根据全国妇联发布的《中国儿童发展状况报告(2003～2004)》,意外伤害成为当前我国14岁以下儿童的第一位死因。全国每年至少有1000万儿童受到各种形式的意外伤害,10万儿童因意外伤害而死亡,40万儿童因意外伤害致残。

可见,风险防范,是死亡教育中的必修课。学校和家庭应对儿童实施更加具体实用的安全教育和健康教育,使儿童能在意外事故面前自救,在心理危机面前能自我调节。

在开展死亡教育时,我们尤其要遵循的原则是:尊重儿童的个性差异,与儿童身心发展规律相一致。既要考虑儿童"想"知道什么,又要考虑儿童"能"知道什么,还要考虑儿童"该"知道什么,达到死亡教育的目的,同时也避免造成不必要的间接伤害。

家长可对孩子从三方面进行引导教育:一是健康的身体。帮助孩子认识生命的特点及其发展规律,珍惜生命,尊重生命,敬畏生命。掌握与生命安全与身心健康相关的知识和技能,保持心理和情绪健康。二是积极的心态。能够主动适应社会,与他人健康交往,勇敢面对挫折,养成良好生活习惯和积极乐观的生活态度,具有良好的人际沟通能力。三是有意义的人生。认识生命的意义和价值,具有独立的人格、自由的精神,合理规划人生,具有远大的理想和追求,追求生命的崇高和伟大,超越"小我",关心国家、社会和人类,具有中国灵魂、世界胸怀和民族情怀。

学校可以寓生命教育于青春期教育、心理教育、安全教育、健康教育、环境教育等专题教育中,充分利用社团活动、各种纪念日等多种载体,渗透生命教育思想。

2018.3.6

晚上,几个朋友小饮数杯,早早结束了饭局。我轻轻推开家门,屋里一片漆黑,客厅里的灯处于关闭状态。我知道妻子在卧室里,儿子一定在自己的房间里写作业。

按照惯例,我从外面回来后,儿子总会从房间里走出来和我打个招呼,尤其是这段时间儿子对魔术喜爱有加,总爱在第一时间给我们演示一番。

我悄悄走到儿子房门口,想要推门进去,又怕打扰儿子写作业,静息数秒后,儿子便欲开门,没想到我正在门口,而客厅仍是一片漆黑,儿子推开门发现我站在他的面前,一时吓得"啊!"一声大叫,迅速往后退了两步才站住了。等我缓过神来,发现儿子已经吓呆了,泪水顺着他的眼睛流了出来。我后悔和儿子的玩笑开大了,我试着安抚儿子,但丝毫不起作用。天生胆小的儿子,其实是有点吓破胆了。

曾听一位医生说,脾虚的人,胆子往往很小。儿子虽然有两个脾,一个主脾,一个副脾,但儿子的肥胖很显然与脾胃不和有很大的关系。想到这些,我更加担心,如果把儿子吓傻怎么办?于是我连忙向妻子求救,妻子急忙把儿子拉到自己身边零距离进行交流。儿子钻进妻子的被窝,仍然泪水涟涟,傻傻地不肯说话。我上前拉住儿子的手说:"对不起,儿子!老爸想和你开个玩笑。我知道你吓坏了,下次保证不再这样开玩笑啦!今天晚上你和你妈妈一起休息,好吗?"听到这些,儿子脸上有些缓和。

第二天,我的心悬了一天,观察了一天后,看着儿子没什么异常,我的心总算落地了。真后悔,和儿子开了一个危险的玩笑。

孩子受到惊吓后家长该怎么办?为此,我咨询了一位心理医生。他告诉我了一些具体的方法。

首先要肢体接触。孩子受到惊吓后,往往会钻进父母的怀抱,这说明孩子需要安全感。家长更应主动抚摸孩子的额头,亲抚孩子的脸蛋,拉起孩子的双手,甚至拥抱孩子,完成肢体交流,进而平息孩子的情绪。

其次,语言安慰。家长应站在孩子的角度,分担孩子的惊恐,体谅孩子的心情,用"宝贝,我知道你受惊啦!""宝贝,你有些害怕是吗?有妈妈在,不要害怕啊!""宝贝,不害怕,妈妈一直和你在一起!"等进行语言安慰。

再次,转移注意力。受到惊吓的人容易在脑海里面再现恐怖的环境,所以改变生活的场景,让孩子迅速进入另一个时空,孩子就会弱化对原有事物的重现。比如播放一段音乐,或给孩子朗读一首诗歌,或共同跳一支舞蹈等等,重构生活情境,转化孩子心理。

最后,补充钙质。科学研究表明,儿童缺乏微量元素钙,很容易受到惊吓。适当补充钙元素,不仅可以强化儿童的筋骨,还可以强化儿童的心理。因此,家长要不定期地测量儿童的微量元素缺乏情况,以便及时补上。

2018.3.7

洗头不慎耳朵进水,嗡嗡作响,又闷又痒;吃饭不慎右齿碎脱,上下不合,风进齿寒。真是福不双至,祸不单行。

儿子放学后,看到我痛苦的表情,急忙问道:"老爸,咋啦?""牙痛,耳鸣!"儿子说道:"去医院看看吧!"我觉得问题不大,不想去医院挂号排队,寻医问诊。

我找来掏耳勺,试图自己解决问题,谁知越掏越厉害,不但没掏出什么东西,反而更加疼痛且痒痒。

儿子上学临走时,专门跑到我的房间提醒道:"老爸!记着去看医生啊!"我说:"行!谢谢儿子的提醒!"那一刻我真的感觉儿子长大了。

到人民医院,耳鼻喉科主任给我做了检查,发现耳朵被杂物堵住了,便试图用吸耳器吸附,虽然疼痛但右耳还是掏出了好大一个坏东西,瞬间就通畅了。可是,左耳怎么也掏不出来,而且疼得厉害。医生只开了点滴耳的消炎药,说是滴两到三天,再来医院清理。

顺便到第三人民医院口腔科,找到科室主任——我的同学,随即修补了牙齿,顿时感觉舒服多了。

已是晚上六点十分,儿子放学回来,刚开门就大声喊:"老爸!老爸!"我随即哼了一声,儿子连忙跑到我的房间问道:"你去医院了吗?"我说:"去过啦!"儿子又问道:"好了吗?"我说:"好多了。"问得我心里暖暖的。

没想到儿子临上学牵挂着我,一响过去了仍然牵挂在心里。这是"少年不知愁滋味"的反例,这也许就是儿童人性光辉的显现。教育是培养人的问题,教育必须关照人性,教育必须培养人身上的某种属性,教育的唯一目的就是使受教育的对象之人性趋向社会需求的正方向,使善者更善,使恶者向善。由己推人,每一个孩子都有向善的心理倾向,即所谓"人之初,性本善"。

人性问题才是教育的根本问题。人性有善有恶论。孟子认为人性是善的,教育就是一种促进善行的活动;荀子认为人性是恶的,教育就是改变人性的活动。教育的感染力,就在于去除人性中落后、愚昧的一面,重构先进、正当的一面,趋向优秀、卓越的一面。人性卓越者古人奉之为圣人,首推孔子;人性中和者古人奉为君子,当以正者为例;人性粗莽者,古人命之为小人,当以卑鄙者为多。这些恰是人性存在的多元性,教育必须正视人性的差异性,进而因材施教,因势利导;但是教育者必须相信人性的光辉,相信人性的光辉通过教育的熏陶而变得光芒万丈。

每一个人都是被咬了一口的苹果,每一个孩子都是一个折翅的美丽天使,没有谁十全十美。每一位家长都应该是天使翅膀的"修复者",用自己的聪明才智和无疆大爱为天使"疗伤",这便是家长的天职。凡是生性顽劣的孩子,都是上帝过于倾爱的特殊对象,我们相信教育的强大力量,它能够让每一个自由丰满、情感丰富的人趋向完美。这也是每一个教育工作者应该拥有的职业信念,更是每一位家长应该坚信的育儿真理。

孩子们的善良不仅仅是对自己的亲人,而且对待他人及弱者,也有怜悯之心。这正如达契尔·克特纳在《生而向善》一书中指出的:幸福的秘密在于仁慈,也就是生活中善与恶的平衡。人只有在积极情感的丰富版图上才能找到幸福。达契尔·克特纳的研究,为我们开启了一扇通往幸福生活的大门,让我们家长和教育者有了重新思考。

也许我们还记得那个撑伞妹妹——在成都市文南路的拐角,一辆出

租车撞倒了一名行人,周围到处是卖水果的商贩,此时天下起大雨,路面又湿又滑,一位小姑娘蹲在地上,为伤者撑着伞。

如何才能践行社会主义核心价值观,培养崇德向善少年,这不仅是学校应当开展的课题,更是华夏民族精神不衰的政治课题。相信孩子是教育孩子的前提,相信孩子的善良是完成正确教育策略的开始。

一个孩子可以没有超常的智商,但不能没有超常的情商。古人育人讲究"仁、义、礼、智、信",其中除"智"外我们均可理解为"情商"和"意商"。一个人能不能走得更远,不唯其有超世之才,亦必有近人之"情",或许是暖人之意。

唯愿今日学堂之学童,明日社会之公民,不仅是旷世"智"者,更得是人间"情"人。

2018.3.8

今天上午下班有些晚,又去加油站排队加油,儿子和妻子一直在等着我吃午饭。

回家已是十二点四十分,妻子很快端出炖好的鸭肉炖冬瓜,儿子早已饿坏了,便迫不及待地吃了起来。

正当我们吃得正香时,儿子突然停住了,"鸭骨头卡在喉咙里啦"!我建议儿子马上到卫生间吐一下,儿子在卫生间吐了好一阵子,终于吐出来了。但停了一会儿,儿子感觉嗓子里还有东西卡着,又努力咳嗽了一阵,仍无济于事,我俩便只好去医院。

到了市人民医院病房里,找到医生,医生看后没发现什么,若要进一步检查,需要做喉镜。我担心若有碎小东西,一不小心再进气管里,就领着儿子去做喉镜,几经周折,挂上了预约号,等到了两点半医生才上班。

喉镜应从鼻孔里穿进去,会很不舒服,我真担心儿子受不了。医生先给儿子在鼻孔和嗓子里喷上了药,据友人讲,应是麻醉剂。大约停了15分钟,医生让一位家属陪着走进喉镜室,儿子坐在椅子上,眼睛闭得紧紧的。在医生的操作下,喉镜进入了咽喉,当时我还真有些紧张,没想到儿

子却表现得异常安静。

一阵详细检查,医生说没有发现骨头,但意外地发现了儿子声带有息肉,这让我始料不及,小小少年,怎么会有息肉呢!想想儿子小时候,爱哭爱闹,不知有多少次儿子总是一闹起来就不会停,每次都是把吃的奶哭吐了,才停下来。也许,这是直接原因吧!

儿子对声带息肉非常在乎,回到家又用手机百度了相关内容。手机里和医生说的一样建议手术治疗,这不仅让我感觉到几分沉重,因为手术治疗存在风险。

我试着用中医的方法,看看能不能控制息肉发展,如果不发展就不用做手术了。

人总是生病时,才知道健康的重要。父母总是看到孩子身体出毛病时,才知道除了学习,还有一件更重要的事情——身心强健。

2018.3.13

在家长的期待中,在孩子的反对中,儿子的学校在征求了家长的意见后,便开始上晚自习了。

…………

21点10分,儿子从学校回来了。我和妻子便凑近儿子问学校里的情况,儿子说上自习有一位学生说话,可能明晚就不让上了。当我们问起晚饭怎么吃法时,儿子一脸兴奋说是小伙伴一起买饭,一起排队,分工合作。因为学生就餐的太多了,一人去吃饭,就会影响上自习,因为时间太紧张。

儿子告诉我们,今晚是杜某某给他们刷的饭卡。原因是杜某某排队较快。学校餐厅还供应鸡翅,粥是免费的。作业写完后还剩余十几分钟,又预习了明天的课程。

对孩子来说,第一次总是很新鲜的,即便是第一次上晚自习课。这就是孩子!

2018.3.18

上了一周的晚自习,儿子回到家中就匆匆从我们房间取走了他的手机。我和妻子知道儿子一定是回自己房间玩手机游戏了。

学习了一周,适当的放松是有必要的。

快10点了,我和妻子提醒儿子该睡觉了。儿子洗漱完毕准备睡觉,但丝毫没有送还手机的意思。按照《手机契约》"夜不留机,机不过夜"的规定,我走进儿子的房间,聊了一会儿之后,婉转地提示儿子把手机给妻子送过去。儿子吃惊地问:"为啥啊?"我说:"这是规定,且已执行很久啦!"说完,我就回到了卧室,躺在了床上。

一会儿,儿子绷着脸把手机放在了妻子的床头柜里。我一看脸色不对,便没有理他。

妻子正在洗漱,洗完后,我告诉妻子去看看儿子睡了没。妻子走出卧室,发现儿子坐在客厅的沙发上,没去睡觉。妻子不知怎么回事,不解地问:"儿子,怎么不去睡觉啊!"儿子停了半天,闷声闷气地说:"我不想睡,我要在这儿坐会儿。"

妻子便回到卧室,问我怎么回事。我说一定是手机的事。妻子又走出卧室,装作什么也不知道的样子,安慰儿子:"学习累了一周啦,快去睡吧!你不去睡,我们也不能睡。再说,你坐在这儿,妈妈是很担心的。"说着,妻子拉着儿子的手,把儿子送回到了卧室。

第二天,一大早,儿子就问妻子:"老妈,你不知道我昨天晚上生气吗?"妻子说:"不知道!"妻子装着不解的样子问道:"男子大汉,又生啥气啦?不是好长时间不生气了吗?"儿子一脸平静地说:"俺老爸也是的,一周啦,也不让玩会儿手机,非得让把手机给你送去。"妻子一听笑了,说:"原来就因为这事啊,太不值得啦。玩手机,肯定让你玩,但不能让它陪你过夜啊!这是你和我们的约定啊。若是更改规定,必须双方同意才行,有一方不同意也不能改动啊。"

儿子听后,也没再言语,就去学习了。

作为家长,在原则方面,很多时候是不能让步的。一次让步,规则全无,前功尽弃。

2018.3.25

儿子的同学郭力去检查视力了,结果眼镜度数升高到了400多,我很担心儿子的视力,因为近段时间手机的使用率太高了。

中午吃过饭,我和儿子及郭力的爸爸一起到了中山眼镜店,儿子在里面测量视力,我们几个在外面轻松地聊着。突然从里面传出李大夫的一句话:"右眼散光已达到400度啦!"我听到后马上走到里面验光处。李大夫告诉我:"两只眼睛均已达400度,都有不同程度的散光,考虑到眼睛的适应度,每个眼镜片减少25度,都按375度来配镜。"我一听,脚有些软,没想到儿子的视力下降这么厉害。上次配眼镜还是小学四年级的时候,眼镜度数是150度,记得当时我发现儿子看东西时眼睛眯着,就试着到眼科医院测试一下,当听到医生说儿子的眼睛已是真性近视时,我又气又恼又后悔。主要是丫头考完大学后突然一放松,再加上是暑假,儿子和丫头每天晚上总是边聊边看电视,而且看得时间很长,做家长的觉得孩子经历了寒窗十年也该放松放松啦。谁知一时不慎,伤了儿子的眼睛。儿子原本漂亮的一双大眼睛竟然架上黑黑的眼镜框,我很无奈,又很后悔。

作为家长,对孩子身体受到的每一次伤害,总感觉追悔莫及。如今儿子的视力下降到了这么高的度数,我不觉又抱怨起来,但抱怨也无济于事。

管理孩子,有时候就需要"虎妈""鹰爸"式管理,铁着手腕去管,孩子就会逐渐服从,并建立有序的习惯。严师出高徒,在中国传统教育中还是很有道理的。严管就是厚爱,而民主有时会助长孩子的自由化心态。在民主化家教和严厉型家教的比较中,很多情况往往是民主与严管交替进行,过于民主和宽松,对于没有独立价值观的孩子来说恰恰是一种伤害。

2018.4.6

在极度担心中,儿子月考的成绩出来了,数学竟然考了66分。对于

这个分数,我有思想准备,但没有这样悲催的准备,我一时无语。

回到家,我的第一件事是封了儿子的手机。在信封上,我用颤抖的手写下:孩子,你还没有能力驾驭它,它正在伤害你及像你一样的中学生,家长帮你封存它。

不自觉中,我打通了市第一中学副校长的电话,在尝试着谈到儿子转学一事时,吴校长说你和家里人商量好再说吧。

妻子还没下班,我便给妻子发去短信:刚与吴校长说到儿子转学一事,我考虑着还是转学为上。妻子很快回复:回家后与儿子商量一下再说吧。考虑到儿子现在班级的管理情况、交友情况、师资情况、学习态度等,诸多的因素综合起来,改变环境也许会有一个新的开始。

儿子下了晚自习回到家中,我便把儿子叫到了我们房间,从这次考试切入,谈及儿子的学习态度,我便试探着告诉儿子转学的好处,儿子一听很吃惊,边哭边说:"我不转,我在这儿三年啦,同学老师都很熟悉了,总不能说走就走吧!"我从几个方面给儿子作了分析,儿子不断地辩解,已是深夜零点了,辩解仍在持续,我坚持要让儿子转学,太多的因素,决定了转学的必然。

最后,儿子要求明天不去学校了,在家里待一天,然后去把书抱回来到新学校去。

我和衣而睡,心里有一种隐隐的痛,不知是对儿子的担忧还是对自己管理不当的愧疚。

2018.4.7

毕竟是初三年级了,转学是一件很谨慎的事情,但是基于目前儿子的情况,"转"是唯一的选择。常言道:树挪死,人挪活。想到孟母三迁,择邻而居,成就孟子,我坚信方向正确永远大于努力。

为了更好地适应新环境,我特意拟写了几条转学注意事项,送到了儿子面前。

转学注意事项

1. 回顾一下自己在原学校的表现，找出自己的优缺点，注意扬长避短。重新设计好自己的学习蓝图，明确努力方向，包括端正学习态度、规范学习行为、形成良好习惯。

2. 多和大家在一起交流。主动和新老师打招呼，以加深老师对你的印象；主动和同班同学打招呼，不要让别人觉得你孤傲。

3. 按班级新的规定去做。接受班级新的纪律，好学校一般管理较严，树立"严管就是厚爱"的理念。不在公众场合过多地提及原来班级怎样、原来学校怎样。新的班级接纳了你，你就要很快爱上这个班级。

4. 注意好个人仪表和个人卫生。穿衣要朴素大方，不要追逐时尚。平时说话有礼节，因为你在观察别人的同时，也在给自己塑造形象。

5. 要谦虚更要自信。学习要全力以赴，不可懈怠，迅速找到自己的位置。再好的班级也有倒数第一名的学生，再差的班级也有考第一的。

2018.4.8

今天，早早地吃过早饭，我和妻子就开车来到市第一中学，还未入校门，就遇到了熟悉的段科长，段科长热情地招呼我们进了校园。

崭新教学楼，和谐文化园。这一切都在显示一中的实力和霸气，这让我更加坚定地下决心要把儿子转入全市最好的学校。

和吴校长短暂见面后，我们便去拜访苏校长。苏校长作为教育专家，的的确确做到了"教育家办教育"，尤其是业内人士，对苏校长的认可度是极高的。苏校长听明我们的来意后，仔细了解儿子的学习情况，又按照学校的转学程序让儿子参加了转学测试，还好，儿子考试成绩还算可以。苏校长便让负责人给儿子办理了转学手续。

很快办完了入学手续，李老师（我的学生）便把我们领到了十班教室，正巧第一节课是班主任的课，面谈介绍之后，我们便把儿子交给了班主任王老师。在我们还没离开教室门口时，教室里便响起了震耳的掌声，李老师告诉我这是王老师给孩子举行的欢迎仪式,我很感动。

后来我给王老师发了条短信:王老师,孩子入班时的即刻掌声,让孩子感受到了家的温暖。您的管理智慧,得到了教育界同仁的公认。孩子交给您,家长放心。

反复给李老师交代完儿子的优点和缺点,我一再叮嘱李老师这几天多关注儿子。李老师很想尽快熟悉儿子情况,于是我们决定中午放学后,我们三口人和郭力家两口人与李老师母女共同进餐,为了节省时间,李老师安排我们放学后直接去饭店把饭菜点好,李老师负责去教室喊儿子和郭力。一切安排妥当,我和妻子还不舍得离开,但还是离开了。

十一点左右,我和郭力的爸爸接上妻子便来到了永安街的胖哥饺子店,这是李老师提前安排好的地方,一是熟悉,二是饭菜质量很好。

我们坐下后,点了四个孩子们喜欢吃的菜,三份饺子,儿子喜欢吃蒸米饭,我们专门点了鱼香肉丝。

12:10,我们告知老板开始炒菜,很快菜就炒好了,孩子们和李老师12:25正好来到饭店,随后我们让老板开始下水饺。

儿子提出要吃蒸米饭,郭力也要吃米饭,要了两份蒸米饭后,我们七人便开始了午餐。李老师让三个孩子自我介绍了一下,算是认识了。

紧接着我便提出给儿子购买资料一事。因为一中的资料和儿子原来用的不一样,李老师说万卷书店应该有资料,她与书店老板比较熟悉,她下午领着儿子去买就行。

李老师抢着结完账后,我们和儿子便分手了。路上我心里还是有些忐忑,但我相信这次选择是正确的。

下午放学后,我和妻子准时在一中门口接回了儿子。妻子迫不及待地问儿子:"怎么样啊?"儿子沉稳地说:"一中的老师比我们原来的老师强多了。这个班的学生也很厉害,年级前十名竟然占了六位。"儿子静静地说,眼睛似乎望着什么。

晚上我便让妻子安排儿子的生活问题。儿子是不同意租赁房子的,也许小学五年儿子早已住烦别人家狭小而破旧的房屋。第一方案是晚上让儿子和郭力一起到我家来住,我们管理,晚上两个人写完作业,我们可

以让两个孩子交流讨论,甚至共同出题,共同阅读,以便更好地学习。这个方案比较能锻炼两人的自律性和自主性。但是,郭力的家长没能给郭力做通工作,只好作罢。第二方案是中午回郭力家吃饭,晚上上晚自习,各自回家休息。关于上晚自习,由于初三还没有统一要求,我只好和李老师商量,最后决定让儿子和郭力去初四李老师的班里上晚自习,在征得儿子同意后,又让郭力的家长去做郭力的工作,可是郭力的家长没能做通郭力的工作。

我只好安排明天上午召开两家的家长会议。

2018.4.9

吃过早饭,我和郭力的家长、郭力一起去给儿子买教辅资料,买完后,就开车回到了我家。

把两个儿子叫到客厅后,我们四个家长便开始了第一次的家长会议。

会上我把两个孩子的初中生活和学习总结了一下,并指出了两人的不足和努力方向,提出了下一阶段的明确要求。先让儿子发言表态,儿子表示赞同,并提出是否可以在郭力家住一段时间,妻子很快给出了回应,怕影响两人的休息质量,先接送一段时间再说吧,儿子也没有明确反对。郭力出于对我们的理解,流着眼泪答应了家长提出的要求,对于两人一块儿上晚自习,没有再提出质疑。

吃过午饭,已是一点半了。儿子的刘海太长,按照老师的要求,必须剪短。因为下午还要上李老师的语文辅导课,郭力的爸爸开车去送孩子们上学,儿子趁便去理了发。

16:30,我按照事先的安排,提前到我们学校等待儿子和郭力上完辅导班来打篮球。已是17:00了,他们两人还没到我们学校,我猜测一定是李老师第一次发现儿子的语文问题较多而拖堂了。果然,18:00两个孩子才从辅导班赶到了我校操场。

一进操场,儿子就开始抱怨,说李老师不守时。我马上安抚儿子:"你要理解,人家不收我们的补课费,为的是帮助我们提高。也许是第一次,

发现的问题较多,一直想给你们讲清楚,要理解李老师的良苦用心啊!"儿子没再吱声。后来我才知道,去李老师那儿补课的还有某领导的儿子和原来儿子班级的杜某某,一共八个学生。这次上的是作文课。李老师把每位学生的作文面批了一遍,要求一人在读自己文章的时候,别的学生要至少说出两点优点,以取长补短。这才是拖堂的主要原因,我很感谢。

晚上,李老师打来电话,说儿子语文思维不错,作文底子很好,只是上课时坐不住,易晃动,爱有小动作,并且说往儿子的手上打了一巴掌。我听后,有些担心,若第一次上课,儿子从内心抵触,恐怕就很难再追随李老师了。后来发现,我的担心是多余的,儿子不但没计较,而且欣然接受了李老师,这也许就是儿子成熟的开始吧。

2018.4.10

为了让儿子有一个全新的开始,妻子带着儿子买了一双新鞋,旨在告诉儿子"要走出一条全新的道路",不能"穿新鞋,走老路",转学要转出新气象。

为了让儿子有一个全新的开始,妻子把女儿的房间打扫了一遍,这个房间又宽敞又明亮,决定让儿子搬到这个大房间里,儿子接受了。妻子又给儿子买了一套全新的铺盖:新被罩、新褥子、新床单、新枕头,一切都是新的。

为了让儿子有一个全新的开始,妻子又给儿子买一件红色的T恤,一是儿子喜欢,二是颜色吉祥。书包也被妻子刷得干干净净。

儿子的生活用品,从里到外,都是新的。但愿这新的生活能带来新的转机。

父母总是这样,只要孩子有所求时,总是用全力给以丰厚的补给。然而,孩子们有时候只是接受,却读不懂父母的良苦用心。记得作家柳青说过一句话:有些事情,年轻时不懂;懂时,已不再年轻。

想想很是沉重。一定程度上,家庭教育应是孩子成长的催熟剂,孩子早一天成熟,父母早一天安心。

西方有一个富有哲理的故事颇给人以启发,说的是一个"儿子眼中的父亲":

7岁,"爸爸真了不起,什么都懂!"

14岁,"爸爸好像有时候说得也不对……"

20岁,"爸爸有些落伍了,他的理论和时代格格不入。"

25岁,"老爷子一无所知,陈腐不堪。"

35岁,"如果爸爸当年像我这样老练,他今天肯定是个百万富翁了……"

45岁,"我不知道是否要和'老爷子'商量商量,或许他能帮我拿出好主意来。"

55岁,"真可惜!爸爸去世了。说实在的,他的看法相当高明。"

60岁,"可怜的爸爸,您简直是位无所不知的学者!遗憾的是我了解您太晚了!"

生活是一本耐读的书。当孩子们到中年或步入晚年时,才会更多地想起双亲,感念父母对自己人生的影响,以至于在自觉或不自觉的状态下,模仿着当年父母对自己的教育方式来教育自己的孩子。

我想说,一个负责任的家长,不但要做孩子的"第一任老师",还要做孩子的"终身老师"。

2018.4.11

今天是儿子转学后正常运转的第一天,生活上中午接送不便,只好去郭力家吃饭,晚上在学校餐厅吃饭。

可是晚饭时间较早,下午一放学就开饭,而儿子和郭力还有课外锻炼,没办法只好去学校操场锻炼半小时后出去到街上买饭。郭力的妈妈也很想让郭力和儿子在餐厅吃饭,喝些稀饭什么的,又特意给两个孩子买了不锈钢饭缸和勺子。两个孩子见到餐具都笑了,说如果我们拿着缸子,别人就会给我俩投硬币,把我们当成乞讨者。无奈,只好把买回的餐具又退给人家。

为了及时巩固中午所学的知识,我建议儿子在郭力家吃过饭后,两人互讲一下上午所学的知识。

　　下午上班后,我给郭力的妈妈打通了电话,她告诉我两人讲了十几分钟,讲完就睡了,且是开着房门讲的,只是缺一个小黑板,没法写。

　　晚上,我和妻子不到九点就赶到了市一中门口,按照事先说好的位置——大门西侧,妻子便下车去等儿子。"可怜天下父母心",妻子情不自禁地走到了市一中门口正中央,儿子在铃声响过后不久,就走出来了。

　　妻子马上问儿子今晚吃的什么饭,儿子说是热干面,妻子马上说光吃热干面可不行,还要喝水,要不容易上火。谁知妻子的一句话又让儿子郁闷起来,他觉得和妻子沟通起来十分困难。我知道,十三四岁的孩子已经进入了个人成长重要时期——青春期,又叫"心理断乳期",这一阶段的特点是自我意识增强,批判性看待问题的意识越来越浓。所以家长应该注意与孩子沟通的方式、方法。

　　儿子刚到一个新环境,人生地不熟的,内心一定有几分焦躁和不安,加上对原来学校的留恋与不舍,心理会有不适,这本在情理之中。我们要通过与新老师的主动沟通,让儿子很快找到归属感,找到家的温暖,帮助儿子结识新伙伴,以顺利度过适应期。

2018.4.12

　　今天,接到班主任王老师的短信:市第一中学初三(10)班第一期家长讲堂开班啦。今日下午四点五十分在五楼录播室开讲,主讲人:顾照爸爸。希望家长们前来参加。

　　看了这个短信,我便和妻子商定下午一起去一中听讲座,顺便和王老师沟通一下儿子的情况。

　　下午16:30,我们早早地来到了家长讲堂的教室,在等了大约十分钟后,王老师陪着学生跑完操,便开始来到录播室,来听课的除了我俩还有另外一位家长,和王老师打过招呼后,我们便坐在了最后一排。

　　儿子穿着短袖和其他同学一起走进了教室,坐在了南边倒数第二排,

和另外两位同学(一男一女)是同桌。儿子没带笔记本,而大多数学生都带了卷子,似乎有备而来——准备边听边写作业。

顾照是儿子小学的同班同学,其家长也很重视孩子的教育,只是我们没有在一起当面聊过。听儿子说,这个班有他好几个小学同班同学,诸如赵清海、卢志辉等。这让我不再担心儿子的孤独问题。

顾照的爸爸好像是一个企业老板,他旁征博引,给孩子们讲了一个多小时,我也认真地边听边记:"大人物的修炼",学会做人,学会做事。做人要做大写的"人"字,顶天立地,要有"齐家治国平天下"的壮志。做事,守本分,讲诚信,扎扎实实……

顾照的爸爸讲完后,王老师邀请我给顾照家长发聘任证书,我觉得儿子刚到,有些突然,便建议让顾照给他家长发聘书,主要是促进亲子关系的融合。王老师觉得有道理,便让顾照给他爸爸颁发了证书。我负责用手机拍了照,放到了"十班数学学习家长群"里,以促进十班正能量的传播。

会后,王老师告诉我们:儿子来了以后很快就和同学熟悉了,现在暂时坐在后面,他现在的同桌有时爱说话,很快会调桌,重分小组,因为快要期中考试了。儿子上课接受很快,反应敏捷,孩子素质不错。听完王老师的话,妻子不自觉地告诉王老师:儿子上课有时爱有小动作,要盯得紧些。王老师一再请我们放心。

后来才知道儿子到新学校第三天,便和小伙伴在自习课上玩起了扑克牌,正好被班主任王老师逮住。王老师把他们叫到办公室没有进行批评,而是提出了这次考试的目标。其中儿子的目标是年级前200名,条件是若考不进前200名,就给家长说说打牌一事。

我为王老师的管理智慧而佩服。怪不得儿子一直给我讲"老师让我考进前200名,这太不现实了吧!若是前400名,还是能接受的"。我只鼓励儿子,这说明老师发现了你的潜力,当你蓄满正能量,一心要考进前200名时,你就一定能考进去,如果你觉得自己不行,那你一定没有希望。儿子只是笑笑,没有吱声。

儿子胆子不大,按理说不会刚到一个新环境就出格。我想一定是儿

子为了给新同学展示自己的扑克魔术技法——交叉洗牌，单手发牌，扇形洗牌等，也许在儿子看来，这是让新同学接受他的最好礼物吧！

2018.4.13

儿子近段又开始喜欢篮球了，也许是一中操场上篮球场很多没有足球场的原因吧。

为了让儿子打篮球的动作规范化，今天下午我特意邀请了篮球专业老师给儿子作技术辅导。

在讲授了基本动作和步伐后，便开始了演练，儿子很兴奋。一阵实践之后，又开始了体能训练。先是俯卧撑，这恰是儿子的弱项，5个标准的俯卧撑后儿子开始喘粗气啦，但在老师的鼓励下还是坚持着做完10个俯卧撑，最后索性趴在了地上。我在一旁看得清清楚楚，显然儿子已有些生气了，也许是对今天的体能训练毫无准备。

接下来又开始了篮球训练——接球来回跑。两个来回之后，儿子又开始喘粗气啦。第四个回合开始了，儿子努力地向前奔跑，在接球的一刹那，不小心把手指头碰伤了。老师急忙停下来，认真观察，断定无大碍。但是儿子却是一脸阴云，憋着一口气。我从老师的口气中明白是碰伤了一个手指，并没有大的妨碍，于是选择了一旁静观，没有走上去问长问短。我对儿子的表现颇为不满，但碍于面子，我没有去批评儿子。

从小到现在，儿子对疼痛似乎特别敏感，但我认为主要原因还是儿子缺少锻炼，没有吃过苦头，这对于男孩的成长是很不利的。

上周学校组织的8公里远足训练，儿子终于坚持了下来，但当我去学校接儿子时，儿子显得很疲惫且情绪不佳，终于在我们去同学家拿书的时候爆发出了对同学母亲的不满。我知道在儿子情绪上来之后立即安慰和疏导是不起作用的，只好等他情绪平复之后再去给他讲道理。

记得那天儿子很生气，一是远足太累，二是吃饭时又吃到发霉的大米。没吃完饭，儿子就去睡了，一直睡到了晚上七点钟。弄得我心里很不舒服，特别是米饭，我和妻子匆忙之中竟然把剩了两天的熟米又去蒸了一下,况且是儿子快吃完的时候才发现一大盘子米霉了。我赶紧在网上百度了一下,立即让妻子给儿子熬了些绿豆汤,解解毒。不知那次误食霉米会给儿子带来多大伤害。我悔自己不用心,怨妻子过于注重家里环境卫生而不重视饮食卫生。

今天我看着儿子的情绪有了缓和,便又开始了缓慢的篮球战术演练,几个回合之后,儿子似乎很快掌握了要领,脸上露出了笑容。

路上,儿子一直担心今天的伤会不会影响明天的体育考试,我一再安慰他:不会影响的,只要你放下,就好了一半啦!

……

儿子越来越成熟了,平和已构成了他情绪的主体色彩,稳重管控了他的行为和语言。

一位绅士翩翩向我们走来。

2018.4.14

经过几次语文辅导,儿子与李老师的关系越来越融洽了。李老师作为我的学生,如实说是一个有个性的好学生,在育人方面越来越智慧了。她不但可以把学生"打哭",而且她更能把学生"哄笑",在哭笑之间,师生友谊渐长,师生情感日深。

儿子说:"今天晚自习前,好多学生都买来饭菜在教室用餐。李老师来到教室,走到每一个孩子桌前,先看看每个孩子吃的什么饭,然后把每个孩子的饭尝了一口,最后走到儿子面前,一看儿子吃的是大米炒饭,就说'米饭噢!我就不吃了'。"

儿子诙谐地说李老师这样做,晚饭就不用吃了,尝尝学生的饭菜就尝饱了。

孩子永远没有成人的思维,成人永远没有孩子的童真。

其实,李老师这样做就是为了尝试一下孩子买的饭菜的质量,看看是否卫生安全。我不得不为李老师的细心与严谨而赞叹!

今日辅导完语文,李老师要求家长把孩子的文章打印一下,顺便给学

校文学社投稿,旨在引发孩子的写作热情与兴趣。

晚上回到家,儿子把在辅导班写好的《最后一棵红柳》递给了我,我仔细地读了一遍,读完后,觉得又找回了"原来的儿子"。说实在话,除了初一我辅导儿子时,经常见到儿子的文章,到现在因我工作的变动,没时间给儿子补课,好久没有见到儿子写的文章了。儿子的文章像以前一样有思想深度,对这一点我一直是自豪的。

看完儿子的文章,我又对文章做了一些修改,接着便打成电子稿,随后联系儿子的语文老师梁老师。虽然梁老师对儿子还不熟悉,但家长的积极表现让梁老师很感动,在梁老师的帮助下把儿子的文章投向了学校文学社《龙韵报》。

附

最后一棵红柳

初三(10)班刘柏麟　　辅导教师:梁艳丽

七年前,我和兄弟姐妹一起被带进这片沙漠。这里,荒无人烟,一片死寂。没有花草树木,只有烈日高照。匮乏的水分迫使我的根生长迅速,犹如一把尖利的锥子,拼命向下扎,向前找……

终于,我找到了水源。

我拼命汲取养分,渐渐成为这里最为强壮的红柳,我傲然昂起了头,这值得我去骄傲。每当沙尘暴来袭时,我总能岿然不动,笑阻他们的前行。但是环境越来越恶劣,养分越来越少,我的兄弟姐妹一个接一个死去,而我却只能眼睁睁地看着自己的亲人离去,忍受着生离死别的痛苦。如今,我成了这里最后一棵红柳。

三年后,一种叫作"人"的生物打破了这里的寂静。他们一个个都扛着硕大的包裹,风尘仆仆而来,一副有气无力的样子。这时,他们发现了我,眼里马上闪过一道光亮,他们欢呼着向我跑来,抚摸我粗壮的树干,拨动我红火的枝叶,赞不绝口。一番观摩后,他们拿出照相机一阵猛拍,我成了他们背后一道沉稳宁静的背景。他们拍了拍我的树干,挥了挥手,恋恋不舍地离开,消失在地平线上,留下孤独寂寞的我在风中摇曳。

顿时，我的心中升起一种奇妙的感觉——是我带给了他们希望！这种声音在心中反复回荡，温暖着我，甜蜜着我，日子还是那样悠悠而去，却也过得云淡风轻，恣意自在。

来沙漠的人越来越多，这曾荒无人烟的地方因我的存在多出了很多快乐与热闹。面对那一声声清脆的快门声和耀眼的闪光灯，我如当红的电影明星一样快乐着，有时竟也感到有些淡淡的失落和无奈，这好像并不是我所渴望的生活。

又过了一年，这里建起了一座座屋子，亮起了一排排霓虹灯，难以想象，这曾肃杀逼人的沙漠，一年之间变成了灯红酒绿的旅游区。我隐隐泛起一丝恐惧，他们还需要我吗？我该怎么办？

一日清晨，一辆卡车"轰隆"地行使而过，后面紧跟着一辆豪华奔驰轿车。离我最近的一座屋子里匆忙跑出来一个人，冲向那辆奔驰轿车，对着车窗就不停地点头哈腰。从车上下来一个人，他戴着一副墨镜，嘴里叼着一根雪茄，脖子上挂着一条粗粗的金链子。他手一挥，两个人从车上下来，抬下来一个保险箱，"嘭"，里面全是红色的钞票。

那人面对我狰狞地笑着，露出一颗黄灿灿的金牙，他手一挥，几个人拎着电锯便向我走来，电锯从我的脚踝咬下去，咬下去，一层白森森的骨粉随声而落，疼痛周身弥散开来，遍布每一寸肌肤，痛彻心扉！一阵轰鸣声之后，我倒在地上，披头散发，肝肠寸断。

我叹了一口气，留下一滴泪，我曾给予人的是希望，而人给予我的是什么？

2018.4.16

每天我和妻子准时在21：00到一中门口等待儿子放学。

今天儿子坐到车上，兴奋地说："语文老师在九班表扬我啦！"我和妻子异口同声地问："老师说啥？"儿子说："梁老师说十班刚转来的一个学生，上课听得很认真，而且思考问题很深刻，敢于发表自己的见解，写作能力很强！"我问儿子："你怎么知道老师在九班表扬你啦？"儿子说："是郭力

给我说的,还有另外一个同学也给我说啦。"儿子说着脸上充满了自豪。

老师对学生的这种间接表扬,往往是很有效的。比面对面的直接表扬还有影响力。我为梁老师的表扬艺术而赞叹,也希望梁老师的表扬会让儿子对语文老师产生好感,进而再次诱发对语文的兴趣。

于是,回到家后,我马上给梁老师发了条短信:梁老师,您好!真诚感谢您对孩子的鼓励与厚爱!柏麟转入名校,更幸遇了名师,他不但又触摸到了语文的温度,更感受到了语文老师的温暖。孩子对您的课堂非常喜爱,又开始捧起了久违的经典,是您帮孩子恢复了语文知觉!谢您——梁老师!

梁老师很快回复了过来:谢谢您和孩子对我的信任!

2018.4.18

"亲其师,信其道",再次在儿子和梁老师身上得到了最好的验证。儿子很快读完了《哈佛家训》,又读完了《哈佛凌晨四点半》,接着又让给他买凡尔纳的系列书籍:《格兰特船长的女儿》《地心游记》《气球上的五个星期》等,儿子一口气读完了凡尔纳的科幻小说,但是只是读,还是不做笔记。

今天我又给儿子买了《穆斯林的葬礼》,儿子回到家又开始读起来,只是不做批注和笔记,虽然我们给儿子多次提醒,儿子还是只看不写,但交流中我发现儿子还是很有思考的,他对书中人物的评论中规中矩,我想这对儿子人文情怀的形成还是很有帮助的。

面对儿子近段的读书情况,我也在暗示自己:不管怎样让儿子先读起来,先让儿子恢复一下阅读知觉,再教育儿子如何做点笔记,克服懒惰的习惯,毕竟两年不读经典书籍了。

教育青春期的孩子是件急不得又不得不急的事啊!

2018.4.19

这几天儿子在忙于备考,因为是第一次参加10班考试,又恰是学校

安排的期中考试,家长重视,老师期待,孩子紧张。想起转学前儿子数学竟考了66分,我的心里有种疼痛的感觉,虽然原来的张老师对孩子厚爱有加。我非常担心这次儿子的数学考试发挥失常。

儿子原来学校的政治、历史考试都是开卷,而一中却是闭卷。儿子开始对这种考试形式有些不接受,后来在我的开导下接受了。于是便开始恶补政治,坚持背读识记。这不,昨晚儿子竟熬到深夜十二点,才一口气背完了历史。

我感觉闭卷考试这种策略是比较科学的。平时闭卷考试,中考却是开卷考试,这样平常下功夫掌握基本知识,考场就会发挥自如。

晚上回到家,儿子正坐在床头看《格兰特船长的儿女》,我和儿子聊了起来,我说:"班主任王老师很看好你,这次数学你要上100分啊!"儿子没加思索地说:"考110吧!"语气似乎显得很平常。我接着说:"英语也要上100分啊!"儿子说:"应该能上110吧!"我为儿子的自信而赞叹,但我心里还是没有数。

家长对成绩的渴望总是超过孩子,这对孩子来说是一种压力,同时也是一种动力。但是要成绩,却不能唯成绩。每个孩子自有每个孩子的天性,尊重孩子,首先尊重孩子的个性。

2018.4.20

经过一天半的考试,儿子终于可以松一口气啦。这阵子,儿子确实努力啦!

我一遍遍看着儿子的语文试卷,不断与儿子交流着考试情况,也不断地在年级排名上打出许多问号。

今天王老师发来了短信:语文95、数学111、英语106、物理53、化学39、政治56、历史42、体育23,总分525,班次36,级次433。考试只是对前段学习的检测,请耐心帮孩子总结经验教训。

对于这次成绩我和妻子还是比较满意的。首先是数学单科成绩提上去了,其次总分也有所提升,毕竟政治、历史是第一次闭卷考试。另外,如

果只看文化分,儿子在年级排名273名,这在有20个教学班,1500名初三学生中,成绩还是不错的。但是体育成绩明显地已成为儿子的短板,满分70分,儿子有两项坐位体前屈和立定跳远都是零分,只有800米跑步儿子得了23分。

班主任王老师对儿子这次成绩也较为满意。尤其是儿子的整体素质,让王老师很欣赏。

看到成绩后,我和妻子逐一地分析着儿子的各科试卷,帮儿子查找失分的原因。数学是粗心丢了5分,二分之一加二分之一,儿子竟然得了四分之二。语文作文丢了11分,这是儿子语文上初中以来丢分最严重的一次,而且作文蓝本刚刚是在校刊《龙韵报》上发表的;从材料审题立意看,是比较符合命题要求的,我揣摩着可能是作为应试作文,儿子没有点明中心的原因。关于这一点我和儿子进行探讨,儿子的观点很明确,他说他写的是小小说,如果像普通记叙文那样点明中心,那么含蓄隽永的味道就完全没有了,我为儿子的灼见而赞赏。同时,我建议儿子找语文老师说说作文情况,让老师指导一下得分方向,儿子同意了。

这次考试儿子最大的进步是敢于拿着考卷主动到办公室让老师帮助分析丢分原因,这反映了儿子学习态度的重大转变。态度决定高度,但愿这次期中考试儿子涉险过关后能够日上日新,日勤日进!

2018.4.22

期中考试后,班主任王老师按照班级规定给全班调整位置,也给儿子调整了同桌,儿子的同桌本来是另外一个桌友,儿子主动跟桌友沟通后和张驰成了同桌。张驰是年级前20名的学生,学习习惯很好,而且身体素质很棒,体育70分他考了69分。我鼓励儿子要和张驰多沟通,尤其在学习上要多请教人家。

后来才得知张驰的爸爸原来和我是同事,现在是市教育局教研室的教研员,知道这个信息后,我很快拨通了张驰爸爸的电话,进行了愉快的沟通,很快我俩约定我们两家带着孩子吃顿饭,以促进孩子们的友谊。

就餐安排在金源烩面城,店老板又是我俩的熟人。吃饭时,两个儿子自然坐在了一起,亲切地交谈着。显然两人胃口大开,要的几个硬菜,被两个小男子汉一扫而光,十三四岁也恰是长身体能吃能活动的时候,我也为儿子的择友而欣喜。

当晚,我们约定每周日在我校进行一次体能和篮球技术训练,我负责找专业体育教练,两个孩子愉快地接受了,因为儿子一直在训练篮球苦于找不到球伴,这下两个人的问题一下子解决了,虽然张驰不会打篮球,但他爸爸非常鼓励他掌握一门球技。

孩子的成长一定要有"伴"随,一是家长"伴"随,二是学友"伴"随,三是不仅要有男生相"伴",最好也要有女生相"伴"。因为从心理学上讲,凡事讲究阴阳平衡,男为阳,女为阴,当男生和女生在一起时,就会有一种隐性的磁场,这种隐性磁场就会刺激男生和女生分泌不同的性激素,进而使双方的身心都是愉悦的。作为家长要主动给孩子创设交往的情境,使孩子们远离孤单和寂寞。

这让我想起了儿子初一时我每周都要给几个孩子上两节课,有男生有女生,每月带着孩子出去郊游,孩子们在车上做一些智能游戏,不时传出阵阵笑声。那一年儿子的情绪是一个转折期,这跟儿子的交往对象和时空都有关系。只是到了初三年级,由于我的工作原因,辅导不得不搁置,难怪儿子会时不时地问:"老爸,咱的辅导班啥时候开课啊?"语气里充满着期待。

万事只待儿子放假,放假后即刻组织"儿女们"一起畅游!

应班主任老师的邀请,10班第二期"家长大讲堂"由我主讲,我爽快答应了。一是出于王老师的信任,二是出于对儿子的支持和配合。

征求王老师和家长委员会的同意,我选定了主题"唤醒孩子的存在感",因为我发现孩子们有的没有学习动力是因为忘记了自己的存在,有的孩子上课睡觉是忘记了自己是课堂的主人。存在意识是一个人清醒做事的前提。我在,故我能。

王老师对这次"家长大讲堂"高度重视,提前两天在10班数学学习群里播发了我去讲课的消息,有的家长积极回应,尤其是顾照的妈妈高度赞许我选题的角度,并表示挤时间一定去聆听。

对这次讲课,我更是高度重视,我希望儿子的同学从接纳我、欣赏我开始,进而接纳我的儿子,让儿子尽快找到"家"的归属感。

稿子一气呵成,反复推敲后,脱稿是我的唯一选择!

讲堂本来定的时间是下午四点五十分,我却在四点左右就赶到了一中,且带着摄影的老师和设备。

四点五十分,讲堂正式开始。王老师短暂介绍后,我便开始了演讲。讲堂地点设在录课室,全封闭的,不透一丝风,加上孩子们刚刚跑完操,教室显得十分闷热,学生有些焦躁。

为了稳定学生情绪,创设和谐氛围,我设计了一个别具一格的开场白:我今天的演讲大约需要两个小时(学生听到后都瞪大了眼睛,心里在想:不会吧);如果你专心听,可能就是一个半小时(学生舒缓了一口气);如果你会听,可能就是一个小时(学生的眉头不再紧锁,脸上有了平和的神情);如果你想听,可能就是半小时,因为想听大于会讲(学生完全放松下来)。

接着我从发现自己存在、阳光面对一切、即刻付诸行动、创造10班奇迹四个方面,结合10班情况,进行详细阐释。学生听得津津有味,王老师也不时鼓掌赞同。在学生与我互动中,一方面让学生从思想上有所震动,另一方面让学生即刻记诵一些名言名句,保证学生心里有所悟,脑里有所得。大约四十分钟时间,我的演讲结束。

王老师让我儿子当众给我发了荣誉证书,内容为:刘柏麟家长,经家长委员会研究,您被评为第一中学"家长大讲堂"优秀讲师,特发此证,以资鼓励。我拥着儿子,抱着证书和儿子合影,我相信儿子此时是幸福的。随即我又把儿子推荐给全体同学:我儿子刚刚进入10班,就感受到了10班的温暖,感谢王老师,感谢全体同学对儿子的接纳。我儿子这次考试正常发挥,考得不错,这是大家帮助的结果。他素质很全面,篮球、足球都很喜欢,写作能力较强。我很喜爱我的儿子,也希望儿子珍惜这次机会,一切有一个新的开始!

很快,王老师在家长微信群里发出了一条消息:刘柏麟家长的演讲精彩至极,校长水准,让我和10班的孩子大有收益。让人最难忘的是刘校长送给孩子们的四句话:一是世界上本没有垃圾,只有放错了地方的宝贝——发现自己;二是爬行对鹰来说,是一种耻辱,飞翔,才是一种高贵的象征——点亮心灯;三是虽然我哭着来到这个世界,但是我必须微笑着面对生活——阳光心态;四是珍惜今天,因为今天永远是我们生命中最年轻的一天——即刻精神。

家长在微信群纷纷点赞,王老师又把我演讲的视频片断发到了群里。儿子晚上回到家,看着微信内容,脸上浮起了笑容。

附:

唤醒自己的存在感

首先请允许我代表我们全家及所有家长向辛勤工作的王老师问好:王老师,您辛苦啦!

各位家长朋友,可爱的同学们:

大家下午好!

我今天的演讲大约需要两个小时(学生听到后都瞪大了眼睛,心里在想:不会吧);如果你专心听,可能就是一个半小时(学生舒缓了一口气);如果你会听,可能就是一个小时(学生的眉头不再紧锁,脸上有了平和的神情);如果你想听,可能就是半个小时,因为想听大于会讲(学生完全放松下来)。

多年的教育经验让我悟出了一个听课定律,想听永远大于会讲。(板书:想听>会讲 听课定律)

首先送给大家四句话:

第一句:世界上本没有垃圾,只有放错了地方的宝贝——发现自己。(说完句子,让小组交流,思考句子的内涵和立意指向)

第二句:爬行,对鹰来说是一种耻辱;飞翔,才是一种高贵的象征——点亮心灯。

第三句:我虽然哭着来到这个世界,但是我必须微笑着面对生活——阳光心态。

第四句:珍惜今天,因为今天永远是我们生命中最年轻的一天——即刻精神。(可以先告知句子,讨论立意,师生互动,迅速识记,女生读句,男生点题,而后交换角色)

这四句话我们可以浓缩为:发现自己的存在;挑亮生命的灯火;阳光面对一切;行动即刻实施。(男生女生一起诵读,让学生迅速获得体验,产生心灵共鸣)

刚才的四句话看似互不关联,浓缩后我们会发现这四句话的主旨是递进关系,如果要提炼一个中心的话,我把它命名为《唤醒自己的存在感》,这也就是我今天演讲的主题。

北京师范大学知名教授肖川明确提出教师要有三种必备意识:问题意识、对话意识、反思意识。

新课程新课改明确指出学生要有三种必备意识:主人意识、存在意识、生命意识。

所以,不管从教材观还是学生观,都要唤醒自己的存在意识,自觉自愿参与课堂,勇于提出问题,敢于解决问题。

为什么上课有的学生昏昏欲睡?

不是老师讲得不好,而是学生忘记了自己的存在。

我问:"你在吗?"学生答:"在。"

我问:"你存在吗?"学生答:"存在。"

我问:"你现在吗?"学生答:"现在。"

记住:人存天地间,学习在路上。(学习永远是现在进行时)

为什么上课有的同学爱说话?

是因为学生忘记了自己才是课堂的主人。老师循循善诱是为主人指点迷津。老师在堂上豪言壮语,你在堂下窃窃私语。

记住:我的课堂我做主。

为什么有的同学在学习上没有自信?

是因为没有发现自己存在的优势。

你语文不好,但你数学好;你数学不好,但你生物好;你的代数不好,但你的几何部分学得好。

记住:唯有发现自己的存在才能发现自己存在的优势,进而才能变优势为优秀,变优秀为卓越。

当有一天你发现了自己的存在,你发现自己原来应是一只鹰,你应该选择与蓝天为伴,与白云为伍,去鹰击长空,去蓝天翱翔,这才是一种生命的高贵,这才是一种有尊严的选择。

然而雏鹰在学飞翔时却是残酷的,老鹰总是把雏鹰带到山顶绝壁上而后硬生生地把雏鹰推下悬崖,任凭锋利的岩壁把雏鹰的双翅撞击得血肉模糊,而后多次反复,反复多次。生命生长的过程就是反复磨砺的过程!

唯有挑亮生命的灯火,才能绽放生命的光彩。

十三四岁的学生刚刚进入了个人成长的重要转变期,即青春期,这一时期的心理特点是:个人见解彰显,开始批判性看问题,逻辑性理性思维能力开始发展;自我意识较强,但从众心理严重;爱憎分明,容易片面极端化看问题,在心理学上称为"心理断乳期"。

根据以上特点,在唤醒大家存在感的同时,我们倡导阳光心态。不管生活给了你多少风雨,你都要微笑面对生活;不管生活给了你多少不公,你都要公平待人;不管同学给你多少冷眼,你都要用欣赏的目光宽容同学;不管家长给了你多少唠叨,你都要理解家人的良苦用心。因为有些事年轻时不懂,懂时,已不再年轻。

人为什么会有烦恼?

究其原因是计较太多。减少计较,你才能心静。

齐家治国平天下的前提是什么?

是修身,正心。所以先修身,正心,才能齐家治国平天下。可以概括为四个字:安身立命。同学们唯有安身于学习,才能立理想之命;安身于教室,立治国之命;安身于学校,立平天下之命!

同学们,你们来到最好的学校,遇到了最好的班级,遇到最好的老师和最好的班主任。王老师作为教学名师,更是一枝独秀,是一中的一面旗帜。进名校遇名师,往往鱼和熊掌不可兼得,然而幸运让我们变得更加幸运。

我敢断言10班中招考试必创一中新纪录,到时候我们把一中的辉煌定格为"梅时代"(10班班主任王秀梅老师)。请大家找到自我,把握当下,合理规划,即刻行动!

如果通过交流,大家找到了自己生命的图腾,那就是雄鹰。家长希望同学们:大鹏展翅击长空,闯进名校耀一中!

如果通过交流,大家找到了自己的存在,那就是主人。家长希望同学们:我的地盘我做主,矢志拼搏甘吃苦!

最后,请同学们记住一句话:在10班的生活和学习中,我坚信过去最好的一天一定是未来最差的一天!

谢谢王老师给我这次机会,谢谢家长朋友的支持,谢谢孩子们的聆听!

再见!

2018.5.6

看着儿子学习越来越稳定了,我才确定去沈阳参加全国教育装备展览大会。在候机室,我给王老师发了条短信:王老师,我外出学习,恕不能与妻共同拜访。柏麟问题有二:动力不足,目标不远。恳请协助制订学习提升计划并监督落实。孩子对您高度认可,成人成才之要务,唯拜托与您!诚谢!王老师很快回复:客气了,刘校长!孩子挺优秀,我们共同努力!放心!

乘上飞机,当天下午3点10分到达沈阳机场。到宾馆安顿后,马上给家里打电话,叮嘱妻子接送儿子时开车要注意安全,妻子说儿子不想让她接送,儿子准备骑电动车上下学。我知道儿子总是嫌妻子开车慢,打心里不想让妻子接送。

晚上九点整,我给儿子拨通了电话。我提醒儿子现在天亮得早,最好骑赛车上学,骑赛车到学校最多十五分钟,儿子很不情愿地答应着,接着问我什么时候回来呀,并嘱咐我别忘了买点吃的带回来。

在沈阳待了三天后,乘高铁回到家。快九点了,我准备开车去接儿子,妻子说儿子骑着电动车呢,不用去接。我只好在家里等着儿子。时间已是九点二十分了,儿子还没回来。我便忍不住问妻子:"这两天,儿子都什么时间回来呀?"妻子说:"都是这个时间点回来,今天不知怎么回事?"我有些坐卧不安,不自觉地走出房门,到楼梯口隔窗看了又看,楼下没有电动车,远方也没有儿子的影子。于是回到家里,换上衣服和鞋子,准备走出去接一下儿子。

正当我到了三楼时,忽然听到楼下有停放电动车的声音,我不自觉地喊了一声,儿子随即答应了,我问儿子怎么回来得这么晚,他说电动车胎没气了,他在给车胎打气。我知道这是儿子在说谎,但数日不见儿子了,若要一语戳穿,是很不合适的。我便暗示儿子,我刚在楼上一直在等你回来。

不久,我便得知,儿子放学没有回家,而是直接去了原来的学校,去见老同学了。上周,儿子就提出来要去看老同学,我认为现在去有些不合适,便阻止儿子,儿子没能去原来的学校。

孩子一定是留恋原来的同学和老师,这在情感上是正常的。

2018.5.8

母亲节快到了,王老师在班里特意组织了"感恩有你"主题班会,让每个同学轮流着对有恩于自己的人表达感恩之情。很多同学都表达了对母亲的感谢之情。儿子却在全班面前对大家表示感恩之情。儿子说:"我刚刚来到这个大家庭里,就感受到老师和同学们的关照,每一位老师都很关注我的学习,尤其我去办公室求教某个问题时,老师们一一作答,十分热情。同学们很快接纳了我,尤其我们小组的每一位邻友,都很照顾我。在母亲节到来之际,我十分感谢王老师以及其他所有老师,十分感谢全体同

学,我会努力学习,积极参加各项活动,为十班争光,为小组争光!"儿子的发言获得了阵阵掌声。

作为家长,我非常感谢王老师对儿子的帮助,由衷地想给王老师说句心里话。于是,我在十班数学学习家长群中拟写了一条祝福短信:王老师,您是一位优秀的母亲,更是十班所有学生的"秀妈"。孩子跟您,家长放心;您跟孩子,孩子安心!祝您母亲节快乐!柏麟家长。

没想到,我的短信很快被顾照的妈妈发现了,她马上号召十班家长复制后跟上,不足二十分钟,已有三十一位家长复制了我的短信给王老师送上了祝福。王老师激动地在群里做了回复:谢谢!谢谢!感动得我泪流满面,心里只有一个念头,多学习,多努力,多提升!为了我们的孩子,加油,加油,再加油!

从短信上已看出来,王老师已被十班家长的祝福气氛所包围,此时此刻,王老师一定是世界上最幸福的人。我们也期盼十班每一个孩子都能成人成才,他日功成名就,衣锦还乡,厚报恩师,感恩母校!

2018.6.16

每晚二十一点整,我和妻子准时到一中门口等候儿子。曾有两次妻子有事没去,我自己去接儿子,儿子回来后建议妻子每晚都要陪着我去接他。于是,我尽力推掉晚上所有的应酬,带着妻子,妻子拿着纯牛奶,一起去接儿子。

毕竟,儿子一整天不见"老妈",心里总会缺少点什么。每次儿子上车后,总要奶声奶气地呼唤两声"老妈",似乎是在撒娇,但更应该是青春期男孩合理的心理需求。此时,家长应平和接受,并且做出温和回应,切不可用成人语言"冷冻"孩子,阻断交流通道。

今晚放学后,儿子神情显得十分兴奋。果然,没等我们开口,儿子就滔滔不绝地讲起来:"今天下午课外活动时间,王老师把我叫到了办公室,分析我的学习情况,帮我制订学习目标,目标制订好以后,王老师让我俩握手为证。开始,她让我握她的手,一直要求我用最大的力气,我故作用尽了力量,王老师觉得我的力量很小,其实是我怕握痛了王老师。接着,是王老师用尽力量握我的手,她刚开始用力我就做出了痛苦的样子,王老师说握疼了吧?你看你的力量,还没有我的大,你可要加强锻炼啊!别看我瘦,我的力量是很大的,很多男生握不过我的手。"

儿子停了停,自己评论道:"王老师还真认为我用尽最大的力量,我当时想笑又不敢笑。她握我时,我还得装作承受不了的样子。现在想想真可笑啊!"说着自己又笑了起来。

我很感动,王老师竟用肢体接触的办法智慧地和儿子沟通,让儿子入心、入脑、入情。我很感动,儿子竟用佯装的办法智慧地"骗"过老师,让老师体验到被尊重的幸福。

儿子的情商很高,但儿子的智商更高。我为儿子的成长,骄傲;我为儿子的成熟,自豪!

2018.6.30

一中的学生活动是丰富多彩的,作为青春期的孩子应增强活动体验,不断完善自己的人格。

每次活动,都会让孩子受益匪浅。

今天初三年级举行了一次"十四岁集体生日及入团仪式",全体家长和全体学生共同参加,家长坐在凳子上,孩子站在家长身边,家长和孩子交换信件,并且赠送给孩子一件礼物,场面十分壮观,好多家长流出了泪水。

我知道儿子的情感在私下场合是很脆弱的,情绪来得快,去得快,而在公开场合,儿子的情感是坚硬的。一种场景,往往能够感染很多孩子,但很难感染儿子。也许这与儿子的思维成熟度有很大关系。

儿子告诉我,本来不想写信给家长,但老师非要让写,就在开会前写了一个小纸条:爸爸,老师让我给家长写信,我觉得没啥给您写的。我只有向您保证,转入一中我会努力学习,绝不辜负家长的期望。

我用了一个小时的时间,回顾了儿子的成长历程,学习、生活状况,用

钢笔给儿子写了一封真情信件：

柏麟吾儿：

9月11日，注定了一个家族开启了新的篇章；老刘家的香火炽热旺盛，因为一个阳光宝宝在家人的久久渴盼中来到了世上。

世界上每天约有38万个孩子出生，而你却降生到我们这个家庭。对我们来说，是缘分所致，因为缘分总是恩赐给心灵相通的人；对我来说，是幸福的，因为我有了让我自豪的儿子；对你来说，是幸运的，因为你拥有了用全部身心去关爱你的爸爸、妈妈。

你是我们血液中流动的生命。为了你，我们甘愿付出一切，我们会不惜一切地去疼你、爱你，甚至我们有时会宠你，但不会盲目地娇惯你。因为溺爱只会弱化你的能力。

自你小时候开始，我总会在你耳畔窃窃私语，你总会表现得异常兴奋。我曾是你的偶像，现在我是你的朋友，我俩交流愉悦，甚至有时"眉目传情"，那种所谓的"代沟"，对我俩来说似乎是不存在的。

但是你不但要会和家人交流，更要会和同学交流、和老师交流、和社会交流。与人交往，要记住八个字：低调做人，高调做事。要能容人容事，不要想着"事事都如意，人人都懂你"。包容，是一种海一样的气度；你能包容多少人，你就能成为多少人的朋友。尤其，刚转入一中，要重新接纳每一位老师和每一位同学。放大别人的优点，缩小别人的缺点。另外，还想给你提个醒，关于择友，不但要重其才，更要重其德，尤其是现在正是习惯养成的关键期，更要选择品行兼优且行为习惯好的朋友，因为你与什么样的人交往，你就会成为什么样的人。

说到身体，我们为你越来越强壮的身体而自豪，这取决于你对运动的热爱。但出于应试的需求，我们希望你每天下午坚持体能训练，这一点已刻不容缓。另外，饮食要控制速度，减少冷饮和饮料，快食、饱食是你发"福"的根本原因。

谈到学习，我们一致认为你还没有完全尽力，以至于你的成绩时起时伏。为什么你妈妈有时会急躁？她是在担心你的学业。在中国大地上，考上重点大学是开创事业的第一通行证。我国的人才选拔制度首先是看你的应试能力及综合素质,高考是每一位优秀学子不得不跨越的第一道门槛。跨过去的人,就会穿上"皮鞋";跨不过去的人,就会一生穿"草鞋"。我们希望你能尽快建立你的生活系统和学习系统,这是一位优秀学子的"双翼"。有这"双翼",才能飞得更高、更远。

我们一直看好你的未来,你是我们家最大的"潜力股";我们一直看好你的情商,你是我们家最忠诚的"孝男";我们一直看好你的前途,你是我们家兴盛的"代言者"!

爱你的爸妈
2018 年 6 月 29 日

2018.12.1

环境污染越来越严重,连续多日的雾霾天气,让好多人染上了感冒或是呼吸道疾病。

妻子患感冒两周了,本来有所好转,由于新图书馆落成,开业在即,馆内又没有取暖设施,再加上饮食没有保证,今天又加重了,一直咳嗽。

儿子便提醒妻子晚上早睡。妻子泡完脚,喝了药,又洗漱了一番,睡下了,由于药力作用,很快便睡着了。不知什么时候开始,又连续咳嗽起来,这时儿子还在写作业,听到妻子的咳嗽,连忙推门走进了房间,轻轻地问:"老妈,你冷吗?怎么一直咳嗽啊?"说着,儿子走出房门,给妻子端来了一杯热水,妻子喝下热水后,咳嗽缓解了好多,又躺下了。儿子急忙靠近床头,给妻子掖了掖被角。一股暖流涌上了妻子的心头,我也被儿子的孝行深深地打动了。

儿子在情感上越来越成熟了。这分明是一种家庭主人公的担当。这种自觉,无须提醒;这种孝行,无须质疑。

2018.12.10

家长善意的解释,随着孩子的成长慢慢地就会植入孩子心中。

儿子对英语老师,从不接受到接受,再到欣赏,历经了三个月的时间。每个学生都是有个性的,每位老师也都是有个性的。不同的老师,性格不同,教法不同,师生关系的融洽度就不同。

儿子首先对英语老师王老师的口语不认同,因为对比以前的老师——英语专业八级,说一口地道的美式英语,年纪轻轻便和学生很融洽;王老师由于年龄比较大,口语发音不是很标准,这也是一代人与另一代人的天然差距,但是王老师的教学经验十分丰富,尤其是连年带毕业班,对中考的动向把握精准。作为中学生,对老师的判断往往是感性的,看待问题不全面。

其次对于英语老师让学生讲课不够认同。2001年我国推行第八次课改以来,极力反对注入式教学,反对满堂灌,提倡体验式教学、互动式教学。以洋思中学为首的"兵教兵"教学策略迅速席卷中学课堂。学生当小老师,的确是提高学生综合能力的好方法。但是对于优秀生来说,让中等生当老师,存在"吃不饱"或"不够吃"现象。在这个层面上,教师要专门培养学科代表。让学科中的强者经过充分备课去当小老师,这样讲出来的课就会有宽度和深度。古语讲:台上一分钟,台下十年功。若学习素养不高的学生,没有经过系统备课,课堂上站起来就讲,一定满足不了优秀学生的求知需求,这样课堂效率就很低。作为中学生,有时候包容性较差,更不会主动发现别人的优点,看待伙伴往往用感情关系作基础。

经过一段时间的适应,更重要的是我和妻子一致高度认可英语老师,儿子也完全认同了英语老师,已主动承担班级讲课任务。生活中不时反馈英语老师对他的表扬和鼓励,英语作业从卷面到词汇都有了改观,老师特意把儿子的作业保存下来,在英语群里晒晒,并用红笔批注:刘柏麟用了好多好词好句,值得学习。儿子更是把这当作在家里炫耀的资本。

今天英语课上,英语老师连续提问儿子。儿子每次回答都很准确,甚至英语老师下意识地问:"这个问题让谁回答啊?"全体学生异口同声地小声说:"刘柏麟。"说到这一幕,儿子一脸的兴奋。

晚自习下课了,儿子还在埋头学习。英语老师拍了视频发在了英语群里,并在下面附上了两句话:下课了,柏麟还在埋头学习。Deeply moved by him！我马上给英语老师做了回复：他一定被您的敬业精神感动了；下课了，您还在低头工作！又补充了一句：很多时候，我羡慕儿子——我上学时怎么就没有遇到这么好的英语老师呢？英语老师回复了两个表情包：谢谢啦！说的有道理！

深夜十一点了，英语老师还在批改孩子的作业，并不时在群里反馈作业情况，我为老师的敬业精神而感动。于是，给英语老师（微信名夜雨听荷）回复了一首小诗，聊表感谢：夜雨击荷荷成伞，春风化人人志坚。育教苦待青胜蓝，拳拳师心动吾颜。英语老师很快回复了"流泪"表情。

2019.1.6

又快期末考试了。儿子的目标是冲进培优班。

体育是儿子的弱项，每天下午放学后只要天气允许，儿子总要坚持在操场跑步、跳远、拉韧带。经过努力，体育成绩达到了50分，儿子喜出望外。

文化课方面，儿子根据前两次考试情况，有意识加强了历史、政治的知识整合；数学、物理、化学建立了错题本，尤其是数学，一方面坚持每晚必做一道中考压轴题，加大了练习的难度，为破解高端试题积累了丰富的实战经验；语文科目，坚持从《中考面对面》中选择课外阅读试题，不断强化阅读技巧，尤其是作文，由于老师要求严格，儿子坚持大作文一周一篇，书写也从来不敢懈怠，因为书写不工整，老师要求重写的。作文体裁由原来擅写记叙文转而善写议论文，特别是作文语言日臻成熟。儿子的作文被老师作为范文在九班、十班两个班级印刷传阅，这更加引发了儿子的写作欲望，儿子常常饭前、饭后向我咨询一些写作技巧、经典论据等方面的问题。

学习态度方面，儿子已完全实现了自主管理、自主学习，几乎每晚都要学习到深夜十一点，我和妻子多次劝阻，但最终无济于事。儿子认为夜间安静，学习效率高。

学习方法方面，儿子针对不同学科采取了不同的学习方式，可以说是

因材而学。这里不得不提起儿子的数学学习方法,自上初中以来,我发现儿子数学在计算时演算很少,很长一段时间,我和妻子总认为儿子在偷懒,眼高手低,不愿动手,以至于有时候我会狠狠地批评儿子"手懒"。但到了初三后半期,我发现儿子面对数学、物理难题,有他自己独特的解决方式,非同常人,很多学生都是先审题再画图或演算推理,儿子却是遇到难题,自己独立静思,全神贯注盯住试题,心无旁骛,专心致志,在深思环节,从不动手,等到豁然开朗,或思路已明,便提笔计算,进而在试卷上一遍即成。霎时,我明白了烂熟于胸的一句话:尊重个体差异!原来儿子数学素养高,他有他的杀手锏。难怪数学老师经常和妻子说:"咱儿子反应比一般学生快。"

当孩子的学习系统完全建立后,他的学习就会有序、自主,此时,家长就应该减少叮嘱、提醒,多与孩子分享学习之所得,多与孩子探讨事物之原理,多与孩子交流故事要闻,鼓励孩子对现实进行观察发表看法,引导孩子关注"家事、国事",做到"天下事,事事关心",进而帮助孩子筑起信仰之基。

2019.1.14

儿子对考试充满了期待。昨晚就和妻子商量,今天早上不在家里吃早餐,要我陪着他去圆外圆饭店喝胡辣汤。这个饭店早餐做得很干净,又是大型饭店,食材让人放心,于是,我和妻子便答应了儿子的要求。

按照儿子的要求,今天多睡会儿,七点喊他起床,能让儿子多睡会儿,做家长的心里也很踏实。七点喊醒儿子,而后陪着儿子吃完早餐,路上播放了一首《爱拼才会赢》,以给儿子鼓鼓士气。

中午回到家,儿子兴奋地说:"这次数学压轴题我班第一名都没有做完,数学确实太难了,是几个城市的中考题组合的一套试卷。"我问:"你写完了?"儿子说:"最后一问思路有了,但没有写完。"我说:"没写完不要紧,名次说不定很靠前。"儿子胸有成竹地说:"超过100分,没问题。"

接下来两天的考试中,我和妻子准时下班回家,提前给儿子做好午

饭,晚上陪儿子在家复习。睡前洗脚、刷牙、梳头,但不提倡儿子考试期间洗头、洗澡,因为洗头、洗澡容易伤风、犯困,影响第二天的精气神。

考试结束,儿子感觉物理没上次考得好,历史、政治有进步,尤其语文、数学排名可能有较大提升。我告诉儿子:"每次考试,目的是发现学习中存在的问题,多和自己纵比,少和别人横比,尤其是初四,考后不可放松,更要针对考试中发现的问题,及时回归课本,强化文本知识。"

……………

数日后,班主任王老师用校信通发来短信:刘柏麟,文化分+体育分全年级排名118名(全年级1200人);文化分排名48名;数学成绩班级第三名。我和妻子为儿子的成绩而自豪,也为儿子的付出而点赞!

儿子看到成绩后,没有像以前一样忘乎所以,反而很镇静,低声说:"我感觉这次比以前有进步,特别是数学,一下子把年级名次拉上去了。"成绩的取得,印证了儿子的付出,更增添了儿子的信心。

进培优班的梦想,终于在儿子的努力下,实现了。

事情总是这样:有目标,才有动力;有动力,才能升华。

2019.1.16

年年放寒假,今年不同常——只因家有考生。

儿子自主安排了假期计划:用一天时间整理试卷、试题和书包、书房;明天下午开始去健身房练体能,因为这段时间室外雾霾太严重了——重度污染;用一周的时间把各科作业写完,用两天的时间查漏补缺,确保正月初八返校顺利通过老师验收;剩余一周用于完成新布置的作业和补弱知识点;每天下午4:30~6:00为健身房锻炼时间。

有计划,才有效率。

吃过午饭,我和儿子一起来到了艾莱美健身房,办了一张月卡。在孟教练的指导下,开始了体能训练。儿子的一招一式都按照孟教练的要求,努力去做,一会儿便大汗淋漓,但儿子面色沉稳,坚持规范每一个动作。在孟教练的指导下,追求动作精准化。每一个动作,儿子都能很快地掌握要领,几次反复,渐进达标。孟教练对儿子的意志力大加赞赏,我也深为儿子的坚毅而赞叹。

按照约定,年三十,把封存的儿子的手机还给儿子,使用两天,初一晚上交回了。由于去紫东小区家里拿东西,提前把儿子的手机拿了过来。儿子看到手机,禁不住问道:"老爸,现在能打开吗?"我说:"你觉得有必要就打开。"儿子犹豫了一下,拆开了信封,拿出了"久违"的手机,迅速跑到了卧室里。妻子悄悄地问我:"不是还不到三十吗?怎么允许儿子打开啊?"我目光静静地看着儿子掩上房门,没有说话。

临睡前,我想提醒儿子,手机还不到借阅使用的时间,今夜必须送还才是。后来发现,我的担心是多余的。当我们洗漱完毕,在被窝里看书时,儿子轻轻地推开我的卧室门,说:"手机我没打开;充电试了试,还能充上,这不,已经充好了,你们还放着吧,三十晚上再给我。"我有些欣喜若狂,更有些后悔。

我们做家长的,总是给自己一些负面的心理暗示,总爱从消极方面推断孩子的言行,总爱用过去的眼光看待成长中的孩子。

儿子的自控力越来越强,从学习自主到生活自控,一个成熟、稳健的优秀少年,越发清晰地出现在了我们面前。

2019.2.2

一听说李若溪(我学生的女儿)要来我家小住几天,一下子乐坏了儿子和女儿。也许在溪溪心中舅舅和小姨都是最亲的人。

吃过晚饭,我们一家人在逗小溪溪玩,儿子却在卧室里安静地写着作业。

临睡前,儿子便和小溪溪玩了起来。不一会儿小溪溪便说:"我要和刘柏麟舅舅一起睡。"开始,我们都觉得一个三岁的孩子怎么能离开妈妈呢,尤其是夜间,更担心晚上睡醒后小溪溪再闹起来。然而,我和妻子没有阻止小溪溪和儿子的想法。

一个大男孩儿,先是给小溪溪接了洗脚水,帮小溪溪洗完脚,把两个

枕头摆放整齐,而后给小溪溪脱下衣服,盖好被子。小孩子当然是不安分的,小溪溪不时把头露出被窝外,一会儿又把两个小手伸出来。

儿子自有儿子的招数,他把小猪佩奇拿到床头,开始给小溪溪讲小猪佩奇的故事,故事中不全有自己的想象和编织。这一招真是奏效,小溪溪竟一动不动地躺在被窝里。儿子更是技高一筹,时不时抛出一个问题让小溪溪回答。这很显然是一堂互动式的故事课。谁知越讲小溪溪的兴致越高:"刘柏麟舅舅再讲一个故事吧。"到了十一点,儿子房间的灯还亮着,不时传来儿子绘声绘色讲故事的声音。渐渐地没有了儿子的声音,灯也熄了。小溪溪在故事中美美地睡着了。

儿子不仅是一位积极向上、刻苦求知的阳光少年,还是一位喜欢孩子、乐于看护孩子的"男保姆"。

2019.2.18

培优班毕竟是优秀生集合的地方,儿子一回到家就说培优班的学生上课回答问题声音洪亮超出想象,像打了鸡血似的。儿子又有了新的忧虑:原来的班级作业布置量就多,再写培优卷子,作业不就更多了吗?

的确,近段各科作业多得出奇,甚至在晚自习下课后一科作业还要再写三张试卷,写不完第二天还必须补上。深夜11点伏案写卷子变成了儿子的常态,作为家长,疼在心上,而又无计可施。

这不,儿子正在给我们说作业情况,语文老师又发来了微信,要儿子下周在班里讲课,且要做好课件上课,做课件本来就不是儿子的强项,况且手头又没有电脑,更重要的是做课件太耽误时间,儿子对这一安排拒不接受,向来有个人主见的儿子,迅速用妻子的手机给语文老师做了回复:老师,我实在没有时间备课,因为作业太多了,请老师安排其他人吧。学生:刘柏麟。老师看到短信后回复了两个字:哈哈。我说这说明老师已经知道了这个事,且已默许,放下这个事,去学习吧。儿子显然不接受我的观点,他说你们认为"哈哈"好像就是一个模糊回答,我们学生认为"哈哈"是"傻蛋"的意思。在儿子看来,老师对他的解释是不接受的,也是不理解

的。说着说着,儿子就抹起眼泪来。儿子认为到了初四冲刺阶段,老师不能再安排学生讲课了,一是学生没时间备课,二是学生讲课容量太小,上课收获太少,不能满足后期拔高之需要。儿子越说越激动,终于大爆发了:我甘愿接受一切惩罚,但就是不讲课,愿怎么地就怎么地。天天布置一堆作业,老师也不讲。一晚上三节自习,仅语文这一科的作业,两节课还写不完,我们怎么样才能早睡呀!

  面对儿子的爆发,我选择了冷静,我知道儿子学习已十分尽力了,作为教师的我,向来反对题海战术,尤其是无价值的重复训练,然而面对老师,面对教育界同仁,面对个性十足的儿子,我又无法断言题海战术之弊端,更不敢在儿子面前诟病教育者之不妥。纠结之中,我只好不断地安抚儿子,我最大的担心是,大量的作业一旦杀伤儿子的积极性,将无法挽回一个健康的求知心态。随着第一轮复习的展开,学生便会进入心理焦躁期,疏导学生心理便成了家长和老师工作的重中之重。

  儿子的爆发是一种宣泄,我很理解,更不会批评。

  在儿子情绪渐渐平静下来时,我给儿子的老师发了两条短信:老师,周日下午儿子要去健身房,以尽快提升体育成绩,且一直在坚持!本次讲课儿子确实挤不出时间,另外再安排一个人吧。另外,近段时间语文作业量太大,要适当减量,针对不同层次的学生布置不同指向的作业。

  老师很快回复:好的。

  我马上告诉儿子,我已经给老师发过短信了,且老师已回复同意了,并把作业的事也给老师说了。儿子的情绪这才彻底平和下来。这时,我走近儿子的身旁,对他说:"首先,老师安排你讲课,我们应该感谢才是,因为这是一次锻炼的机会;其次,从学习的角度来看,讲给别人听和自己去记忆,第一种学习方式的效果要远远好于后者;最后,作为毕业生,要有充分的思想准备,越是到冲刺时,越要有强大的心理支撑,此时此刻,需要一种精神叫坚韧不拔!"

  儿子终于放松下来,我和妻子也稍稍缓和了一些;但我还是担心,今日之事对儿子的明天会不会带来负面影响,尤其是对儿子的求知心态会不会有影响……

2019.2.19

按照培优班班主任的微信要求,家长要给孩子备好水果保鲜盒。这对于长身体又长知识的初四学生来说,是很切合生长之需的。

清晨六点半,在闹铃的提醒下,我和妻子迅速起床,妻子忙着给儿子做早餐,我忙着给儿子准备水果。

先是拿取一个橘子,剥掉外衣后又一瓣一瓣掰开,靠一侧放进水果盒。又选取了一个外表泛红色的香梨,去皮后,按儿子要求,切成了方块儿,放进了果盒中央。接着把一个大大的苹果削皮后,先切成厚片,又分割成方块,放入水果盒另一侧。选了四粒葡萄洗净后又一一去皮,无奈葡萄籽没能剔除,因为一剔籽就破坏了它的完整性,易碎,易烂。猕猴桃是正月里最适宜的水果,性凉,不宜多食,选了一个中等的,洗净除皮,切割了四分之一,方块入盒,满满的一盒水果。

儿子起床后,喝了杯水,去卧室穿衣服了,从表情看儿子心情很不错。

儿子的早饭要先吃,因为上学较早,每次我总是陪儿子在餐桌前,今天也不例外,因为昨晚的事情,我觉得今天的陪伴更有必要了。

我告诉儿子水果盒已装好,共五样水果,取名为"五谷丰登"。儿子边吃,我们边聊。临近中考,首先要吃好,摄取足够的营养。其次要抓紧时间,争取早睡。随着复习的推进,学生心理都会发生微妙的变化,要用强大的心理来支撑自己,优秀的学生其心理抗压能力往往是很强大的。随着年龄的增长,尤其是男孩要记住几个字:遇事不惊,临危不乱。儿子边听边吃又变得兴奋起来。

沉重的书包,厚厚的棉袄,背起来总是有一些困难。每次要么是我,要么是妻子,总要自觉地帮助儿子把书包背好。今天,我帮着儿子背好书包,送到门口,边走边说:"新的一天开始了,从今天开始,要记住四个字坚韧不拔,把韧字放在首位,像竹子一样!"

儿子满面笑容说了声:"老妈,再见!老爸,再见!"

我从厨房的窗户上听到了儿子开锁的声音,又听到了儿子电动车电动机的声音。

中午,儿子放学,回到家就一下子半躺在了沙发上说:"肚子疼了一上午,一阵儿一阵儿的。"说着走进了卫生间。

儿子从卫生间出来,脸色泛黄,有气无力,我说:"水果吃完了吗?"儿子无精打采地说:"没有,肚子疼,吃不下去。"这时,我突然警觉起来,是不是早餐的食物出了问题?想想早餐,妻子给儿子加热了一个热狗,且是从冰箱里拿出来的,由于昨天晚上安排吃包子,妻子措手不及,热狗下面加热过很,有些焦煳,但很可能没有热透,这肯定是问题的根源。

儿子坐在餐桌前,一看是炒面,便吃了起来,一口气吃完了两碗,喝了半碗西红柿汤,就回卧室了。我便开始收拾碗筷,未等收拾完,儿子说想睡觉,且要求下午两点半叫他起床。

两点三十分,我轻轻地敲了敲儿子的房门,而后推开门告诉他两点半啦。儿子很用力地睁了睁眼睛,挪动了一下身体,又睡去了。10分钟后,儿子走出了房门,他告诉我浑身无力,且肚子还是不舒服,我让他喝了点儿温水,他便开始学习起来。

按照计划四点去健身房健身,快到四点时,儿子走到我身边说不想去健身了,感觉身上没劲儿。我劝儿子还是要坚持一下,能锻炼还是要去锻炼的,儿子便带上了短袖、护套等去了健身房。送走儿子后,我便直接来到学校开始整理材料,未到五点钟,电话突然响了,我一看是外甥的电话,就判断是儿子打来的,因为外甥一直在健身房坚持锻炼。儿子有些委屈地说:"老爸来接我吧,我身上一点儿劲儿也没有。快点啊!"我一听心里一紧,知道儿子坚持不住了。我迅速奔到楼下,开车来到了健身房。儿子满头大汗,脸色发黄,在外甥的陪护下,走进了更衣间。儿子换好衣服出来,我问儿子用不用去医院看医生,儿子说不用,又准备去理发了。理完发,我带着儿子到社区诊所拿了三种药。到家后,儿子马上服药。

晚饭,儿子喝了半碗小米粥,说肚子里仍不舒服,且想吐。我炒了大盐装在袋子里,让儿子暖暖肚子。暖了一会儿,儿子感觉没有那么疼了,便又开始写起作业来,写完作业,不到十点,我便催促儿子上床睡觉,儿子躺下后又起来,说还是想吐,就走到卫生间吐了起来。

今天是儿子睡得最早的一天,也是最不舒服的一天。儿子睡下后,我

在想是不是连续熬夜伤了儿子的肝功就,才导致消化不良,肚子阵痛的。若因大量作业而伤了儿子的身体,那就太没有价值了,也会更让人感到遗憾。

面对分数,面对身体,家长有时真是很难选择。

2019.2.20

儿子在妻子的提醒下总算起床了,看来昨晚儿子没有休息好。我让妻子给儿子做了碗面汤,儿子喝了半碗就再也喝不下去了。

拖着沉重的身子,儿子走出了家门。我提前去开车,已在大门口等候。书包足有15斤重,放在了副驾驶的位置,儿子挪动了一下,看起来很费力。

没到校门口,儿子怕塞车,就提前下车步行,背着沉重的书包消失在了人群。

午饭,妻子炒了一盘黄豆芽,又炒了一盘大肉白菜,显然,妻子对儿子的病情没有给予足够的注意。我给儿子炖了一碗鸡蛋豆腐牛肉羹,儿子放学后直接就进卧室躺下了,我的心又一紧,儿子的肚子一定还是不舒服,劝了半天,儿子才喝了半碗鸡蛋豆腐牛肉羹,说肚子仍旧疼痛。

午休后,已是上学时间——一点三十分。喊了两遍,儿子没有起床的意思,我只好给儿子说先睡吧,我给老师请个假。接着我便给班主任王老师打了个电话,帮儿子请了假。

这时,我又拨通了社区医生的电话,告诉她儿子的病情没有减轻,并提示他判断一下是不是食物中毒。医生说若是食物中毒,当即就会发病,一定是肠胃炎,让我再去给儿子拿些新药。我迅速给儿子取来药交给了妻子,让妻子在家陪着儿子,我就去上班了。在班上忙了一阵子,我便给妻子打电话询问儿子病情,妻子说,儿子喝药后感觉肚子不疼,就去上学了。儿子的执着劲儿真让我感动。

晚自习时,我又给王老师打了电话。王老师说,儿子在班里写作业,看情况没什么异常。我的心情稍稍舒缓了一下。

晚自习放学后，儿子喝了点儿开水，又在睡前喝了药，但躺下不久，儿子又把药吐了出来，接着就躺下了。

我又给儿子煮了两个鸡蛋，用软纸包好后，放在儿子的肚脐上，儿子捂着肚子睡了。

但愿一觉醒来，儿子能够恢复健康。

2019.2.21

早晨，我早早地起床。为了让儿子多睡会儿，没有去叫醒儿子起床。悄悄走到厨房，打开燃气灶，打破了两个笨鸡蛋，加点米醋，放了少许食盐，充分搅拌后，放入了碗里，给儿子蒸了鸡蛋羹，但愿儿子能够吃下。

又拌了半碗面团，反复搅拌，放入碗内，给儿子做了一碗面汤，煮了几分钟，才关上火，去喊儿子起床。

根据儿子的要求，面汤里放了一些红糖。儿子边喝面汤边吃鸡蛋羹。我在桌前陪着儿子，一再提醒要反复咀嚼，嚼烂后才可咽下。儿子毫无表情，似是很艰难地喝了多半碗面汤，吃完了蛋羹。

我给儿子把药装在书包里，又去开车送儿子上学。

七点三十分，正是早读时间，我给语文老师打通了电话让她观察一下儿子情况。八点十分，语文老师发来短信：儿子还是不舒服，在认真听课，不想回家。我给语文老师回复：儿子很坚强，提醒儿子喝药。语文老师点赞说：确实不错，药已喝过。

坐在办公室里，处理了一些事情后，我在想：如果今天上午放学后，儿子的病情没有减轻，必须去市人民医院找专家问诊了。于是，我拨通了市人民医院一位同学的电话，咨询后他告诉我，用大蒜切成碎粒儿后，而后放入面汤中，搅拌后让儿子喝下。我又告诉我同学，下午不要关机，若可以的话，给儿子找个专家详细诊断一下。

带着几分期许回到家里，连忙给儿子剥了两瓣大蒜，洗净后用刀切成碎粒，放置十五分钟，充分氧化（因为大蒜只有充分在空气中氧化才能产生杀菌的作用）。又连忙给儿子做面汤，刚刚做好，儿子就放学了。我静静地等待儿子的反应,果然,儿子开门后,又大声喊:"老妈,想喝胡辣汤。"我的心一下子激动起来,儿子终于想吃东西了。我把大蒜粒放在面汤锅里,稍微加热了一下,很快盛到碗里,儿子提出还想吃蒸鸡蛋。我连忙打开燃气灶,又蒸了两个鸡蛋。儿子慢慢地喝下多半碗,说是太辣了,又吃完了鸡蛋羹,顺便吃了两口包子,午饭就算吃完了。

饭后,儿子说晚上不吃饭,故意让身子饿一顿,因为饿治百病。

我默默地赞许儿子的自主决断。

下午,突然下起雪来,儿子的学校通知不上晚自习了。班主任王老师打电话问能否接儿子回家,若不能接,儿子就乘坐公交车回家。我犹豫了一下,想想儿子身体刚刚恢复,于是决定去接儿子。

而后又给妻子打电话,儿子一会儿回家,估计他已经饿了,先给儿子做点儿容易消化的饭。

此时的地面上已经有了一层厚厚的冰雪,我开车到校门口接上了儿子,儿子说:"你若忙,我自己坐公交车回家就行。路上车太多了,堵得厉害。"我说:"我不是觉得你身子不舒服吗。"儿子一脸的感动,我的心里也热乎乎的。

到了家里,妻子已经熬好了小米山药红枣粥。三个人一人一碗,端放在桌子上。儿子不管怎样说,坚持不吃晚饭,故意饿一顿,明早去早餐馆吃早餐。我对儿子遇事有主见,很是欣赏的。

晚饭后,儿子又从百度里搜索出国防大学战略教研部金一南教授演讲视频《从百年沧桑到大国崛起》,金教授妙语连珠,幽默风趣,谈古论今,纵横中西,细说了中国近百年的苦难与辉煌,探索了中国如何摆脱衰败,走向民族复兴之路,令人深省。儿子对金教授赞赏的东北抗日英雄杨靖宇赞叹有加,尤其是杨靖宇,面对叛徒的出卖,掷地有声那一句:"我不抗日啦,哪还有中国啊!"

对于价值观逐渐建立的青少年来讲,熟知民族英雄,铭记民族脊梁,筑牢民族信仰,拥有家国情怀,是中华文明得以延续的关键所在。

育子,当如孙仲谋!

2019.2.22

中午十二点二十分,儿子还没到家,我便下楼到路口去接儿子。刚出家属区门口,儿子就从公交站牌一跳一跳地走了过来,看来身体已恢复了常态。他告诉我在学校办黑板报了,再加上等了一会儿公交车,所以回家较晚。

午饭后,往往是轻松时光。一般中午老师不布置作业,这样儿子与我们就有了聊天的时间了。儿子照例拿着妻子的手机浏览班级教学群、语文群、英语群的信息,因为老师的作业布置好多是通过微信发出来的,再加上有些中考信息,老师也会通过微信发送,儿子在使用手机方面已实现了自觉,往往看完学科群中的信息,就自觉地把妻子的手机放在一边。儿子看到英语老师的微信中因批评英语科代表而引发的家长和英语老师的对话后评价说"这真是一场没有硝烟的战争",说着边大笑起来。我马上说:"其实,你们英语老师给你们十班下了很大的功夫,十班的个别学生不理解,还跟老师对着干,上劲儿,再加上有的家长不理解老师的良苦用心,导致老师很委屈,很伤心。"儿子听后马上说:"科代表确实脾气很大。"我接着说:"有脾气的人往往没本事,有本事的人往往没脾气,脾气人人都有,关键是如何发脾气,发在什么地方。"

停了一会儿,儿子问:"老妈,你看见我画的数学思维导图了吗?"妻子马上回应:"看到啦,字体很工整,画得不错!"

这时,我才明白儿子画的数学思维导图被数学老师拍照发在了班级教学群里。我很快打开手机,找到了儿子的思维导图图片。的确是数理线条清晰,字体工整美观。我趁机对儿子说:"第一轮中考复习开始了,就应该注意各科、各知识点的细节问题了,天下大事必作于细,天下难事必作于易。"儿子的数学学习态度,已彻底端正,自信的数学心理已真正成熟,攻克难题的技巧已基本掌握。

午后的时光总是那么短暂,亲子的交流总是那么惬意。

2019.3.30

今天是周末,我和妻子去学校接儿子。儿子一上车就跟妻子讲:"这次考试又是一次顿悟,这次感悟和初三那年一样。忽然发现,学习是一件坚持的事情,稍一松懈就会滑落。"他还说,语文老师找他谈话了,告诉他,凭他的天赋,加上自己的努力,也能像赵××一样考全班第一。他自己忽然发现,自己也有考第一的潜质。语文老师的鼓励,让儿子更加自信,且更加坚毅。

儿子的话语,让我想到了著名的罗森塔尔效应:一位好的老师不是给学生多少知识,而是给学生多少汲取知识的力量;一位好的老师不是给学生什么样的学习方法,而是给学生什么样的学习自信。

同样,家长的鼓励也是孩子前进的动力。面对青春期的孩子,家长要不断地发现孩子的优点,激发孩子的潜能,肯定孩子的进步,把孩子的优点转变为优势。

家长鼓励孩子的基本原则是"鼓励孩子要铺张,批评孩子要吝啬",换句话讲,表扬要扩大,批评要缩小。

家长夸奖孩子要熟记两句话:不夸起步,夸进步;不夸能力,夸努力。

2019.4.6

今天见到了儿子的英语老师。英语老师一见面就告诉我:儿子这段时间课堂上听课特认真,边听边记,以前从未整理过英语笔记,现在每节课后都会问一些问题,笔记整理得整整齐齐,变化太大了。

听到英语老师的讲述,我为儿子的课堂习惯而点赞。一个孩子课堂习惯的形成折射出这个孩子整体学习习惯的改变。换句话讲,课堂习惯改变,学习习惯改变。衡量课堂习惯要从以下五个维度着手:课前准备,课中倾听,交流互动,自主学习,目标达成。课前准备,主要看孩子的准备习惯:做了哪些准备,准备了什么,准备完备了没有;课中倾听,主要看孩子课堂上倾听老师讲课有多少时间,倾听同学发言多少时间;倾听时,是否有回应,是否即时记下了笔记;交流互动,主要看孩子的互动习惯:参与讨论的次数和质量怎样;自主学习,主要看孩子有无自主探究,思考是否深入,学习是否主动;目标达成,主要看孩子是否清晰课堂目标,目标达成度有多高。家长了解了这些课堂学习事项,就会对孩子的学习做出准确判断和指导。

从儿童的成长规律看,儿童学习能力的形成需要三个阶段:生活自立,学习自主,生命自觉。自我的改变力大于外界的一切力量。

孩子一旦能够自主掌握时间,建立自己的有效方法,这就是逐渐走向了生命自觉。

这让我想到了一句话,囊括教育本质的一句话:教天地人事,育生命自觉。

2019.5.11

周末儿子从学校回到家,约了几个小伙伴去我校操场打了一会儿球,就主动收球回家了。这在以前,完全是两回事。以前周末儿子总要疯狂地玩球,少则一小时,多则两小时,直到累了才回家。活动时间一长,就累了,晚饭后就早早睡觉,一晚上不动笔墨。

这次儿子回到家,简单冲洗后,迅速吃完饭,和我聊了会儿,就主动回房间学习去了。

儿子的成长不仅是主动意识的明显增强,更重要的是解决问题的能力越来越强。他告诉我这样一件事:同寝室的一位同学因怕宿管老师发现,自己把楼门锁上了。后来,宿管老师从监控中找到这个同学,并把这个同学叫到了值班室,要严肃处理。儿子听到后就跑到值班室解释、协调。儿子对宿管老师说:"大伯,我同学他已经知道错了,开始他害怕处分,所以才不敢承认错误。"又对同学说:"你必须向大伯承认你的错误,你只有承认错误,大伯才能宽容你。你犯了错,就要敢于担当。"宿管老师一听儿子说得很有道理,便夸儿子懂事。儿子一看沟通很顺利,又进一步给宿管老师说:"大伯,别停宿了,要不还得耽误学习;别停宿,让他写检查写得深刻一点,我代表我们宿舍谢谢您了。"宿管老师一看儿子很真诚,这才没有给那个同学停宿处分。儿子说,我如果不去,他们几个肯定说不下来了,因为他们沟通能力不行。儿子说话时显得很自信,又很沉稳。

儿子真的长大了!

2019.6.1

今天是六一儿童节,儿子已度过15个节日,一个成熟的"大儿童"渐入成人的视野:同学喜欢,老师喜欢,家长喜欢,自己喜欢。

回头看儿子叛逆期走过的路程,不仅让我感慨万千:叛逆期是每个孩子必走的一段"山路",有的地方急转直上,有的地方坡缓狭窄,路边有陡峭的山崖,山间有芬芳的花香,时而有飞瀑流湍,时而有阵雨湿坡。然而家长必须牢记一句箴言:走山路,只为登山峰;登山峰,只为观风景。而最美的风景在路上,在孩子成长的路上,只有家长的陪伴,才能让孩子获得安全感,才能让孩子获得幸福感,才能让家庭成为最美的风景胜地,才能让我们欣赏到最美的风景。

我们应该做时光最从容的过客,面对时光中渐渐长大的孩子,家长要用爱的阳光温润每一颗稚嫩的心灵。遇阻,不温不火;临危,从容自若。

我们应该做爱的使者,每一个孩子都是折翅的天使,我们要用适度的爱为孩子疗伤,帮助孩子修复翼翅。孩子只有感受爱、懂得爱,才能翱翔于蓝天之上。

2019.7.5

初中是孩子素质发展的分水岭,优秀与普通,初二初露端倪,初三层次分化,初四基本定局。

儿子经历了初二的躁动、初三的懵懂,才有了初四的成熟。从初四备考到中考冲刺,儿子的学习有章有法,规划合理,计划周密,狠抓落实,及时总结。

参加中考,信心十足;考场之上,镇定自若。

儿子以优异的成绩荣升市重点高中,儿子的梦想渐渐插上了翅膀;因为对儿子来说,不仅具备了全面的素质,而且有了新的渴望——诗和远方!

梦

刘柏麟

"哗啦"——娘熟练地拧出衣服中的水,将洗得快要褪色的汗衫搭在一根被磨得发光的旧电线上。

壮儿,今天没得跑羊嘞。娘甩了甩手中的水,又习惯地咳嗽几声。

孙大壮听见娘叫他,扔掉手上的书,跑向羊圈。大壮一般都在山下放羊,把羊放在那,他就自己跑到镇上的书店里;他太爱书了。这个四面环山的村庄里,这个小书店是他全部的精神寄托。每当他翻开书,看到了大山外面的世界,他都有种想要逃跑的冲动。但是,他跑了,爹娘怎么办?他又来到了书店,又来到了熟悉的柜台前面,他又看见了——

湛蓝的帽带迎风飘扬,洁白的工装英姿飒爽,他只知道:这,是水手——这,是大海。书上所描绘的水手日常的工作和生活都令他心神向往。

他太想成为一名水手了。他想走出大山,在海洋寻找自己的人生。生日那天,娘送给他一顶帽子,他又剪了两条蓝布系在后面,每天就这样戴着放羊——"挺像的"。

天色渐晚,他猛然想起了羊群,赶忙跑出书店。回家的路上,大壮的脑子里全都是湛蓝色的海和洁白的衣衫。他想把自己的想法告诉爹娘,却又不知如何开口。到了家,他发现爹娘不在家。他把羊撵回圈里,草草地扒了几口饭,便回屋睡了。那一夜,大壮的梦里全都是浪花的声音。

第二天,大壮早早起来,发现爹娘还没回来,用瓢舀了点水,抹了一把脸,就又跑到山下的书店去了,又是蓝色的一天。日薄西山,大壮不舍地从海洋里游了回来。到家天已经黑了,他再也忍不住了,他要告诉爹娘自己的想法。走到门口,他看见爹蹲在门口抽旱烟,家里黑着灯,走进里屋,看见娘卧在床上一动也不动,大夏天却盖着两床棉被。他跑去问爹,他还没开口,爹把烟往台阶上一磕:"你去镇上揽个活儿吧,恁娘病了,要不少钱开刀子。"

爹的话让他突然愣住,他竟有些喘不过气。他本想今天把所有的事都告诉爹。爹的一串话却让他感觉在悬崖上被人推了下去。娘病了……

他哽咽了半天,不动声响,终于,他咽了口唾沫:"爹,其实我想去海,我想出山。"爹站了起来,当胸一脚把他跺倒在地:"娃子,你晓得啥子是海?你娘嘞?你要她嘞病咋子弄?"爹撂下一句话,走回屋。

浪花猛然破碎,只有吞人的巨浪涌来。

他觉得一切都结束了,他大哭起来,用拳捶着地大声嘶吼着,泪水浸在泥土里,他想上天为什么要这样对他,为什么要将他……

梦碎了,脑子里面涌现的蓝色若隐若现,娘病恹恹的脸不时浮现出来,泪水似已干枯,他静卧在地上,听着自己的心跳。

少年看了看四周铁网似的山岗,闭上了眼:

"我翻不出大山,也走不到大海。"

姑且用儿子的文章作为本书的后记,因为言为心声,透过字里行间,我发现儿子的思维已臻成熟。思维的成熟是一个人成熟的标志。平稳度过了叛逆期,自然就会走向收获季。

在漫长地等待中,花儿已静静地绽放。